심플, **결정의 조건**

SIMPLE RULES

심플, 결정의 조건
SIMPLE RULES

세상 모든 복잡한 문제에 대응하는 단순한 규칙

도널드 설 · 캐슬린 M. 아이젠하트 지음
위대선 옮김

와이즈베리
WISEBERRY

우리 두 사람의 부모님 캐슬린과 노먼 설,

마리와 빌 케네디에게

사랑과 감사를 가득 담아 이 책을 바칩니다.

차
례

들어가는 글

바그다드 시에서 북서쪽으로 400킬로미터 떨어진 곳에 위치한 제67전투지원병원은 보통 병원과 달랐다.[1] 우선, 의사가 총을 가지고 다녔다. 미국 육군 장교이기도 한 이들은 근무 시간이 될 때마다 보관함에서 권총을 꺼내 휴대해야 했다. 병원에서 치료받는 환자 가운데 이라크 반군은 자신을 치료하러 다가오는 의사의 얼굴에 침을 뱉기도 했다. 이들이(또는 혼란에 빠진 미국 병사가) 무기에 손을 댔다가는 수술실에서 총격전이 벌어질 수도 있는 상황이었다.

이 병원은 모술국제공항 근처의 농경지가 폭격당하고 남은 잔해 위에 건물, 트레일러, 대형 녹색 텐트를 배치하고, 의료진과 환자를 포격에서 보호하기 위해 주변을 콘크리트 벙커와 방호벽으로 둘러싸서 만들었다. 의료진은 소화불량이나 탈수(이곳에선 여름이면 기온이 섭씨 50도까지 치솟는다. 이는 한 건물에서 다른 건물로 걸어가는 동안에 콘택트렌즈가 각막에 붙어버릴 정도의 더위다) 등 이곳에서는 일상적인 증상을 치료하며 며칠을 보낸 어느 날이었다. 부상당한 병사나 민간인이 공격을 개시하면 언제든 깨질 수 있지만, 잠시나마 평화로운 날이 이어지고 있었다.

2004년 12월 21일 정오, 근처의 마레즈 전진작전기지 급식 텐트에 미군, 이라크군, 민간 전투원이 점심을 먹으러 몰려들었다. 의무부사관 에드워드 몬토야 주니어 Edward Montoya Jr. 상사는 단 것을 즐기는 편이 아니지만 크리스마스를 이라크에서 보낼 생각을 하니 고향이 그리워진 나머지 치즈케이크 한 조각에서 위안을 찾기로 했다. 동료들은 디저트 테이블로 향하는 그를 보고 살찌겠다며 놀려댔다.[2]

그때 이라크 군복을 입은 사람이 급식 텐트에 들어와 점심을 먹으려고 줄을 서 있던 미군 무리에게 다가가더니 옷 아래 숨기고 있던 폭발물 조끼를 터뜨렸다. 케이크를 가지고 자기 자리로 돌아오던 몬토야는 시야 한구석에서 섬광을 본 직후, 그 자신의 표현에 따르면 "폭발 역사상 가장 큰 폭발"을 경험했다. 몬토야는 탁자 아래로 몸을 날렸다가 급식 텐트가 연기로 가득 차자 혼란에 빠진 병사들을 끌어내 피신시켰다.

몬토야는 자기 옆에 쓰러진 병사의 부상 정도를 살펴본 후 텐트 안을 빠르게 돌아다니며 병사들을 살펴보고 응급처치를 했다. 한 병사의 넓적다리 동맥에서 피가 솟구쳐 나오는 것을 보고는 자기 혁대를 임시 지혈대 삼아 병사의 다리에 둘러 묶고 냅킨으로 상처를 막아 지혈했다. 그는 다른 병사에게 옮겨갈 때마다 맥박, 반응, 혈압 등 활력 징후 vital sign 를 점검해 부상이 얼마나 심각한지 살펴보고, 몇 가지 단순한 규칙을 적용해 부상자들의 치료 우선순위를 정했다.

가장 긴급한 부상자는 제67전투지원병원으로 후송됐다. 몇 시간 동안 91명의 부상자가 몰려들자 병원은 자원 부족으로 혼란에 빠졌다. 복도에서 대기하던 부상자들은 의료진이 지나갈 길을 만드느라 벽 쪽으로 밀려났다. 가벼운 부상을 입은 환자는 건물 안에 공간이 날 때까지 주차장에서 기다려야 했다. 비교적 간단한 수술은 수술실 밖에서 이뤄졌다. 의사들은 급속도로 줄어드는 의료물자를 신중하게 할당했다. 의료진은 몬토야처럼 간단한 규칙 몇 가지를 적용해 즉각 조치를 취해야 할 환자와 대기해도 될 환자를 구분했다.

최적의 상황이라도 중상은 치료하기 힘들다. 더군다나 전쟁터는 의사들이 기대할 수 있는 최선의 환경과 가장 거리가 먼 곳이다. 환자의 외상은 심각하고 신체 상태는 절망적이며 중요 물자는 제한되고 의료진은 공격받을 위험이 끊이지 않는 상태에서 일해야 한다. 2004년 이라크에서 복무하던 미국 육군 소속 외과 의사 약 50명은 14만 명의 군인은 물론, 부상당한 민간인과 민간 전투원까지 돌봐야 했다.[3] 이처럼 전시 의료 조치는 결코 쉬운 문제가 아니지만 21세기 초에 전투 중 사망률은 놀라울 정도로 낮아졌다. 아프가니스탄과 이라크에서 부상당한 미국 군인 중 사망자는 열 명 중 한 명 꼴인데, 이는 베트남전 부상병 사망률에 비하면 절반에 불과한 데다 미국 독립전쟁 부상병 사망률 42퍼센트와는 비교도 되지 않는다.[4] 이처럼 생존율이 인상적으로 높아진 원인은 지난 200년 동안 최전선의 의료 조치가 지속적으로 개선된 데 있다. 의사들은 발달하는 의술과 치명적인 무기 사이에서 벌어지는 암울한 군비 경쟁에서 앞서 나가고 있다.

생존율 향상의 원천이 의약품, 수술 기법, 진단장비의 발전이라는 것은 두말할 나위 없다. 그런데 이와 다른 분야에서도 대부분의 사람들에게 생소하지만 마찬가지로 중요한 발전이 있었다. 바로 다수의 사상자가 발생했을 때 희소 자원을 배분하는 방법이 발달한 것이다. 의료 전문가는 자기 앞에 누워 있는 환자를 돕기 위해 가능한 한 모든 수단을 사용하도록 훈련받지만, 최전선 의무병, 의료헬기 승무원, 군의관은 누구를 먼저 치료할 것인지 결정해야 하는 어려운 판단을 내려야 한다. 공습이나 전투가 시작되면 의무병과 군의관은 엄청난 시간 압박 속에서 한정된 정보를 가지고, 심지어 포화가 쏟아지는 상황에서도 치료하기 쉽지 않은 외상을 입은 부상병들을 보며 삶과 죽음을 가를 판단을 내려야 한다.

의료 자원은 인류 역사를 통틀어 거의 언제나, 그때그때 되는 대로 배분됐다. 미국 남북전쟁 당시 부상병을 돌봤던 시인 월트 휘트먼Walt Whitman이 관찰한 바에 따르면, 부상자는 부상의 심각성과 무관하게 후송된 순서대로 치료를 받았다. 부상자들은 줄지어 앉아 의사나 간호사가 자신을 봐줄 때까지 참을성 있게 기다려야 했다. 제1차 불런 전투First Battle of Bull Run(미국 남북전쟁 발발 후 처음으로 군단급 부대 사이에 벌어진 본격적 전투–옮긴이)가 끝난 직후에는 부상자가 보행이 가능하면 전장에서 50킬로미터 정도 떨어진 워싱턴에 있는 병원까지 걸어가서 치료받아야 했다.[5] 가장 긴급하게 치료받아야 할 사람, 즉 전장에 쓰러진 병사에게 이러한 의료 체계가 도움이 될 리 없었다.

제2차 세계대전 당시 미국 의무총감U.S. surgeon general은 부상병의 사망률을 낮추기 위해 우선순위에 입각한 치료 절차를 정식으로 도입했다. 이 체계를 가리키는 영어 단어 '트리아지triage'는 원래 밀이나 커피콩 같은 상품을 품질에 따라 구분하는 작업을 가리키는 프랑스어다. 의무병들이 마주하는 부상이 매우 다양한 것을 고려하면 정교한 절차를 사용해 부상자를 분류할 것이라고 생각하기 쉽지만, 사실 그렇지 않다. 의무병들은 몬토야나 제67전투지원병원 의료진이 사용한 것과 같은 몇 가지 단순한 규칙에 의거해 부상병을 3~4개 범주로 빠르게 구분하고 치료 우선순위를 정한다. 최전선에서 의무병들이 치료 우선순위를 정할 때 걸리는 시간은 환자 한 명당 보통 1분 이하다. 의무병은 환자가 지시를 따를 수 있는지, 맥박이 분당 120회 이하인지, 호흡은 분당 10~30회인지 같은 단순한 지침을 사용해 부상자를 빠르게 평가한다. 그 후 부상의 심각성에 따라 각각 다른 색 표식을 부상병에게 붙인다.[6]

녹색 표지는 활력 징후가 안정적이라서 치료가 지연되어도 위험하지 않은 '보행 가능 부상자'를 나타낸다. 의료 처치를 엄청나게 해도 생존 가능성이 낮은 부상자에게는 흑색 표지를 붙인 후 고통만 완화하는 조치를 취한다. 나머지 부상자는 상황에 따라 그때그때 치료한다. 그중 부상이 심각한 편인 부상자에게는 적색 표지를, 다른 부상자에게는 '긴급'이라 쓰인 황색 표지를 붙인다. 이처럼 단순한 규칙을 사용해 부상자를 분류하면 한정된 의료 자원을 최적의 효과를 낼 수 있는 곳(즉, 생존 가능성이 있지만 긴급한 조치가 필요한 환자들)에 보낼 수 있다. 치료 우선순위 규칙은 많은 환자가 발생했을 때 의료 자원(집중치료 병상이나 독감 유행기의 백신 등)을 배분하는 데 광범위하게 적용된다. 예를 들어, 2013년 보스턴마라톤 폭탄 테러가 발생했을 때, 결승선에 설치된 응급치료소는 발목을 삐거나 탈수 상태에 빠진 환자를 치료하는 데서 신속하게 치료 우선순위를 결정하는 것으로 자기 임무를 재설정한 후, 부상자의 치료 우선순위를 정한 뒤 상태가 심각한 환자를 가려내 근처 병원으로 보냈다.[7] 치료 우선순위 규칙은 개인과 조직이 빠르고 효율적으로 판단하고 행동하는 데 사용하는 '주먹구구 규칙rule of thumb'의 훌륭한 사례다. 필자들은 이 규칙을 '단순한 규칙simple rules'이라고 부른다.

단순한 규칙의 힘

단순한 규칙은 주의력을 집중시키고 정보 처리 방식을 단순하게 만들어 시간과 노력을 절약하는 지름길 전략이다. 단순한 규칙은 모든 상황에 적용되는 게 아니라, 규칙을 사용할 특정한 상황과 사용하려는 사람에게 맞춰 결정된다. 우리 모두는 의식하든 의식하지 않든 매일 단순한 규칙을 사용한다. 예를 들어, 아침에 커피 한 잔을 마시기 전에는 절대 이메일을 확인하지 않는다거나, 첫 데이트에서 자기 얘기만 늘어놓는 사람과는 다시 만나지 않겠다고 결정하는 사람도 있다. 단순한 규칙을 따른다는 것을 자각하지 못하더라도 무엇을 입을지, 어디에 투자할지, 건강을 어떻게 유지할지 결정할 때 단순한 규칙을 사용할 가능성이 높다. 단순한 규칙을 사용하면 결정을 내려야 할 때마다 일단 멈춰 다시 생각할 필요 없이 곧바로 행동을 취할 수 있다. 그렇기 때문에 단순한 규칙을 사용하는 최전선의 의무병은 누가 먼저 의료 조치를 받아야 할지 빠르고 합리적인 선에서 정확하게 판단할 수 있는 것이다.

단순한 규칙은 최전선에서 치료 우선순위를 정할 때 외에도 폭넓은 행동에 적용되어 매우 큰 효과를 낸다는 사실이 증명됐다. 단순한 규칙은 미국 연방준비제도이사회Federal Reserve Board가 기준금리를 확정하고, 캘리포니아 주가 해양생물을 보호하고, 미국 대통령이 드론을 사용한 공격을 승인하는 등 중요한 정치적 결정을 내리는 데 지침을 준다. 티나 페이Tina Fey는 단순한 규칙을 사용해 인기 코미디 드라마 〈서티 록30 Rock〉을 제작했고, 엘모어 레너드Elmore Leonard는 60년 동안 연달아 베스트셀러를 써냈으며, 록 밴드 화이트 스트라입스White Stripes는 지난 20년간 제작된 록 앨범 중 명작으로 손꼽히는 작품을 열흘 만에 녹음했다. 단순한 규칙은 판사가 피고에게 보석을 허가할지 결정할 때, 경찰이 자살자의 유서가 조작됐는지 판단할 때도 도움을 준다. 자연에서는 찌르레기가 무리를 이뤄 날 때, 귀뚜라미가 언제 배우자 탐색을 마치고 한 상대에게 정착할지 결정할 때 단순한 규칙을 사용한다. 단순한 규칙은 가끔 삶과 죽음을 가르기도 한다. 단순한 규칙을 무시한 결과, 에베레스트 등정 역사상 손꼽힐 정도로 많은 사망자를 낸 사고가 발생했고, 미국 역사에 남을 정도로 많은 희생자를 낸 산불 사고가 일어났다.

이처럼 단순한 규칙의 효과가 뛰어난 이유는 세 가지로 요약할 수 있다. 첫째, 어느 정도 일관성을 유지하면서도 새로운 기회를 잡을 수 있는 융통성을 부여한다. 둘째, 주어진 상황에서 더 나은 판단을 이끌어낸다. 단순한 규칙은 정보가 제한되고 시간이 없을 때 개인, 조직, 정부가 손쉽고 빠르게 바른 판단을 내릴 수 있도록 돕는다. 심지어 어떤 상황에서는 복잡한 의사결정 방법을 뛰어넘는 성과를 내기도 한다. 마지막으로, 단순한 규칙은 공동체 구성원 각각의 행동을 그때그때 조율한다. 그 결과, 구성원 혼자서는 달성할 수 없는 일도 공동체는 할 수 있다. 예를 들어, 벌 떼는 단순한 규칙을 이용해 새로운 벌집을 만들 장소를 찾고, 수많은 집카Zipcar(개인 회원 간 자동차 공유 회사—옮긴이) 회원은 단순한 규칙에 따라 자동차를 공유한다. 이 책에서는 단순한 규칙이 이처럼 강력한 효과를 발휘하는 이유를 상세하게 설명할 것이다.

언뜻 보기에 치료 우선순위 규칙은 기러기가 밀집 대형을 이뤄 날아갈 때 사용하는 규칙과 아무 공통점이 없는 것 같다. 하지만 다양한 양상을 깊이 파고들어보면 일관성이 보인다. 효과적인 단순한 규칙은 그 사용자가 록 밴드든 귀뚜라미든 상관없이 네 가지 공통점이 있다. 첫째, 개수가 한정된다. 규칙의 수가 제한되면 기억하기 쉽고, 가장 중요한 사항에 집중할 수 있다. 둘째, 단순한 규칙은 이를 사용할 개인 및 조직에 맞춰 제작된다. 대학 운동선수와 다이어트를 하는 중년 모두 무엇을 먹을지 결정할 때 단순한 규칙을 사용할 수 있지만 두 사람이 사용하는 규칙은 서로 매우 다를 것이다. 셋째, 단순한 규칙을 적용하는 대상은 부상병들의 치료 우선순위를 정할 때처럼 명확하게 정의된 행동이나 판단이다. 규칙 적용 대상을 여러 가지 행동이나 선택으로 정하면 "최선을 다하라"나 "고객에게 집중하라" 같은 모호하고 진부한 구호로 귀결되기 쉽다. 마지막으로, 단순한 규칙은 명확한 지침뿐만 아니라 재량을 행사할 여지도 제공한다. 예를 들어, 중앙은행장은 금리를 기계적으로 정하는 도구가 아니라 경제 상황에 대한 판단을 내리기 위한 지침으로써 단순한 규칙을 사용한다. 빠르게 판단하는 데 사용하는 암묵적 휴리스틱heuristic(시간과 정보가 불충분하거나 체계적·합리적 판단이 불필요한 상황에서 직관에 의지해 신속하게 사용하는 어림짐작 방식. 발견법이라고도 한다—옮긴이)에서 중소기업의 두꺼운 규정집에 이르기까지 단순한 규칙은 다양한 형태와 규모로 나타난다. 필자들이 말하는 단순한 규칙이란 처리해야 할 일을 눈앞에 둔 사용자가 명확한 지침과 판단할 자유 사이에서 균형을 잡게 해주는 몇 가지 지침이다. 이 책에서 다룰 수십 가지 단순한 규칙 적용 사례는 모두 이 네 가지 특성을 가지고 있다.

복잡성을 탐구하다

단순한 규칙은 개인, 조직, 사회 전체를 압도하고 위협하는 복잡성에 맞설 강력한 무기를 제공한다. 복잡성은 상호의존하는 여러 부분으로 구성된 체계(그것이 기술이든 사회든 자연이든 상관없이)에서 언제든 나타난다.[8] 인간의 몸, 꿀벌이 가득한 벌집, 축구 팀, 국제금융은 모두 빈번하면서도 예기치 않게 변화하는 수많은 요소 및 그런 요소들 간의 상호의존성이 존재하는 복잡계complex system의 예다.

비록 작은 규모이지만, 평범한 가정 집의 거실만 생각해봐도 복잡성이 무엇인지 이해할 수 있다. 홈 엔터테인먼트 시스템에서는 스크린,

DVD 플레이어, 게임기, TV 셋톱박스, 스피커 등 여러 가지 구성품이 함께 작동한다. 넷플릭스Netflix가 등장한 덕분에 드라마 〈하우스 오브 카드House of Cards〉를 여러 편 연달아 볼 수 있게 됐듯, 관련 구성품이 늘어나면 새로운 가능성이 열리기도 하지만, 고장 날 물건의 수와 시스템을 관리하기 위한 리모컨 수도 늘어난다(현재 가구당 리모컨 수는 평균 세 개 정도다).[9] 기후 변화, 세계적 금융위기, 국제 테러, 떠오르는 신흥 시장 등 미래를 좌우하는 현재의 쟁점은 모두 복잡계 안에서 다양한 요소들이 서로 얽히고설키며 일어난 상호작용의 결과다.

복잡성 자체는 새로운 현상이 아니지만(고대 로마제국은 역사상 가장 복잡한 정치 체계를 가진 것으로 손꼽힌다), 복잡성을 인식하는 빈도는 지난 60년 동안 크게 늘어났다. 1800년 이후 출판된 500만 권의 책에서 '복잡성complexity'이라는 단어를 찾아보면 처음에는 거의 눈에 띄지 않다가 150년 동안 서서히 빈번하게 등장하고, 제2차 세계대전 직후 폭발적으로 늘어났다.[10] 복잡성에 대한 관심이 급증한 시기는 수학자 워런 위버Warren Weaver가 집필한 8페이지짜리 논문 〈과학과 복잡성Science and Complexity〉이 출판된 1948년 10월과 일치한다.[11]

위버는 대중에게 잘 알려지지 않았지만, 생명과학, 정보기술, 농업 등 지난 세기에 일어난 가장 중요한 세 가지 과학 혁명의 기틀을 만드는 데 적극 관여한 영향력 있는 과학자다.[12] 위버는 1932년 록펠러재단Rockefeller Foundation에 부서장으로 취임하며 과학 연구를 지원하는 임무를 맡았다. 모두들 자금 부족에 시달리던 대공황 당시 하버드대학보다 거의 두 배나 많은 기부금을 받던 록펠러재단은 당시 가장 영향력 있는 과학 연구 후원자였다. 위버는 록펠러재단에서 30년간 일하는 동안 회계사, 채용 담당자, 킹메이커 역할을 아우르며 자신이 '분자생물학molecular biology'이라고 이름 붙인 첨단 분야를 지원했다.[13] 위버는 미래에 두각을 나타날 인재를 소름 끼칠 정도로 잘 골라냈다. 20세기 중반에 분자생물학 관련 연구로 노벨상을 받은 과학자는 모두 18명인데, 그 중 세 명만 빼고 모두 위버에게 자금을 지원받았다.[14]

또한 위버는 컴퓨터의 존재가 널리 알려지기 오래 전부터 그 잠재력을 깨달았다. 그는 컴퓨터를 사용해 하나의 언어로 쓴 문장을 다른 언어로 번역할 수 있다는 독창적인 내용의 논문을 발표했는데, 그 시기는 구글 번역Google Translate과 바빌론Babylon(번역 소프트웨어-옮긴이)이 등장하기 무려 60년 전이었다.[15] 또한 록펠러재단에서 위버가 선발하고 자금을 댄 팀 중 하나는 20년간의 연구 끝에 병충해에 강하고 수확량이 많은 밀을 개발해냈다. 덕분에 멕시코는 한 세대 만에 식량을 자급하게 됐다. 1960년대 초에 대규모 기근을 겪은 후 인도와 파키스탄은 록펠러 팀이 개발해낸 방식을 도입해 5년 만에 밀 생산량을 두 배로 늘려 수억 명을 기아에서 구할 수 있었다.[16]

위버는 이 세 가지 과학 혁명에 박차를 가한 정도로도 모자라다는 듯, 복잡성 연구 분야를 개척하는 데도 나섰다. 1948년 발표한 논문을 통해 위버가 설명한 바에 따르면, 과학은 단순한 문제, 불확실한 문제, 복잡한 문제라는 세 가지 범주의 문제를 차례로 해결하면서 발전한다.[17] '단순한 문제'란 결정론적 공식으로 풀어낼 수 있는 소수의 변수로 구성된 문제다. '힘=질량×가속도'로 표현되는 아이작 뉴턴Isaac Newton

의 운동법칙은 인공위성이 지구를 도는 궤도를 계산하거나 두 개의 당구공이 충돌할 때 일어나는 일같이 단순한 문제를 해결하는 데 강력한 힘을 발휘한다. 17~19세기에 활동한 과학자들은 대부분 단순한 문제에 사로잡혀 있었다. 이들이 내놓은 해결책은 전화기나 디젤엔진같이 인류의 삶을 바꿔놓은 발명품이 출현하는 밑바탕이 됐다. 19세기 후반이 되자 과학자들의 관심은 병 안에 들어 있는 기체 입자의 운동처럼 수많은 물질이 관계된 '불확실한 문제'로 옮겨갔다. 과학자들은 입자 하나하나의 움직임을 추적할 순 없었지만 그 대신 확률 이론과 통계 분석을 이용해 수많은 입자가 전반적으로 움직이는 양상을 예측해냈다. 그 결과, 열역학, 유전학, 정보이론이 발전하는 토대가 마련됐다.

이제 과학자들은 당구공 두 개의 경로를 정확하게, 기체 입자 200만 개의 움직임을 평균적으로 예측할 수 있다. 이 둘 사이에 존재하는 문제, 다시 말해 20~30개 요소가 서로 예기치 못한 방식으로 상호작용해 혼란을 불러일으키는 문제는 어떨까?[18] 세포 노화, 신흥국의 기아 등 오늘날 우리가 직면한 과학적·사회적으로 중요한 문제들은 대부분 여러 변수가 예측 불가능한 수많은 경로로 상호작용한 결과 나타난다. 수많은 생명체가 활동하는, 어수선하면서도 활기찬 영역에서는 복잡성이 출현한다. 달맞이꽃이 활짝 피게 하는 요소는 무엇일까? 시장은 금 가격에 어떻게 영향을 미칠까? 임신한 여성의 식생활은 태아에게 어떤 영향을 끼칠까? 뇌진탕은 어떤 경우 두뇌에 영구적인 손상을 입힐까?

세상은 위버가 영향력 있는 논문을 쓴 1948년에도 복잡했지만, 그 이후 더욱 확연히 복잡해졌다. 베를린 장벽이 무너지고 난 1990년 이후 국가들 간에 체결된 무역협정 수가 여섯 배로 증가한 데서 볼 수 있듯, 각국 경제는 점점 더 서로 밀접하게 연결되고 있다.[19] 같은 기간 전 세계 항공 교통량은 거의 세 배로 증가하면서 사람과 상품을 세계 여기저기에서 뒤섞어놓았다.[20] 자본이 무역을 따라 움직이면서 지난 수십 년 동안 각국 주식시장의 상관관계는 두 배 이상으로 밀접해졌고, 은행이 자국 외 시장에 제공한 대출액은 세 배가량 늘었다.[21] 인터넷이 의사소통 분야에서 인쇄기의 발명, 아니 문자 자체의 발명에 비견할 만한 혁신을 일으켰다는 사실도 빼놓을 수 없다.[22] 간과하기 쉬운 사실이지만 나이로 치면, 구글은 아직 10대고 페이스북은 초등학생 정도밖에 안 된다.

단순한 문제와 불확실한 문제가 대부분 해결됐으므로 미래에 겪을 가장 큰 도전은 복잡한 문제가 될 것이라고 위버는 주장했다. 그의 주장은 옳았다. 현재 대부분의 사람들이 개인적인 차원에서마저 복잡성을 관리하느라 매일 고생하고 있다. 세 개의 리모컨을 조작해서 스포츠 채널을 보려면 10대 자녀에게, 세금신고서 양식을 채우려면 회계사에게, 마이크로소프트가 내놓은 새로운 버전의 소프트웨어를 설치하려면 고객센터에 도움을 요청해야 한다.

오늘날 거시 수준에서 불거지는 중요한 쟁점은 거의 예외 없이 여러 부분이 움직이면서 예기치 못한 방식으로 상호작용하는 데서 비롯된다. 2000년대 후반, (미국 금융 자산의 3퍼센트 미만에 불과하던) 서브프라임 모기지의 상환불이행률 상승은 전염병처럼 전 세계 금융 체계에 영향을 미치며 건전성이 양호한 수준이던 세계 각국 은행을 뒤흔든 끝에 전 세계적으로 대공황 이래 가장 심각한 불황을 초래했다.[23] 환자, 의사, 병원, 보험사, 정부는 모두 각각 이해관계가 다르지만, 인구 고령화가 급속히 진행되고 있는 상황에서 합리적인 비용으로 고품질 보건 서비스를 제공하려면 서로 협력해야 한다. 유럽인들은 전통적인 생활방식과 자국의 주권을 유지하기 위해 애쓰고 있는데, 이들의 운명은 다른 유럽 국가를 비롯해 서남아시아와 그 외 전 세계에 사는 사람들과 떨어질 수 없을 정도로 밀접하게 연결되어 있다. 기술, 인구 증가, 전 지구의 생태계가 서로 상호작용한 결과이며, 모든 문제의 근원이자 모두에게 중대한 영향을 끼치고 있는 기후 변화도 빼놓을 수 없는 복잡한 문제다.

복잡한 세상에 대응하기 위한 단순한 규칙

흔히 복잡한 문제는 복잡한 방법으로 해결하려는 경향이 있다. 예를 들어, 정부는 복잡성을 관리할 때, 발생 가능한 상황을 모두 예측하려고 시도한 후 모든 변수를 포함하는 규정을 만들려고 한다.

국제 금융 체계가 점점 더 복잡해지는 상황에서 각국의 중앙은행장들이 어떻게 대응하는지 살펴보자. 1988년 전 세계 금융인이 스위스 바젤에 모여 국제 은행 규정안에 합의하고 발표한 협정문(바젤I Basel I이라고 한다)은 30페이지 분량이었다.[24] 16년 후 발표된 바젤II 협정의 분량은 347페이지로 자릿수부터 달라졌고, 바젤III 협정의 분량은 다시 두 배로 늘어났다. 규정집의 두께로만 따진다면 각국 중앙은행장들은 미국 하원 의원에 비해 아마추어에 불과하다. 대공황 당시 통과된 후 70년에 걸쳐 미국 은행 규정의 지침이 된 글래스 스티걸 법안Glass-Steagall Act(상업은행과 투자은행을 분리한 법-옮긴이)은 모두 37페이지다. 그런데 그 후계자 격인 도드 프랭크 법안Dodd-Frank Act(2010년 발효된 금융리스크 관련 감독·규제 법-옮긴이)은 관련 입법 절차가 모두 완료될 때면 3만 페이지가 넘을 것으로 예상된다.[25]

복잡함과 복잡함이 만나면 문제가 해결되기보다는 오히려 더 많은 혼란이 초래되는 경우가 많다. 미국 소득세 관련 정책은 2010년 기준으로 380만 단어 분량이다.[26] 등장인물도, 에피소드도, 인간의 조건에 대한 통찰도 전혀 없는데 두께는 《전쟁과 평화》의 일곱 배인 책을 상상해보라. 그런 책이 바로 미국 세법이다. 그 정도로 두껍고 철두철미하게 만들었다면 그 어떤 위험도 남김없이 제거되어야 마땅하다. 하지만 세무 전문가 45명이 똑같은 자료에 근거를 두고 한 가정이 내야 할 세금을 계산한 결과, 예상 세액은 최소 3만 6,332달러에서 최대 9만 4,438달러까지 45명이 모두 다르게 산출했다.[27] 미국 세법은 그 정도로 혼란스럽다. 미국 국세청 직원도 세 번 중 한 번은 잘못된 권고를 할 정도다.[28] 이 미궁을 헤쳐 나가기 위해 미국인들이 고용하는 세무 관련 인력은 120만 명에 이른다.[29] 이는 미국 경찰관과 소방대원 전부를 합친 것보다도 많은 숫자다.

복잡한 문제에 복잡한 해결책으로 대응하는 방식은 그 취지는 이해할 만하지만 옳다고 할 순 없다. 복잡계를 구성하는 각 부분은 수많은 경로로 상호작용하기 때문에, 발생 가능한 모든 결과를 그려보려고 하다가는 압도당하기 십상이다. 답이 간단할 것 같은 질문을 던져보면 복잡성이 얼마나 빠르게 통제에서 벗어나는지 쉽게 알 수 있다. 레고 블록 여섯 개를 조립하는 방법은 몇 가지나 될까?[30] 블록이 하나라면 답은 말할 필요도 없이 한 가지다. 블록이 두 개로 늘어날 경우, 누구나 조금만 생각해보면 24가지라는 답을 낼 수 있지만, 세 개로 늘어나면 계산이 복잡해진다(답은 1,560가지다). 블록 여섯 개로 가능한 조합 수는 보는 사람을 압도한다. 수십 년 동안 블록 여섯 개를 조합하는 방법은 1억 300만 가지라고 널리 인정돼왔는데, 최근 두 명의 수학자가 컴퓨터로 엄청나게 많은 연산을 거친 결과 발견한 조합은 9억 1,500만 가지였다. 똑똑하기로는 지구상에서 손꼽힐 만한 수학자라는 사람들이 레고 블록 여섯 개를 조립하는 방법의 가짓수를 알아내느라 이렇게 고생했는데, 미국 하원 의원들이 모든 가능성을 염두에 두고 은행 업무나 세무에 관한 완벽한 법안의 초안을 만들어낼 확률은 얼마나 될까?

게다가 해결책이 복잡할수록 압박감을 느낀 사람들이 이를 따르지 않기로 결심할 가능성은 높아진다. 45개국의 개인소득세 신고 문제를 다룬 연구 결과, 개인이 세금을 탈루할 것인지 납부할 것인지 가장 정확히 예측할 수 있는 변수는 세법의 복잡도였다.[31] 규정의 복잡도는 최고한계 세율, 평균 교육·소득 수준, 세법 체계의 공정성, 당국의 세무조사 강도보다 영향력이 컸다.

퇴직금 저축을 생각해보자. 뮤추얼펀드업계에서 상당한 영향력을 발휘하는 피델리티 인베스트먼트Fidelity Investments에 따르면, 전체 미국인 중 은퇴 후 발생할 지출에 착실히 대비하는 사람들의 비율은 절반도 되지 않는다.[32] 고용주가 제시한 퇴직연금 투자 방식이 두 가지일 경우 직원 중 4분의 3이 퇴직연금에 가입했다. 제시된 투자 방식이 늘어날수록 참여율은 (61퍼센트까지) 떨어졌다. 심지어 직원이 투자하는 만큼 고용주가 적립하는 경우에도 그랬다.[33] 복잡성에 압도당하면 사람들은 공짜 돈도 팽개치고 도망친다.[34]

복잡성을 다루는 책은 크게 두 가지로 나뉜다. 우선 수없이 많은 과학 서적이 혼돈이론, 복잡성, 적응계adaptive system(외부 환경의 변화에 따라 자체를 바꾸는 체계－옮긴이)를 설명한다. 복잡성은 현재 인기 있는 과학 연구 주제다. 유명한 산타페연구소Santa Fe Institution, 웹사이트 '경제적 복잡성 관측소Observatory of Economic Complexity'를 운영하는 MIT 미디어랩Media Lab 등 30곳이 넘는 연구소와 10종이 넘는 과학지가 복잡계 연구에 초점을 맞추고 있다.[35] 복잡성을 흥미롭게 다룬 과학책은 많지만, 그중 복잡성을 관리할 수 있는 실용적 지침을 담은 책은 찾기 힘들다. 이와는 정반대쪽 극단으로 치달아 옷장을 싹 정리하거나 구독하는 블로그 수를 제한하는 등의 방법으로 삶을 단순하게 만들라는 소박한 조언을 하는 책도 있다. 하지만 이런 방식의 자기계발 관련 조언은 그 의도가 아무리 좋더라도 연구에 기반을 둔 객관적 근거가 부족하며, 개인의 사생활보다 더 큰 체계에서 발생하는 복잡성을 관리하는 데 도움이 될 만한 통찰을 거의 주지 못한다.

단순한 규칙은 '현대 사회와 뗄 수 없는 복잡성을 어떻게 관리하는가?'라는 근본적인 물음에 신선한 시각을 제공한다. 필자들은 연구 결과와 현실적 결과를 근거로 복잡성을 다루는 데는 복잡한 해결책보다 단순한 규칙이 낫다고 본다. 이 책은 단순한 규칙이 무엇이고, 이것이

어째서 좋은 성과를 내며, 의료에서 스탠드업 코미디에 이르는 폭넓은 영역에서 효과가 입증된 여섯 가지 규칙이 무엇인지 명백하게 제시한다. 대부분의 기존 연구가 따르고 있는 가정에 의하면 규칙은 고정된 것으로, 사람들의 두뇌에 단단히 뿌리내려 의사결정 성향을 결정하거나 변화를 거부하게 하는 사회 규범에 포함된다. 그런데 필자들이 발견한 가장 놀랍고 중요한 사실을 말하자면, 단순한 규칙은 가변적이다. 단순한 규칙은 새로운 증거가 나타나거나, 목적이 바뀌거나, 환경이 변화함에 따라 진화한다. 이 책의 후반부에는 더 좋은 규칙을 적극적으로 만들어내고 시간을 들여 이를 고치고 개선하는 방법에 대해 명확한 조언을 제공한다.

필자들이 복잡성을 연구하기 시작한 것은 도널드가 런던경영대학원London Business School에 교수로 재직하고 있고 캐슬린은 스탠퍼드대학에서 안식년을 보내고 있던 1990년대 후반이었다. 캐슬린은 쇼나 브라운Shona Brown과 함께 《가장자리에서 벌어지는 경쟁Competing on the Edge》의 집필을 막 끝낸 참이었다(쇼나는 이후 구글의 사업 담당 임원이 되어, 회사의 매출 규모가 2003년 20억 달러 미만에서 9년 후 460억 달러로 급성장하는 시기에 자신의 발상을 성공적으로 접목시켰다).[36] 단순한 규칙의 토대는 《가장자리에서 벌어지는 경쟁》에 언급되어 있듯, "회사가 갖춘 체계는 지나치게 많지도 적지도 않아야 한다"는 주장으로 요약할 수 있다. 도널드는 과거에 성공을 거두었던 기업이 (심지어 변화가 오고 있다는 사실을 알았는데도) 복잡성 때문에 시장의 상황 변화에 적응하지 못한 사례를 연구하고 있었다. 필자들은 각각 다른 배경에서 출발해 복잡성 연구에 이끌렸다(캐슬린은 과학과 공학을 연구하다 전략론으로 전향했고, 도널드는 사모투자업계에서 일하다가 학계로 들어왔다). 필자들은 이 같은 경험을 바탕으로 서로의 시각을 보완한 덕분에 이 문제를 새로운 시각으로 해결할 수 있었다.

필자들은 인터넷의 발달과 함께 고삐에서 풀려난 복잡성을 상대로 씨름한 회사들이 채택해 성공한 (또한 실패한) 전략을 탐구하는 데서 작업을 시작했다. 그리고 놀라운 결과를 얻었다. 가장 큰 성공을 거둔 회사들은 기술·경쟁·시장의 복잡성에 복잡한 해결책으로 대응하려 하지 않았다. 이들 회사는 중요 절차(예를 들어, 신제품 개발이나 잠재고객의 우선순위 결정)를 파악한 후 단순한 규칙으로 이를 관리했다. 필자들은 이 같은 결론에 대해 〈하버드 비즈니스 리뷰Harvard Business Review〉에 '단순한 규칙 전략Strategy as Simple Rules'이라는 제목을 붙여 기고했고, 이 글을 통해 '회사의 전략은 CEO의 책꽂이에 꽂힌 두꺼운 서류철이 아니라 매일 반복되는 중요 절차의 틀을 잡는 단순한 규칙에 있다'고 주장했다.[37]

필자들은 그 후 10년 동안 탐구 범위를 경영 밖으로 넓혀 다양한 상황에 적용되는 단순한 규칙을 연구한 결론을 이 책에서 자세하게 다루었다. 각 장을 통해 필자들은 인터넷이 탄생하기 전부터 존재한 미국의 비밀군사조직 DARPA가 앞으로 진행할 획기적 프로젝트를 어떻게 선정하는지, 도둑이 털 집을 정할 때 어떤 단순한 규칙을 사용하는지 설명할 것이다. 필자들은 미식의 도시 파리에서도 가장 뛰어난 요리사들이 어떻게 자신이 개발한 레시피를 지키는지, 스탠퍼드대학의 공부벌레 축구팀이 대학 미식축구계의 야수가 된 방법이 무엇인지, 몸집이 작은 도널드가 폭주족들의 단골 술집에서 문지기로 일하면서도 무사할 수 있었던 데 도움을 준 단순한 규칙이 무엇인지 설명할 것이다. 단순한 규칙은 메뚜기 떼가 수 킬로미터에 걸쳐 빽빽하게 모여들 때뿐만 아니라, 10만 명이 넘는 위키백과Wikipedia 자원 편집자들이 힘을 합쳐 브리태니커 백과사전보다 평균 신뢰도가 뒤지지 않는 문서 수백 만 건을 만들어내는 데도 도움이 된다.[38] 단순한 규칙은 최신 발명품이 아니다. 고대 로마 법률가들은 단순한 규칙을 활용해 판결을 내렸고, 1500년대에 출현한 예수회는 단순한 규칙을 길잡이 삼아 폭발적으로 성장했다.

필자들은 자체 연구 결과를 활용하고 크리스 빙엄Chris Bingham과 제이슨 데이비스Jason Davis 같은 동료들과 협업하면서 현장연구, 실험 결과, 시뮬레이션 등을 사용해 '특정 규칙이 배우기는 비교적 어려워도 더 좋은 성과를 내는 이유'를 알아냈다. 이러한 연구 결과를 이용해 단순한 규칙을 개선하고, 제대로 작동하지 않는 규칙을 찾아내는 방법도 알 수 있었다. 필자들은 다른 분야의 연구 결과도 이용했다. 심리학, 경제학, 전략학, 사회생물학, 의학에 단순한 규칙을 적용한 연구 결과에서 놀랍고도 중요한 통찰을 찾아볼 수 있었다. 시카고 사람들은 비만과 씨름하는 반면 파리 사람들은 기름진 음식을 먹는데도 살이 찌지 않는 이유 역시 단순한 규칙이라는 틀로 보면 이해할 수 있다. 금융경제학 연구에 따르면 단순한 투자 규칙은 손실을 내지 않을 뿐만 아니라 복잡한 금융 모델보다 나은 성과를 올릴 확률이 80퍼센트가 넘는다.

도널드는 규모가 일정 수준 이상인 조직을 경영하는 전 세계 45세 이하 실업가 2만 명의 모임인 '젊은경영인협회Young Presidents' Organization,

YPO' 회원들과 함께 실제 사례를 통해 단순한 규칙의 성능을 검증해왔다. 고도로 훈련된 MBA 및 경영학 박사 과정 학생들이 YPO에 속한 회사 수십여 곳과 함께 4년이 넘는 기간 동안 규칙을 만들고 실행 경과를 기록하며 효과를 측정했다. 그 결과 탄생한 것이 회사의 목표를 명확하게 설정하고, 단순한 규칙이 가장 큰 효과를 낼 부분을 찾아내며, 규칙을 만들고 수정하는 3단계 절차다. 다양한 회사가 이 절차를 사용해 극적인 효과를 냈는데(대부분 이익이 20~50퍼센트 증가했다), 이렇게 되기까지 불과 수개월밖에 걸리지 않은 경우도 있었다. 참가자들이 이 절차를 따라 개인 생활에 적용할 수 있는 단순한 규칙을 만들었다는 얘기를 듣고 필자들도 놀랐다. 이 책의 후반부에서는 단순한 규칙을 만들 때 그 용도가 경영이든 개인 생활이든 관계없이 언제 어느 경우에나 기본이 되는 사항을 다룰 것이다. 또한 필자들은 단순한 규칙에 대해 떠올린 발상을 (캐슬린은 스탠퍼드대학 공학과, 도널드는 MIT 슬론Sloan 경영대학원) 교실에서 실험하고 가다듬었다.

복잡성은 피할 수 없는 숙명이 아니다

대부분의 사람이 복잡성을 피할 수 없는 것이라고 생각한다. 디자인에 끔찍한 결함이 있었던 초기 MP3 플레이어를 예로 들어보자. 당시 잘 팔리던 MP3 플레이어에는 'exp'나 'lib'처럼 머리를 쥐어뜯게 만드는 설명이 붙어 있거나, 아예 아무 설명도 없는 버튼이 20개가 넘게 달려 있었다. 가장 잘 팔리던 축에 들던 기기 중에는 '재생' 버튼 바로 옆에 원터치 '삭제' 버튼이 달려 있는 것도 있었다. 이러한 초기 제품 사용기를 읽다가 가장 우울해지는 대목은 제품 자체의 결함 때문이 아니라 인터페이스가 복잡해서 사용하기 불편한 것인데도 어쩔 수 없다고 생각하는 고객들의 무기력함을 접하게 될 때다. 하드웨어, 소프트웨어, 다양한 파일 형식, 음원, 주변기기 등 그렇게 많은 것을 통합해놓았으니 MP3 플레이어가 복잡한 것도 당연하다고 사용자들은 생각했다.

그리고 아이팟iPod이 출현했다. 아이팟의 상징인 클릭휠click wheel을 접한 사용자들은 개인용 음악 재생기기 같은 멋진 물건 역시 깔끔하고 직관적이며 효과적인 인터페이스로 조작할 수 있다는 사실을 (아마도 생애 처음으로) 깨달았다. 아이팟은 음악 감상 경험을 개선하는 데 그치지 않았다. 아이팟은 (아이튠즈iTunes와 함께) 사람들이 집 밖에서 음악을 듣는 방식에 혁명을 일으켰다. 단순한 규칙을 제대로 사용하면 마찬가지 결과를 이끌어낼 수 있다. 아이팟의 클릭휠이 그랬듯, 단순한 규칙을 채택하면 마지못해 복잡한 해결책을 사용하지 않고도 복잡계를 통제할 수 있다. 단순한 규칙은 가슴 깊이 단순함을 원하는 인간 본연의 욕망을 충족시키면서, 가정에서 전 지구에 이르는 다양한 환경에서 마주치는 복잡한 문제를 해결해준다.

사람들은 매일매일 살아가면서 복잡성이라는 문제를 해결하려고 애쓴다. 단순한 규칙은 다이어트나 불면증 치료, 더 나은 관리자나 더 현명한 투자자 되기 등등 매우 절실한 개인적 목표 혹은 직업적 목표를 달성하는 데 실질적으로 도움이 되는 도구다. 단순한 규칙은 지침의 개수를 제한하기 때문에 가장 중요한 대상에 집중할 수 있도록 도움을 주며, 기억하고 사용하기도 쉽다. 단순한 규칙은 판단을 내려야 할 다양한 상황에 지침을 제공하면서도 판단력과 창의력을 발휘할 수 있는 여지를 충분히 남긴다. 필자들은 독자 여러분이 이 책을 읽는 동안 단순한 규칙을 적용해 관리 방식을 개선할 만한 개인적 또는 직업적 문제를 한 가지 이상 찾아내기를 바란다(그리고 그렇게 될 것이라고 생각한다).

단순한 규칙은 개인에게도 강력한 효과를 발휘하지만 사회에 적용되면 기적 같은 성과를 이뤄낸다. 식량을 찾는 개미 떼를 관찰하다 보면 개미들이 중요한 목적을 절대 잊지 않으면서도 예기치 못한 장애물에 적응하고 각자 행동을 맞춰가는 모습에 경탄하게 된다. 각각의 개미에게 지시를 내리는 핵심 권력 같은 것은 없다. 개미의 행동은 먹이를 찾을 때 몇 가지 단순한 규칙을 따르면서 자연스럽게 나타나는 결과다. 사람들은 회사, 가족 기업, 학교, 비영리법인 등 다양한 조직에서 일하면서 계속 변화하는 환경에 부딪히는데 이를 잘 넘어서기 위해서는 서로 협력해야만 한다. 이 책에서는 관리자와 직원들이 관료주의적 규칙을 빼곡히 적어놓은 두꺼운 설명서에 의지하지 않고 단순한 규칙을 적용해 더욱 효과적이고 효율적으로 일한 사례를 보여줄 것이다. 또한 단순한 규칙은 사회 전체가 직면한, 심각한 문제를 해결하는 데도 도움이 된다. 이 책에서는 단순한 규칙을 적용해 큰 효과를 얻은 복잡한 사회 문제들을 설명하고, 단순한 규칙으로 해결할 수 있는 문제들을 찾아볼 것이다.

복잡성을 상대로 한 싸움은 지금도 계속되면서 사람들을 녹초로 만들고 있다. 낙담한 사람들은 어쩔 수 없이 제대로 돌아가지도 않는 복잡한 해결책을 쓰거나, 현대 사회의 본질인 상호의존성을 무시하는 지나치게 단순한 이야기(예를 들어 "기후 변화는 미신일 뿐이다"나 "세계화는 나쁘다" 등)에 매달린다. 단순한 규칙은 이런 싸움에서 강력한 무기가 될 것이다.

Simple

Chapter 01

왜 단순한 규칙이 효과적일까?

Chapter

01

《욕망하는 식물The Botany of Desire》, 《잡식동물의 딜레마The Omnivore's Dilemma》 등 여러 권의 베스트셀러를 펴낸 캘리포니아대학교의 마이클 폴란Michael Pollan 교수는 영양 섭취에 관한 자신의 견해를 "음식을 먹어라, 과식하지 마라, 채소를 많이 먹어라"라는 세 가지 단순한 규칙으로 압축했다.[1] 폴란이 말하는 '음식'은 마트 가공식품 코너에서 볼 수 있는 "음식과 비슷한 식용 물질"이 아니라 채소, 과일, 견과류, 통곡물, 육류, 어류 같은 진짜 음식을 말한다. 증조할머니였다면 음식으로 치지 않았을 물질, 초등학생이 발음하기 어려운 첨가물이 들어 있는 제품, 운전석에 앉아 차창 너머로 받을 수 있는 먹을거리 따위는 여기에서 제외된다. 전 세계 가정의 냉장고에 붙여놓아야 할 폴란의 건강한 식습관 규칙에는 단순한 규칙이 지녀야 할 네 가지 공통 특징이 다음과 같이 잘 나타

나 있다.[2]

첫째, 규칙의 수가 중요하다. 단순한 규칙은 무엇을 먹을지 결정하는 등의 특정한 행동이나 판단에 적용되는 소수의 지침으로 구성된다. 지시하려는 범위가 한정되므로 규칙의 수가 많을 필요도 없다. 규칙을 소수로 제한하려면 가장 중요한 대상에 집중해야 한다. 규칙의 수에 제한을 두다 보면 지침이 지나치게 단순해져서 복잡한 문제를 해결하기 힘들 것이라는 생각이 들지도 모르지만, 그렇지 않다. 굉장히 중요한 요소는 몇 가지뿐이며, 그 밖의 다른 수많은 변수는 지엽적이라 무시해도 상관없는 경우가 대부분이다. 폴란의 규칙을 지키면 당뇨, 비만, 심장마비가 발병할 위험이 낮아진다는 사실은 식습관에 대한 과학적 연구를 종합 검토한 결과로도 뒷받침된다.[3] 규칙을 적용하려면 기억해야 하고, 그러려면 규칙의 수를 최소한으로 줄여야 한다. 폴란의 건강한 식습관 규칙은 여기에 꼭 들어맞는다.[4]

둘째, 모든 사람에게 적용되는 만능 규칙과 달리, 단순한 규칙은 이를 사용할 특정한 사람의 특정한 상황에 맞춰 고안된다. 이 책 후반부에 소개할 섀넌 털리Shannon Turley가 제시한 건강한 식습관 규칙은 폴란의 규칙과는 다르다. 스탠퍼드대학 미식축구 팀의 스포츠성과담당이사인 털리가 선수들에게 제시한 규칙은 "아침을 먹어라", "수분을 충분히 섭취하라", "수확하거나 털을 뽑거나 도살할 수 있는 것이라면 먹고 싶은 만큼 먹어라"다. 이는 체격이 매우 크고 활동량이 매우 많으며, 늦게 자고 늦게 일어나고, 격렬하게 훈련해서 열량을 엄청나게 소모하는 대학 미식축구 선수에게 매우 적합한 규칙이다. 먹고 싶은 만큼 먹으라고 권하는 규칙이 모든 사람에게 적합할 수 없다는 것은 누구나 이해할 수 있을 것이다.

셋째, 단순한 규칙의 적용 대상이 되는 행동이나 판단은 먹을 음식을 결정하거나 부상병의 치료 우선순위를 정할 때처럼 명확하게 정의될 수 있어야 한다. 단순한 규칙은 중요한 목표를 달성하는 데 장애가 되는 주요 활동 및 판단에 적용할 때 가장 큰 효과를 낸다. 동일한 원칙이 여러 가지 행동이나 판단에 적용되어 진부한 결과를 낼 뿐이라면 이를 단순한 규칙이라 할 수 없다. 예를 들어, 미국 국립과학원은 미국의 의료 체계 개선안을 도출하기 위해 의사, 학자, 기업가들로 구성된 전문가 위원회를 조직했다.[5] 위원회는 진단 결론 도출법, 의료 과정, 행정 절차 등 미국의 의료 체계를 구성하는 수만 가지 항목을 아우르는 열 가지 원칙을 만들어냈다.[6] 이 목록에는 '안전을 체계의 기본으로 삼고, 투명성을 향상시키며, 낭비를 계속 줄여 나가라' 등의 다목적 원칙들이 포함됐다. 위원회가 만들어낸 원칙은 분명 훌륭했지만, 의사가 응급실에서 환자들의 치료 우선순위를 결정할 때나 간호 행정 담당자가 말기환자병동에서 제공할 의료 수단을 정할 때 확실한 지침을 주기에는 지나치게 모호했다. 원칙이 지나치게 광범위하면 〈딜버트Dilbert〉(미국에서 1989년부터 연재된 만화. 직장생활을 풍자해 큰 인기를 끌었다—옮긴이) 같은 풍자만화에나 어울리는 진부한 구호라고 무시당하기 쉽다.

마지막으로, 단순한 규칙은 확고한 지침을 주지만, 지나치게 세세히 지시하지는 않는다. 폴란의 건강한 식습관 규칙에는 점심에 블루베리, 멜론, 케일 중 무엇을 먹으라는 말이 없다. 그저 진짜 음식을 먹고, 채소를 섭취하고, 과식하지 말라고 할 뿐이다. 단순한 규칙에는 창의력을 발휘하고 예측하지 못한 기회를 잡을 수 있는 여지가 있다. 한 예로, 러시아가 자본주의로 이행하던 1990년대 모스크바에 있던 사모투자전문회사 하나는 눈에 보이는 수많은 투자 기회 가운데 제대로 된 투자처를 선별하기 위한 단순한 규칙을 만들었다. 이 규칙에 따르면, 매출액이 1억~5억 달러고 이 회사가 예전에 투자해본 경험이 있는 산업에 속한 기업만 투자 대상으로 고려됐다. 매달 100달러의 여유자금이 생긴다면 평균적인 러시아 가정이 구입할 만한 물건을 파는 회사가 투자 대상이라는 지침도 있었다. 이 규칙은 대부분의 투자자가 에너지 산업과 광업에 돈을 밀어 넣던 시기에 소비재 회사에서 기회를 찾으려 한 해당 회사의 역발상 투자 전략에 초점이 맞춰진 것이다. 마지막 규칙은 범죄자와 안면이 있지만 자신은 범죄자가 아닌 경영자와만 같이 일해야 한다는 것인데, 이는 불법 행위가 만연한 러시아의 현실은 인정하지만 러시아 마피아와 얽히지는 말라고 명백하게 지시하고 있다. 이런 단순한 규칙은 '저평가된 회사에 투자하라'나 '성장 가능한 회사를 찾아라'처럼 신입 은행원마저도 쓸모없다고 무시할 정도로 형편없이 모호하고 진부한 어느 러시아 은행의 지침과 극명하게 대비된다.

이 장에서는 더 좋은 결정을 내리도록 이끌어주고, 사람들의 행동을 조율해 공통의 목표를 달성하게 만들어주는 등 단순한 규칙이 좋은 효과를 내는 이유를 살펴볼 것이다. 먼저 단순한 규칙의 또 다른 이점, 즉 순식간에 지나가는 기회를 잡을 수 있게 하는 융통성에 대해 설명하겠다. 기회를 잘 잡기 위해 규칙을 만들어낸다고 하면 최신 혁신 사례처럼 들리겠지만, 예수회 설립 초기의 이야기를 보면 알 수 있듯이, 단순한 규칙은 인류 역사상 오래전부터 이러한 목적을 달성하는 데 활용돼왔다.

기회를 잡게 해주는 단순한 규칙

상대적으로 단순했던 1,000년이 지나고 16세기로 접어들 무렵, 유럽은 갑자기 복잡해졌다. 가톨릭교회는 로마 대약탈 이후 그때까지 1,000년 동안 유럽 전역의 종교 교리를 사실상 독점해왔다. 수도원은 옛 전통을 보존했고, 종교대학은 유럽 지배층을 교육했으며, 교회 조직은 추기경과 주교, 신부로 이루어진 대규모 관료 체계로 유럽 대륙 전체에 정치력을 행사했다. 1500년대 초기에 이 획일적 구조가 무너지기 시작하면서 잇따라 빚어진 종교 갈등은 결국 30년 전쟁으로 귀결됐다. 근대 역사상 지속 기간이 길기로 손꼽히는 이 전쟁에서 전체 독일인 중 4분의 1 이상을 포함해 총 800만 명이 사망했다.[7]

교회가 분열하자 유럽인들의 세상은 넓어졌다. 1400년대 후반 유럽인은 아메리카, 태평양 제도, 아시아를 탐험하고 식민지로 만들기 시작했다. 유럽 국가들의 경제, 사회, 정치는 불과 몇십 년 전만 해도 그 존재조차 알지 못했던 먼 나라들과 밀접하게 뒤엉켰다. 중세의 인터넷이라 할 수 있는 인쇄기가 발명되자 정보는 이전에 서로 단절됐던 외딴 곳을 더욱 빠른 속도로, 더욱 큰 규모로 연결했다. 1400년대에는 500만 건도 안 되는 문서가 모두 필사로 생산됐다. 그다음 세기에는 2억 1,700만

건이 넘는 문서가 인쇄됐고, 책 가격은 권당 3분의 1로 떨어졌다.[8]

가톨릭교회는 이처럼 새롭게 출현한 복잡성에 대응하기 위해 수도회의 종류와 수를 늘렸다.[9] 1500년대에 가톨릭교회가 새로 승인한 수도회는 카푸친작은형제회Order of Friars Minor Capuchin, 성 바오로회Clerics Regular of St. Paul, 우르술라회Order of St. Ursula, 성 바오로 성직수녀회Angelic Sisters of St. Paul, 예수회Society of Jesus 등이 있다. 이들 신생 수도회는 대부분 인원을 소수로 유지하고, 자신들의 근거지에만 머무르며, 전통적인 방식으로 전도했다.

그중 특히 예수회는 기하급수적으로 성장했다. 1540년 열 명의 창립 회원으로 시작된 이 신생 수도회는 20년도 채 지나지 않아 회원 수를 1,000명 이상으로 늘리고, 40개의 학교를 운영하며, 활동 범위를 전 유럽, 인도, 브라질, 일본뿐만 아니라 중국 변경까지 넓혔다.[10] 예수회는 설립자가 사망한 후에도 살아남아(1600년에는 회원이 8,000명 이상으로 늘어났다) 현재까지도 영향력을 유지하고 있다. 현 교황 프란치스코는 아르헨티나 출신 예수회원이며, 예수회는 로마가톨릭교회에서 가장 큰 수도회다. 예수회는 보스턴칼리지와 조지타운대학 등 유명한 미국 교육기관을 포함해 70개국에서 약 800개의 학교를 운영하고 있다.[11] 그중 절반 이상이 아시아에 있는데, 인도에만 40개 이상 있다. 이렇듯 예수회는 여전히 전 세계를 무대로 활동하고 있다. 예수회는 여러 세기 동안 직접 운영하는 학교에서 유망한 지성인(볼테르, 르네 데카르트, 데이비드 흄), 예술가(페터 파울 루벤스, 제임스 조이스, 알프레드 히치콕), 정치인(빌 클린턴, 샤를 드골, 피델 카스트로) 들을 교육하며 영향력을 크게 발휘했다.

예수회를 설립한 로욜라의 이그나티우스Ignatius of Loyola는 드라마 〈왕좌의 게임A Game of Thrones〉에 등장해도 손색없을 정도로 모험이 가득한 삶을 살았다.[12] 스페인 북부 바스크 지방의 유서 깊은 귀족 가문에서 13명의 형제 중 막내로 태어난 이그나티우스는 기사의 시동侍童으로 경력을 시작했고, 이후 스페인 왕가 소속 군인이 됐다. 그는 프랑스군에 맞서 요새를 수비하다 포탄에 맞아 한쪽 정강이뼈가 부서지고 다른 쪽 다리에도 중상을 입어 부상을 치료받던 중 종교적 깨달음을 얻었다. 얼마 지나지 않아 그는 칼을 내려놓고 순례자용 지팡이를 잡은 후 2년 동안 동굴에 기거하며 단식하고 기도했다. 이후 수십 년 동안 그는 성지를 순례하고 광장에서 설교했다. 그 와중에 스페인 종교재판소의 의혹을 사 두 번이나 수감되기도 했다. 이그나티우스는 사제가 되기 위해 파리대학에서 공부했는데, 이 무렵 그의 주변에 동료 학생들이 모이기 시작했다. 이들은 이후 예수회의 중심이 된다. 이그나티우스는 학위를 받은 후(43세 때의 일이다) 동료들과 함께 예루살렘에 정착하려고 했다. 하지만 성지로 가려던 여정이 실패로 돌아가자 이들은 로마로 방향을 바꿔 교황 바오로 3세에게 복종을 서원했고, 교황은 예수회를 정식 수도회로 인정하는 칙서를 발행했다.

설립 초기 예수회는 운영 규칙이 소수에 그친다는 점에서 다른 수도회와 달랐다. 다른 수도회들은 대부분 회원들의 일상을 하나하나 상세히 지시하는 규정을 공포했다. 예를 들어, 529년에 설립된 베네딕도회Order of Saint Benedict에는 기숙사의 침대 배치 방법부터 저녁 식사에 나오는 음식 가짓수에 이르기까지 회원이 지켜야 할 수백 가지 사항을 총 73개

장에 걸쳐 매우 상세하게 설명해놓은 규정집이 있다. 이들 규정은 기도, 노동, 식사, 수면 등 회원들의 모든 행동의 일과시간을 꼼꼼하게 규정해 변동의 여지를 거의 남기지 않았다.[13] 도미니코 수도회Order of Preachers, Dominican Order의 규정집에 수도원 밖에서의 슬리퍼 착용, 설교 중 수면, 성물 파손 및 분실, 연간 4회가 넘는 사혈요법 시행(한때 널리 쓰이던 의료 조치였다) 등을 금지하는 수백 가지 규정이 명시돼 있는 데서 알 수 있듯, 베네딕도회의 규칙은 이후 등장한 수도회들에 본보기가 됐다.[14]

예수회의 근간이 되는 문서, 소위 '기본법Formula' 초안의 다섯 문단을 통해 제시된 수도회의 사명은 '사람들을 돕는 것'이다. 이는 어떤 성직자에게도 적용할 수 있는 (그리고 실제로 적용되어온) 만능 명령이다.[15] '기본법'이 놀라운 이유는 포함된 규칙이 극히 적다는 데 있다. 규칙이 소수에 불과한 덕분에 설립 초기 예수회는 상당한 융통성을 발휘해 사람들을 도울 귀한 기회를 포착할 수 있었다. 반면 기존의 다른 수도회들의 사명은 매우 상세하고 분명하게 명시된 규정에 매여 있었다. 예수회의 '기본법'은 몇 안 되는 규칙만으로도 초기 예수회원이 따라야 할 지침을 충분히 전달했다. 이 중 가장 중요한 규칙은 예수회원이라면 "튀르크(터키)인 한가운데든, 신대륙이든, 루터교 지역이든, 심지어 신앙의 존재 여부를 막론하고 어디에 파견되든" 부여받은 과업을 수행하라는 것이었다.[16] 기존 수도회들의 방대한 규정이 안정을 보장했다면, 예수회의 규칙은 명백하게 기동성을 장려했다. 예수회원이라면 교육을 장려해야 한다고 명시한 두 번째 규칙은 예수회의 상징인 학교 건립을 촉진했다. 당시 대부분의 수도회에는 회원들이 하루 여섯 번에서 여덟 번까지 모여 기도를 올려야 한다는 규정이 있었던 반면, 예수회의 세 번째 규칙은 회원들이 매일 모여 기도를 올릴 의무를 없앴다. 예수회원들은 함께 모여 기도해야 할 필요가 없었기 때문에 자투리 시간을 활용해 일하거나 수도원과 떨어진 곳에서 여러 날을 보내며 전도할 수 있었다.

16세기에 세계가 확장되고 사람들을 도울 새로운 기회들이 등장하면서, 융통성이 부족한 기존 수도회들과 달리 예수회는 '기본법'에 따른 단순한 규칙의 융통성 덕분에 기회를 잡을 수 있었다. 예수회는 규칙이 많지 않은 신흥 종교집단으로, 새로운 선교 방법을 실험하기 유리하다는 이점을 잘 활용했다. 예수회 1세대들은 이를 폭넓게 실험했다. 유럽인이 새로 개척한 식민지에서 원주민들을 개종시키고, 가톨릭 통치자와 개신교 지배자 사이에서 평화를 중재하고, 빚 때문에 수감된 사람들을 풀어주고, 매춘부가 회개하도록 설교하고, 거리에서 전도하고, 배교자를 다시 가톨릭의 품으로 데려오고, 상이군인을 돌보고, 나병 환자를 간호하고, 시칠리아에서는 서로 반목하는 가문들이 휴전하도록 중재했다.[17] 예수회에 공감하는 사람조차도 이처럼 다양한 예수회의 노력을 "기회주의와 별반 다르지 않은 잡동사니 모음"이라고 표현할 정도였다.[18] 하지만 기회주의가 항상 나쁜 것은 아니다.

또한 예수회는 단순한 규칙 덕분에 다양한 지역의 시간, 공간, 환경에 유연하게 적응할 수 있었다. 설립 첫 해, 창립회원 열 명 중 여덟 명이 사명을 띠고 로마를 떠났다. 한 예로 프란시스코 사비에르Francisco Xavier는 인도, 인도네시아, 일본을 돌아다니며 선교 활동을 하다가 로마를 떠난 지 11년째 되던 해에 중국 대륙이 보이는 섬에서 사망했다. 사비에르는 여정 내내 사람들을 돕는다는 중요한 사명을 망각하지 않으면서도 각지의 조건에 맞춰 카톨릭의 교리를 설교했다. 인도에서 카스트제도의 밑바닥 계층에 속한 사람들에게 설교할 때는 거리를 걸으며 종을 땡그랑땡그랑 울려 아이들을 끌어 모으고 기도를 노래에 실어 전도했다. 내전에 휩싸인 일본에서는 전술을 바꿨다. 해진 망토를 벗고 화려한 의복을 입어 귀족층 무사들에게 깊은 인상을 준 후, 설교하고 개종시킬 수 있는 허가를 얻어냈다.

융통성의 중요성을 인식한 예수회 지도층은 이를 실천할 만한 후보자를 구했다. 이그나티우스의 비서 후안 데 폴랑코Juan de Polanco는 수도회가 창립된 지 10년 후 이상적인 예수회원이 갖춰야 할 세 번째 자질을 융통성으로 꼽고, 이를 "서로 다른 상황에 적응하고 사람들의 개성을 포용하며 다른 사람의 실수로부터 배울 줄 아는 능력"이라고 정의했다.[19] 초기 예수회원은 수도원 안에서 기도하는 수도자라기보다는 혼자서든 짝을 이뤄서든 먼 지역에서 일하는 선교사였다. 예수회원들도 다른 수도회원들과 마찬가지로 순종 서약을 했지만, 끊임없이 다양한 지역의 환경에 맞춰가며 일해야 했기 때문에 로마에서 자주 지침을 받을 수 없었다. 상급자와 직접 만나 회의하는 것은 거의 불가능했다. 편지로 연락하는 것은 속도도 느리고 주고받는 것도 불안정했으며 비용도 많이 들었다. 로마에서 일본이나 인도까지 편지를 보내고 답장을 받는 데 3년이 걸리는 경우도 있었다. 그나마 서신을 실은 배가 침몰하거나 해적질(당시에는 흔한 일이었다)을 당하지 않았을 때의 얘기다. 선교할 기회를 추구할 때도 주도권을 쥐고 창의력을 발휘할 가능성을 찾던 정신적

모험가들은 예수회의 단순한 규칙에 매력을 느꼈다. 그리고 실제로 초기 예수회원들은 눈에 띄는 성과를 냈다. 교회에 대한 공헌을 인정받아 시성된 예수회원은 예수회 설립 후 1세기 만에 39명에 달했다.

초기 예수회원들의 이야기를 읽다 보면, 단순한 규칙의 중요한 장점은 개인이나 조직이 활용 가능한 기회를 광범위하게 추구할 수 있도록 만드는 데 있음을 알 수 있다. 한편 예수회의 규칙은 초기 예수회원들의 행동에 일관성도 제공했다. 초기 예수회의 전도 방식은 다양했지만 그렇다고 무질서한 것은 아니었다. 예수회는 교육을, 유럽 바깥을 향한 선교를, 수도원 담장 밖 세상과의 접촉을 선호했다. 예수회의 단순한 규칙은 베네딕도회나 도미니코 수도회의 광범위한 규정과 비교하면 가짓수가 매우 적어 개인에게 판단할 자유를 부여하고 융통성을 극도로 강조했다. 그 결과, 예수회는 적응하고 혁신하며 예상치 않은 기회를 잡는 데 기존 수도회들보다 뛰어날 수 있었다.

망치는 못을 박는 데는 유용하지만 널빤지를 자르는 데는 쓸모없다. 단순한 규칙에도 같은 원리가 적용된다. 바로 지금 하는 작업에 적합한 규칙만이 좋은 효과를 낸다는 것이다. 초기 예수회는 단순한 규칙의 융통성 덕분에 번영할 수 있었다. 이 책에서는 창조적 시도와 기업 경영 등 융통성에 따른 이익이 일관성에 따른 이익을 능가하는 여러 가지 상황을 살펴볼 것이다. 융통성과 일관성 모두 이점이 있지만, 이 중 하나를 장려하면 다른 하나는 위축될 수밖에 없다. 물론 일관성을 중시하는 편이 유리한 경우도 있다.[20] 그런 경우라면 도미니코 수도회의 규정처럼 상세히 지시하는 규칙이 적합하다.

상세한 규칙은 항공기 추락, 원자력발전소 사고, 수술 중 사망처럼 잘 알려진 원인 때문에 일어나는 재앙을 초래하는 실수를 피하는 데 특히 유용하다. 비행기 조종사들이 입에 달고 사는 "체크리스트는 피로 쓰여 있다"는 말은 이러한 목록이 어떻게 만들어지는지 잘 보여준다. 항공기 사고가 일어나면 조사관은 블랙박스를 확인해 사고 원인을 알아낸다. 전례 없는 원인 때문에 사고가 일어났다면 조사관은 미래에 유사한 사고가 일어나지 않도록 비행 전 체크리스트에 새 항목을 추가한다. 비슷한 사례를 들어보자. 외과 의사라면 누구나 수술 중 가장 위험한 세 가지가 출혈, 감염, 잘못된 마취라는 사실을 잘 안다. 그렇다고 이를 방지하는 방법도 항상 제대로 실행하는 것은 아니다.[21] 유명한 의대 부속 병원의 수술 팀조차 이처럼 누구나 아는, 위험을 방지하는 사소하지만 중요한 절차(환자의 신원과 수술 절차를 확인하거나, 산소포화도 측정기가 환자에게 제대로 부착되고 잘 작동하는지 보는 등)를 종종 잊는다. 이 경우 수십 가지 규칙을 적은 수술 체크리스트를 사용하면 기본 절차가 완벽하게 일관적으로 수행되고 있는지 확인할 수 있다. 메스 아래 누워 있거나 비행기에 탑승한 사람에게 실행의 일관성보다 중요한 것은 없을 것이다.

상세한 규칙은 또한 일상적인 행동의 실행 효율성을 향상시킨다. 전 세계에서 손꼽히는 패스트푸드 체인 맥도날드를 생각해보자. 맥도날드의 강점은 음식의 질이나 혁신이 아니다.[22] 싼 가격, 예측 가능한 음식, 116개국 3,400개 이상의 점포 어디서나 일관되게 얻을 수 있는 경험에 맥도날드의 강점이 있다.[23] 맥도날드 점포 열 개 중 아홉 개는 (직영점이 아니라) 가맹점이고, 대부분의 종업원은 맥도날드에서 일한 경력이 1년 미만이다.[24] 맥도날드는 여기저기 뻗어 나가는 자사 점포망에 속한 가맹점 모두에 386페이지짜리 운영 매뉴얼을 준수하라고 요구한다. 이 문서에는 운영, 유지, 마케팅, 필요 운전자금, 신입직원 교육 관련 지침이 깨알같이 적혀 있다. 이 상세한 규정집은 재량의 여지를 전혀 없다시피 줄이고 일관성을 중시해 예측 가능성, 효율성, 최소 실수를 보장한다. 단순한 규칙과 상세한 규정집 중 무엇을 선택할 것인가라는 문제의 답은 지금 하는 작업이 무엇인지에 달려 있다. 동일한 개인이나 조직이라 해도 당면한 상황에 따라 두 가지 중 하나를 사용할 수 있다. 예를 들어, 의사의 경우 수술을 준비할 때라면 체크리스트에 의지하겠지만, 병을 진단할 때는 단순한 규칙을 사용한다.

단순한 규칙은 최소한의 기준을 정해 체계를 유지하지만, 그렇다고 경직될 정도로 심하게 제약하는 것은 아니다. 이렇게 해서 융통성을 확보하면 급변하는 환경에 더 쉽게 적응할 가능성, 순식간에 나타났다 사라지는 기회를 잡을 가능성이 높아진다. 또한 단순한 규칙을 사용하면 복잡한 모형을 사용할 때보다 더 나은 판단을 내릴 수 있다. 특히 시간과 정보가 제약된 상황에서는 더욱 그렇다.

더 좋은 판단을 돕는 단순한 규칙

단순한 규칙을 적용하면 복잡한 방법을 쓸 때보다 적은 노력을 들이고도 합리적인 수준에서 신속하고 정확하게 판단할 수 있다. (야전병원으로 후송된 부상자를 분류할 때처럼) 시간이 충분하지 않거나 정보가 거의 없는 경우 이 같은 주먹구구 방식을 사용하면 궁지에서 벗어날 수 있다. 단순한 규칙이 좋은 효과를 내는 것은 판단을 내리기 위한 핵심적 측면에만 집중하고 지엽적인 사항은 무시하기 때문이다. 단순한 규칙을 사용하면 판단할 때마다 모든 측면을 다시 생각하느라 멈추는 일 없이 빠르게 일할 수 있다.

주먹구구 방식은 심사숙고해 결정할 만한 시간과 정보가 없을 때 쓰는 질 낮은 의사결정 방법이라고 생각하는 사람이 많다. 실제로 '주먹구구'라는 단어는 매우 정밀하거나 모든 상황에서 신뢰할 수 있다고는 보기 힘든, 다소 거칠면서 실용적인 어림짐작 방식을 가리킨다. 주먹구구 방식을 가리키는 영어 표현 '룰 오브 섬rule of thumb'의 어원이 무엇인지는 확실하지 않지만, 목수가 길이를 측정할 때 자를 써서 정확하게 재지 않고 엄지손가락thumb을 자rule 대신 사용해 대략적으로 잰 데서 나온 표현이라는 의견이 많다. 주먹구구 방식은 어디에나 적용할 수 있다. 예를 들어, 골프를 하는 사람은 "티샷을 할 때는 공을 위험한 쪽에 놓고 친다"는 규칙을 활용해 공을 해저드(골프 코스에 설치된 개울, 웅덩이 등의 장애물—옮긴이)를 피해 페어웨이(골프 코스 중 잔디가 잘 깎인 지역—옮긴이)로 날려 보내기도 하고, 부모는 "두 살짜리 자녀가 말썽을 피우기 시작해도 절대 져주지 않는다"는 규칙을 쓰기도 한다.

단순한 규칙은 신경을 많이 쓰지 않아도 되는 빠르고 쉬운 지름길일 뿐만 아니라, 놀랍도록 정확한 판단을 내릴 수 있는 수단이기도 하다. 언뜻 생각하면 말이 안 되는 것 같지만, 단순한 규칙은 판단을 내리는 데 쓸 시간과 정보가 충분한 상황에서도 정보를 많이 사용해 세밀하게 분석하는 접근법보다 좋은 성과를 낸다. 특히 인과관계가 제대로 알려지지 않았을 때, 중요한 변수들이 서로 밀접하게 연결돼 있을 때, 매우 중요한 요소가 소수일 때, 해야 하는 일과 하고 있는 일 사이에 간극이 있을 때 더욱 그렇다. 이처럼 단순한 규칙이 정교한 모형보다 좋은 경우가 항상은 아니더라도 생각보다는 훨씬 자주 있다.

게르트 기거렌처Gerd Gigerenzer는 단순한 규칙을 쓸 때 더 나은 판단을 내리게 되는 이유를 이해하려고 최전선에서 노력하는 사람이다. 심리학자이자 막스플랑크연구소Max Planck Institute 소장인 기거렌처는 정교한 의사결정모형과 단순한 규칙(그는 이를 휴리스틱heuristics이라고 불렀다)을 경쟁시키고 비교 분석하는 수십 건의 연구를 실행(하고 후원)했다. 그중 경찰이 연쇄범죄자가 사는 곳을 찾아내는 방식을 연구한 것이 있다. 연구 결과, 경찰이 정교한 의사결정모형을 사용했을 때보다 단순한 규칙(서로 가장 멀리 떨어진 범죄 현장 두 곳의 가운데를 지정하는 방식)을 사용했을 때 범죄자에게 더 가까이 접근했다.[25] 다른 연구에서는 기존 고객의 재구매 여부를 예측하는 것과 관련해 최신 통계 모형과 단순한 규칙의 성과를 비교했다.[26] 이때 적용된 단순한 규칙은 "최근 ×개월(분야에 따라 개월 수는 달라진다) 동안 구매하지 않은 고객은 앞으로도 구매하지 않는다"는 것이었다. 단순한 규칙은 온라인 음악 재구매 여부를 예측하는 데서 통계 모형과 동률을 이뤘고, 의류와 항공권 분야에서는 통계 모형을 앞섰다. 또 다른 연구에 따르면, 단순한 규칙은 집에 도둑이 들 가능성을 판단하거나 가슴에 통증을 느낀 환자가 실제로 심장마비에 걸

렸는지 여부를 추정할 때 정교한 모형과 유사하거나 더 좋은 성과를 냈다.[27]

단순한 모형이 복잡한 모형보다 좋은 성과를 내는 이유는 무엇일까? 의사결정자는 문제의 근본에 있는 인과관계를 명확하게 이해하지 못할 경우, 과거의 사건이 미래의 동향을 알려주는 지표라고 가정하고 과거 자료에서 추세를 찾곤 한다. 물론 이 접근법에는 미래와 과거가 완전히 다를 수도 있다는 명백한 문제가 있다. 그 밖에 언뜻 알아차리기 힘든 문제도 있다. 과거 자료에는 유용한 신호signal뿐만 아니라 잡음noise, 즉 변수들 사이의 확고한 인과관계 없이 우연히 나타난 상관관계도 섞여 있다. 모형을 과거 자료에 지나치게 밀접하게 설계하면 소위 과적합overfitting하게 된다.[28] 이 경우, 과거는 정확하게 재예측할 수 있을지 몰라도 정작 미래는 그렇지 않을 수도 있다. 자료를 더 투입하고 처리 능력을 더 확충한다고 해서 문제가 해결되는 것은 아니다. 제대로 된 이론 없이 자료만 엄청나게 투입하는 것은 과적합으로 가는 지름길이다. IBM은 최근 여성용 신발 뒷굽 높이가 경제 불황의 선행지수라는 연구 결과를 발표하고, 100년 동안 축적한 자료를 근거로 들었다.[29] 1920년대 신여성들이 즐겨 신던 굽 낮은 플랫슈즈는 대공황이 오자 하이힐에 자리를 내줬고, 1960년대 유행하던 샌들은 1970년대 석유파동 당시 통굽 신발에 밀려났으며, 닷컴버블이 터지자 그런지룩에 어울리는 로힐은 굽이 뾰족하고 긴 스틸레토힐로 바뀌었다는 얘기다. 이 같은 상관관계는 발표 당시까지는 유효했는지 몰라도 결국 깨졌다. 2008년 금융위기의 여파가 계속되는 중에도 여성용 신발의 뒷굽 높이는 낮아지는 추세를 보였다. 괜찮은 이론이 없어도 아주 많은 숫자를 분석하면 상관관계가 나타난다. 겉보기에만 그럴싸한 관계일지 모른다는 문제가 있을 뿐이다.

단순한 규칙은 정교한 모형과 달리 가장 중요한 변수에만 초점을 맞춘다. 주먹구구 방식은 지엽적 요소나 부실한 상관관계를 무시해 잡음을 대부분 제거한다. 잡음이 없어지면 한 가지 상황에만 최적화된 게 아니라, 합리적 수준에서 광범위한 상황에 잘 맞는 판단을 내리게 된다. 의무병이 부상 정도를 빠르게 판단하기 위해 사용하는 치료 우선순위 원칙을 생각해보자. 이러한 진단 원칙은 단순하지만, 엄청나게 다양한 부상의 의학적 결과를 예측하는 데 놀랄 만큼 효과적이다.[30] 주식시장이나 경제 전반처럼 매우 복잡해서 인과관계를 파악하기 힘들 뿐만 아니라 시점에 따라 인과관계 자체가 변화하는 체계에서는 기존 자료에 맞춰 모형을 과적합하게 만들었다가는 심각한 위험을 야기할 수도 있다. 통계학자들은 정교한 모형이 단순한 모형보다 경제 추세를 더 잘 예측하지 못했으며, 시간이 흘러도 예측의 정확성이 개선되지 않았다고 결론지었다.[31] 이처럼 복잡계 모형은 정교하게 제작된다고 해서 항상 효과가 좋아지는 것은 아니다.[32]

단순한 규칙을 사용하면 과적합 문제를 피할 수 있을 뿐만 아니라 상호 연관된 정보의 맥락도 파악할 수 있다. 노스캐롤라이나대학의 크리스 빙엄Chris Bingham은 캐슬린과 함께 기업이 내리는 국제화 관련 결정을 공동 연구했다.[33] 이들의 연구 결과 중에는 성공한 미국 기업가 한 명이 "영어권 시장에 진입한다"는 단순한 규칙을 사용해 사업 진출 여부를 결정했다는 대목이 있다. 단순해 보이는 이 규칙에는 사실 이 기업의 성공과 관련된 여러 변수가 녹아 있다. 전 세계 영어권 국가 중 대다수는 영국에서 자란 이 기업가에게 문화적으로 친숙한 영연방Commonwealth(캐나다, 싱가포르, 오스트레일리아 등 과거 영국이 지배했던 53개 국가와 영국의 느슨한 연합체-옮긴이) 소속 국가다. 또한 영어권 국가는 대부분 인터넷 이용률, 1인당 수출액, 1인당 GDP 수준이 높기 때문에 이 기업가가 보유한 기술로 만든 상품이 꽤 팔릴 만한 시장이기도 하다. 이 단순한 규칙이 관계된 대상은 사실 언어에만 한정되지 않는다. 이 규칙은 심오한 문화 지식의 대용물이자 경제적 매력도의 대용물이다.

사람들은 최상의 판단을 내리려면 선택에 영향을 미치는 모든 요소를 고려하고, 각각의 상대적 중요성을 따져봐야 한다고 생각한다. 하지만 심리학자들에 따르면, 모든 요소를 고려하려고 들었다가는 자칫 지엽적인 변수를 과대평가하고 중요한 변수를 간과하기 쉽다. 한 연구에서 대학생들에게 수강 과목 후보와 관련된 여러 가지 요소(필독도서, 강의 계획, 수강신청 요건, 과거 수강생 평점 등)를 고려하고 이 요소들의 상대적 중요성을 평가한 후 수강할 과목을 결정하라고 요청했다.[34] 비교집단에게는 이 같은 정보를 제공하고 수강 과목을 고르라는 한 가지 요구만 했다. 그 결과, 더 적은 변수를 고려한 학생들은 단 한 가지 변수, 바로 과거 수강생 평점에만 초점을 맞춰 결정하는 경향이 있었다. 반면 더 많은 변수를 고려한 학생들은 (실제 수강 후 최종 만족도 기준으로 볼 때) 좋지 않은 결정을 내렸다. 이 학생들은 중요하지 않은 세부사항들을 심사숙고하다 보니 정작 가장 중요한 변수에 응당 두어야 했을 비중을 두지 못했다. 단순한 규칙은 어떤 사안을 판단하는 데 있어 가장 중요한 기준에 집중하도록 유도해 지엽적인 고려사항이 과대평가될 위험을 최소화한다.

또한 단순한 규칙은 복잡한 행동지침보다 기억하기 쉽고 실천하기가 덜 부담스럽기 때문에 자신이 내린 결정에 따라 행동할 가능성도 높여준다. 단순한 규칙이 어떻게 행동을 유발하는지 보여주는 멋진 사례로 도미니카공화국의 영세기업가 1,200명이 경험한 일이 있다. 이들은 경영 성과를 높이기 위해 기초 회계를 배우는 실험에 참여했다. 경영자들은 무작위로 세 가지 실험 집단 중 하나에 배정됐다.[35] 첫 번째 집단은 대부분의 대학에서 가르치는 방식처럼, 회계를 완벽하게 숙달해야 할 복잡한 지식 체계로서 공부했다. 두 번째 집단은 회계를 '개인 돈과 회사 돈은 각각 다른 서랍에 넣어라', '한 서랍에서 다른 서랍으로 돈을 옮길 때는 반드시 차용증을 작성하라' 같은 단순한 규칙으로 공부했다. 세 번째 집단은 회계 교육을 받지 않았다. 그 결과, 단순한 회계 규칙을 배운 기업가들이 지식을 행동으로 옮길 확률이 비교적 높았다. 이들은 장부 기록과 현금 관리 능력이 향상됐으며, 매출액도 25퍼센트나 증가했다. 반면 복잡한 지식 체계로서 회계를 배운 기업가들은 회계 교육을 전혀 받지 않은 기업가보다 나은 면이 하나도 없었다.

단순한 규칙은 사람들의 행동을 유발할 뿐 아니라 한번 결정한 후 중도에 포기하지 않게 돕기도 한다. 중도 포기가 매우 쉬운 전형적 사례로 다이어트가 있다. 한 연구에서 단순한 다이어트 계획과 복잡한 다이어트 계획의 지속력 및 감량한 체중을 비교했다.[36] 둘 중 어떤 계획을 사용하든 일단 다이어트를 하면 체중이 줄었지만, 단순한 다이어트 계획은 지킬 가능성이, 복잡한 계획은 포기할 가능성이 높았다. 다이어트를 중도 포기한 사람에게 포기하게 된 가장 중요한 이유를 물었을 때 나온 답은 바로 '복잡해서'였다. 지치고 스트레스를 받거나 인지능력이 저하됐을 때 단순함은 더욱 중요해진다.

연구 결과에 따르면 의지력은 강물보다 저수지에 가깝다. 쉽게 말해, 한 가지 결정에 의지력을 사용하면 다음번 결정에 사용할 수 있는 의지력이 줄어든다.[37] 길었던 하루가 다 지나갈 무렵이 되면 와인 한 잔이나 아이스크림 한 통이 우리를 유혹하듯, 의지력이 약해지면 크게 후회할 결정을 내릴 가능성이 높아진다. 의지력의 창고가 비면 일단 다시 채운 뒤에야 의지력을 발휘할 수 있다. 연구 결과에 따르면 단순한 규칙을 따르는 사람은 의지력이 약한 시기에도 칼로리의 유혹을 이겨낼 수 있었다.[38]

반면 아무 규칙도 없이 다이어트를 했다가는 건강에 나쁜 예전 습관이 다시 나오는 경향을 보였다.[39] 필자들이 즐겨 인용하는 한 연구 결과에서는 이 같은 사실이 극명하게 드러난다. '저녁 식사를 할 때는 지름 25센티미터짜리 접시를 사용하라'라는 단 한 가지 단순한 규칙을 지킨 사람은 한 달에 몸무게를 1킬로그램 줄였다. 반면 아무 규칙도 따르지 않은 사람은 전혀 체중을 줄이지 못했다.

물론 정교한 의사결정 모형이 단순한 규칙보다 좋은 성과를 내는 상황도 있다. 인간과 달리 의지력에 영향을 받지 않는 컴퓨터가 결정하는 자동화 거래 프로그램은 정교한 모형을 적용하는 편이 낫다. 특히 자료가 충분하고 변수들 사이의 근본적인 인과관계가 잘 알려져 있는 경우라면 정교한 모형이 좋은 성과를 낸다. 과거에 선원들은 '붉은 저녁 하늘은 뱃사람의 기쁨, 붉은 아침 하늘은 뱃사람의 걱정' 같은 주먹구구 방식에 의지했다. 100년 전에는 아무리 뛰어난 선원도 이런 규칙밖에 쓸 수 없었지만, 오늘날에는 정교한 모형인 기상예보를 확인해서 훨씬 나은 성과를 얻을 수 있다. 특히 단기 예보의 경우 기상학자의 예측은 놀랍도록 정확하며, 모형을 점점 더 정교하게 다듬어온 결과, 지난 40년간 기상예보의 정확도는 거의 두 배로 높아졌다.[40] 기상학자들은 날씨 양상을 지배하는 유체역학 법칙을 알아내고 이를 모형에 결합해 성공을 거두었다. 물론 (기온이나 기압 같은) 현재 조건을 완벽하게 측정할 수 없고, 날씨를 예보하는 데 필요한 시뮬레이션을 모두 실행하려면 엄청난 계산력이 필요하다는 제약이 있다. 그래도 기상학자들은 날씨를 이루는 조각들이 상호작용하는 방식을 상당히 잘 알기 때문에 이처럼 복잡한 관계를 정밀하게 모형화할 수 있다.

휴리스틱은 정교한 접근법과 비슷하거나, 심지어 더욱 우수한 성과를 내는 강력한 의사결정 도구다. 휴리스틱은 기억하고 활용하기 쉽기 때문에, 올바른 선택을 할 가능성뿐만 아니라 결정을 실천하고 오랫동안 지켜 나갈 가능성도 높인다. 단순한 규칙은 더 좋은 판단을 내리는 데 도움을 줄 뿐 아니라, 꿀벌이 벌집 터를 선택하는 사례에서 보듯 타인과 보조를 맞춰 혼자서는 달성하지 못했을 훌륭한 성과를 낼 수 있게 한다.

효율적인 집단행동을 이끌어내는 단순한 규칙

전 세계에 존재하는 2만 종의 벌 가운데 절대다수는 태어나자마자 땅굴을 파고 조잡한 방을 만들어 홀로 살다 외롭게 죽는다. 수만 마리의 개체가 모여 복잡한 사회를 이루도록 진화한 종은 아피스 멜리페라Apis mellifera(서양꿀벌, 유럽꿀벌 또는 양봉꿀벌이라는 호칭으로 유명하다) 등 벌 중에서도 소수다. 이처럼 군집을 이루는 종도 단독 생활을 하는 종과 각각의 개체끼리 비교하면 그다지 특별히 발달한 면이 없다. 하지만 이들이 모이면 복잡한 벌집을 만들어 먹이를 저장하고, 애벌레를 기르며, 벌집 안의 온도를 1년 내내 일정하게 유지하고, 먹이를 쉽게 구할 수 있는 곳으로 서로를 인도한다. 일본꿀벌은 벌집을 습격한 말벌 주변을 둘러싸고 날개를 빠르게 퍼덕여 기온을 높여서 말벌을 산 채로 익혀버리는 '열공thermoballing' 전술을 사용하는 것으로 유명하다.[41]

벌집같이 정교한 구조물은 계획의 산물일 수밖에 없다고들 생각한다. 설계된 형태가 있으니 설계자도 있을 것이라고 가정하는 것이다. 하지만 여왕벌은 앞을 내다보고 대규모 건설 프로젝트를 계획·감독하는 지도자가 아니다. 여왕벌은 알을 낳는 기계에 불과하다. 벌 군집이 보이는 정교한 행동은 벌들이 단순한 규칙을 따라 각각의 행동을 통합한 결과다. 단순한 규칙이 집단행동을 만들어내는 사례 가운데 하나로 양봉꿀벌 군집의 흥망을 가를 문제인 벌집 터를 선정하는 과정이 있다.[42] 늦봄에서 초여름 사이 수천 마리의 벌들로 이뤄진 벌 떼는 옛 벌집에서 나와 늙은 여왕벌을 빽빽이 둘러싸고 근처에 있는 나뭇가지 위로 날아간다. 벌 떼가 모여 수염 모양을 이루고 가지에 매달려 있는 며칠 동안 일부 벌들은 벌집을 지을 만한 후보지를 탐색한다. 이 벌들이 잘못된 판단을 내리면 꿀을 충분히 모아둘 수 없어 군집 전체가 겨울을 나지 못하고 멸망할 수밖에 없다.

토머스 실리Thomas Seeley 교수의 훌륭한 저서《꿀벌의 민주주의Honeybee Democracy》에는 벌이 새 집터를 선택하는 방식에 대한 설명이 나온다. 우선 정찰병 역할을 하는 벌 수백 마리가 집단에서 나와 사방팔방으로 날아다니며 벌집을 지을 만한 위치를 탐색한다. 일반적으로 높은 곳에 나서 땅 위를 걸어 다니는 포식자를 피할 수 있고, 공간이 넓어서 겨울을 나기에 충분한 양의 꿀을 저장할 수 있는 나무 구멍이 그 대상이다. 이들 정찰병이 찾아내는 후보지는 모두 합쳐 수십 군데에 이른다. 적당해 보이는 장소를 발견한 정찰병은 군집으로 돌아와 동료 등 뒤에서 8자를 그리며 날아(이를 8자 춤이라고 한다) 결과를 보고한다. 이 춤에는 자신이 발견한 후보지에 대한 중요한 정보가 담겨 있다. 8자 춤을 추는 방향은 후보지의 위치를, 춤의 강도와 횟수는 등급을 표시한다.

다른 정찰병들은 무도회장 주변을 돌다가 무용수를 발견하면 일단 그 벌이 추천한 후보지로 날아가 각자 평가를 내린 후 돌아와 자기 나름대로 8자 춤을 춘다. 더욱 매력적인 장소를 발견한 벌일수록 더 오래 춤을 추며, 따라서 정찰병도 더 많이 불러 모으게 되어 자기가 선호하는 장소를 열심히 광고하는 결과를 낳는다. 여러 정찰병이 개별적으로 내린 평가에 따라 판단한다면, 열정이 넘치는 정찰병 하나가 실수로 추천한 부적합한 장소를 선택할 가능성이 줄어든다. 어떤 정찰병은 다른 장소를 광고하는 정찰병에게 춤을 그만두라고 박치기를 하기도 한다. 마침내 한 장소가 정족수 이상 (보통 약 100마리) 찬성을 얻으면 벌 떼 전체가 새로운 집터를 향해 떠난다. 벌들은 가장 좋아 보이는 장소에 대한 지지자를 늘리고, 박치기로 대안을 저지함으로써 상충되는 선택지 사이에서 진퇴양난에 빠지지 않는다. 벌들은 나뭇가지에 수염 모양으로 매달려 있는 동안 포식자와 비바람에 노출되기 때문에 의견을 '잘' 조율할 뿐 아니라 '빨리' 조율해야 한다.

벌이 집터를 선정하는 절차는 여러 기회를 탐색하고, 개별적으로 등급을 평가하며, 대안에 대해 공개 토론하고, 최상의 선택으로 의견을 수렴하며, 교착 상태를 방지한다는 면에서 인상 깊다. 벌이 이처럼 인상 깊게 의견을 조율하는 방식은 '터가 좋을수록 오래 춤춘다', '처음 마주친 무용수를 따라간다', '다른 장소를 홍보하는 정찰병에게 박치기한다' 같은 단순한 규칙을 따르는 것이 전부다. 이러한 규칙은 개별 정찰병에게 무엇을 해야 할지 지침을 제공하지만, 또한 예상하지 못한 기회를 탐색할 자유도 남겨준다. 그렇게 해서 수백 마리 벌의 개별 행동으로부터 집단행동이 출현한다. 벌 한 마리가 직접 모든 장소에 가본 후 비교하지도 않고, 여왕벌이 선택지를 평가하고 최종 결론을 내리지도 않는다. 모든 벌이 상이한 정보를 모으고 집단 전체가 처리하며 선택지를 평가하고 결정하는 것이다. 이들은 집단적으로 단순한 규칙을 따름으로써 벌 각각이 내릴 수 있는 것보다 나은 판단을 내린다.

사람들의 운명은 서로 밀접하게 얽혀 있는 경우가 많기 때문에 성공과 실패, 심지어 생존조차 다른 이의 행동에서 영향을 받는다. 곤충뿐만 아니라 인간도 단순한 규칙을 이용해 타인과 함께 행동을 조율한다. 3장에서 살펴볼 즉흥 코미디의 경우 등장인물들은 단순한 규칙을 사용해 예상하지 못한 소재를 가지고도 대본이나 감독의 연출 없이 실시간으로 매끄럽게 극을 풀어 나간다. 인디고고Indiegogo같이 열린 공동체의 구성원들은 서로 만난 적도 없는 수천 명을 동원해 혁신적인 발상에 자금을 댄다. 이런 사례들 각각에 나오는 구성원들은 어떤 행동을 할 때 이미 존재하는 계획이나 중심 역할을 하는 기획자를 따르지 않는다. 단순한 규칙을 따르는 개인들로부터 집단행동이 출현하는 것이다.

단순한 규칙이 벌에게 왜 적합한지는 알기 쉽다. 벌의 행동 양식은 벌 떼 전체에게 최선의 행동을 하도록 고정돼 있기 때문이다. 하지만 각자의 이익을 추구하는 인간에게는 어떨까? 단순한 규칙은 행동 조율을 최소한도로 강제하는 한편, 개인적 목표를 추구할 여지도 충분히 남긴다. 단순한 규칙으로 협동과 사익 사이에서 균형을 잡는 예로는 2000년 안톄 대니얼슨Antje Danielson과 로빈 체이스Robin Chase가 설립한 집카Zipcar가 있다. 집카는 미국, 캐나다, 영국, 유럽 전역의 도시와 대학 캠퍼스에 회원 약 81만 명과 차량 1만 대 이상을 보유한 세계 최대의 자동차 공유 네트워크로 성장했다. 허츠Hertz나 엔터프라이즈Enterprise 같은 렌터카 회사와 달리, 집카에는 자동차를 반납 받아 청소하고 점검하고 재급유하는 영업소나 직원이 없다. 그 대신 집카는 회원이 차를 이용한 후 다음 사용자가 이용하기에 적합하게 하도록 유도한다. 차를 빌린 회원이 얻을 경험은 바로 전에 그 차를 몰았던 서로 전혀 모르는 사람이 한 행동에 크게 좌우된다.

집카도 회원들 간의 원활한 협동을 장려하기 위해 읽을 사람이 몇 없고 기억할 사람은 더욱 없을 두꺼운 계약서를 채택할 수 있었다. 아니면 회원들이 각각 만나 인수인계 조건을 협상하라고 할 수도 있었다. 하지만 과연 누구에게 그만한 시간이 있겠는가? 집카는 설립된 이래 10여 년 동안 차를 공유하는 회원들에게 여섯 가지 단순한 규칙을 지키게 했을 뿐이다.[43] 첫째, 고장나면 신고한다. 둘째, 깨끗하게 이용한다. 셋째, 차 안에선 금연한다. 넷째, 기름을 가득 채운다. 다섯째, 시간에 맞춰 반납한다. 여섯째, 애완동물은 전용 캐리어에 넣는다(물론 이보다 상세한 계약 내용도 있었지만, 단순한 규칙으로 다루지 못하는 극히 드문 상황에만 적용됐다). 이처럼 기억하고 따르기 쉬운 단순한 규칙을 접한 사용자는 어느 정도 기본적 기대를 할 수 있다. 회원들 사이에서 발생하는 분쟁 중 절대 다수가 이러한 규칙과 관련된 것이기 때문에, 회원들은 이 규칙만 따라도 대부분의 문제를 피할 수 있었다. 게다가 집카 회원은 이 단순한 규칙만 준수한다면 식료품을 실어 나르려는 학생이든, 장비를 싣고 시내를 돌아다녀야 하는 영화제작자든, 주말에 휴가를 떠나는 부부이든 누구나 필요한 방식으로 자유롭게 차를 사용할 수 있었다.[44]

집단행동을 유도하는 규칙이 단순하고 명확할 경우 공동체 구성원들은 서로를 지켜보다가 사회 규범을 어기는 사람을 발견하면 쉽게 제재할 수 있다. 요리사의 경우를 생각해보자. 미슐랭 가이드Michelin Guide에서 별을 받을 정도로 성공한 프랑스 요리사 수십 명을 연구한 결과, 이들의 공동체는 단순한 규칙에 기초한 방법으로 조리 기법과 재료에 관한 조언을 교환하면서도 지적재산권을 보호하고 있었다.[45] 요리사가 자기 레시피를 보호하려고 법적 수단에 의지하기는 어렵다(양고기 스튜를 특허 냈다는 얘기를 들어봤는가?). 저작권법의 보호도 제한적일 뿐이다. 레시피를 실은 책 전체는 저작권법 대상이 되지만 개별 레시피는 그렇지 않다. 프랑스 요리사들은 법률로 하지 못한 일을 하기 위해 '다른 요리사의 레시피를 도용하지 않는다', '한 요리사가 소유한 정보를 허가 없이 다른 요리사에게 전하지 않는다', '언제나 레시피 원저작자를 밝힌다' 같은 몇 가지 단순한 규칙을 규범으로 삼아 강제하고 있다.

이런 규칙은 그 어디에 쓰여 있지 않는데도 전 세계 요리사 공동체 어디에나 잘 알려져 있다. 그리고 이 규칙을 어기면 가혹한 결과를 맞게 된다. 완성된 요리를 분석하거나 출판된 요리책을 참고해 레시피를 알아낼 수도 있는 세계에서(물론 출판용 레시피에서 세세한 비결이나 비밀 재료를 빼는 요리사도 있지만) 지적재산권 보호는 심각한 사안이다. 이에 대해 한 요리사는 이렇게 말했다. "다른 요리사가 레시피를 그대로 베끼면 요리사들은 크게 분노합니다. 그 요리사에게 절대 말도 걸지 않고, 그 사람하고는 어떤 정보도 교환하지 않지요."[46] 이러한 규칙이 적용되는 범위는 프랑스 국경 안쪽으로 한정되지 않는다. 세계 어디서든 고급요리를 하는 요리사라면 누구나 이 규칙을 따른다. 이 연구에서 인용된 세계적으로 유명한 사례가 있다. 한 오스트레일리아 요리사가 시카고 식당에서 배운 레시피를 자기 것인 양 속이려고 했다. 그러자 여러 인터넷 블로그에서 이 요리사를 맹렬히 비난했고, 이 이야기는 곧 다른 언론 매체에 전파됐다. 해당 시카고 식당의 공동 소유자는 조리기술협회Society for Culinary Arts & Letters가 운영하는 온라인 공동체 이걸릿eGullet에서 그 요리사의 "지적 진실성"에 공개적으로 의문을 제기했다. 물의를 일으킨 요리사는 사과하고 자기 식당 메뉴에서 그 요리를 제외시켰다.[47]

물론 단순한 규칙만으로는 공동체나 사회의 행동을 모두 조율할 순 없다. 현대의 경제 구성원들 간에 이루어지는 상호행동에는 주택자금 대출, 온라인 서비스 이용 조항, 근로 계약, 핸드폰 약정, 리스 등 절대 단순하다고 할 수 없는 계약과 합의가 포함된다. 예컨대, 페이팔PayPal(인터넷 상거래를 할 때 전 세계에서 다양한 화폐로 결제할 수 있는 서비스-옮긴이) 이용 조항은 미국 헌법(수정 조항 모두 포함)의 다섯 배 분량인 3만 6,275개 단어로 구성돼 있다. 계약 당사자가 많지 않고 시간과 노력을 들여 합의 내용을 모두 이해할 수 있을 때는 정식 계약이 적합하다.[48] 또한 당사자 양측의 수준이 비슷하며 계약 내용을 파악하기에 충분한 법률 지식을 갖춘 경우에도 정식 계약은 좋은 효과를 낸다. 예를 들어, 삼성과 구글 같은 전문적 당사자 둘이 특정 분야에서 기술 제휴를 한다면 단순한 규칙이 아니라 상세한 계약에 의거하는 편이 타당하다. 하지만 같이 일해야 할 당사자가 여럿이라면 복잡한 것보다는 단순한 편이 낫다. 이와 관련, '무단출입 금지' 같은 단순한 규칙과 토지를 소유한 사람이 해당 토지의 상공과 지하도 소유한다는 단순한 원칙이 지배하는 토지재산권을 주목해볼 만하다.[49] 단순하고 명확한 토지재산권 관련 규칙이 사유재산 주변에 긋는 경계는 누구나 알아보고 이해할 만큼 쉽다.[50]

단순한 규칙이 효과적인 이유는 세 가지다. 첫째, 새로운 기회를 추구할 수 있는 융통성을 주는 동시에, 규칙이 지나치게 많을 때 발생하는 경직성이나 아무 규칙도 없을 때 생기는 혼란을 유발하지 않는다. 단순한 규칙은 새로운 상황이 수없이 밀어닥칠 때, 일관성보다 융통성이 필요할 때, 그리고 기회를 잡을 때 얻을 이익이 실수할 때 발생할 비용을 넘어설 때 특히 효과적이다. 둘째, 다양한 상황이 발생할 수 있고, 관련 자료가 제한적이며, 인과관계가 완전히 알려지지 않은 경우, 단순한 규칙을 활용하면 시간을 덜 들이고도 정교한 의사결정모형과 비교할 때 비슷하거나 더 뛰어난 결정을 내릴 수 있다. 게다가 단순하기 때문에 오래 기억하고 실천하며 지켜 나갈 가능성도 높다. 마지막으로 꿀벌이 벌집을 짓기에 적합한 장소를 선택하는 예에서 보듯, 단순한 규칙을 쓰면 개인의 지적 능력에 한계가 있고 전체 상황을 완전히 이해하는 구성원이 아무도 없을 때도 효과적인 집단행동을 끌어낼 수 있다. 벌집을 지을 안전한 위치를 선택하거나 지적재산권을 보호하는 사례에서 보듯, 공동체 구성원은 몇 가지 단순한 규칙을 따름으로써 개인이 낼 수 있는 것보다 훨씬 우월한 결과를 도출해낸다.

단순한 규칙의 놀라운 성과는 다양성에서 비롯된다. 설립 초기 예수회의 규칙은 건강한 식습관을 유지하는 규칙이나 벌집을 새로 지을 장소를 찾는 규칙과 전혀 다르다. 필자들은 여러 해 동안 단순한 규칙을 연구한 끝에, 개별 규칙들이 아무리 다양하더라도 근본 구조를 보면 대략 여섯 가지로 구분 가능하다는 사실을 알아냈다. 다음 두 장에서는 이 여섯 가지 종류의 규칙을 소개하고 규칙들이 각각 어떻게 작동하며 언제 가장 효과적인지 살펴볼 것이다. 2장에서는 의사결정 규칙을, 3장에서는 절차 규칙을 다룬다.

Simple

Chapter 02

결정을 더 잘하려면

Chapter

02

법정 드라마는 보통 배심원이 평결문을 들고 법정에 돌아오는 장면에서 절정으로 치닫는다. 하지만 판결은 정의 실현 문제에 중요한 영향을 미치는 여러 가지 결정 중 하나일 뿐이다. 대부분의 국가에서 판사는 판결이 날 때까지 피고를 구금할지, 아니면 다음 재판기일에 출석할 것을 보증 받는 의미로 보석금을 받고 풀어줄지 결정한다.[1] 미국의 경우 구금 중인 미결수는 평균 50만 명 정도로, 전체 수감자의 20퍼센트에 이른다. 전 세계적으로 재판이나 유죄 판결을 받지 않은 상태로 구금되어 있는 사람은 300만 명에 달한다.

이런 상황이다 보니 보석 결정은 중요할 수밖에 없다. 한편에서 보면, 보석금을 받고 피고를 풀어줬다가는 무고한 희생자가 발생하고 사회가 위험에 처할 수 있다. 피고가 또 다시 범죄를 저지르거나, 재판기

일에 출석하지 않거나, 자기에게 불리한 증언을 하려는 증인을 협박할 지도 모른다. 하지만 다른 시각에서 보면, 피고가 재판일 이전까지 수감될 때 발생하는 비용은 피고뿐만 아니라 사회 전체가 지불해야 한다. 미결수가 판결 전까지 구금되는 기간은 전 세계적으로 평균 6개월 정도며, 일부 국가에서는 수년에 이르기도 한다. 피고가 재판일 이전까지 구금되면 가족, 공동체, 직장에 책임을 다할 수 없다. 영국에서 이뤄진 한 연구에 따르면, 직장에 다니다가 체포되어 재판 이전까지 구금된 남성 중 절반, 여성 중 3분의 2가 실직했다.[2] 게다가 교도소는 흔히 범죄자가 새로 탄생하고 범죄를 배우는 장소이기도 하다. 한 연구 결과에 따르면, 청소년 범법자가 재판 전에 구금될 경우 이후에 또 다른 범죄를 저지를 가능성은 보석으로 풀려날 경우보다 높았다.[3] 그리고 재판 전까지 계속 구금된 피고가 징역형을 받을 확률은 다른 조건이 유사하지만 보석으로 풀려난 피고보다 서너 배 높았다.[4] 수감 기간도 보석으로 풀려난 비교 대상 피고보다 두세 배 길었다. 세계 어디서든 교도소는 절대 소풍을 갈 만한 장소가 아니다. 보석을 거부당한 피고는 대부분 폭력, 질병, 괴롭힘에 노출된다.

판사가 보석이냐 구금이냐 하는 결정을 내리는 과정은 결코 쉽지 않다. 판사는 피고가 현재 기소된 사건의 배경, 과거 체포 및 유죄 판결 이력, 영장 발부 여부, 과실로 인해 법정에 출두한 경력, 폭력 전과, 고용과 주거의 안정성, 공동체와 가족에 대한 유대관계, 재산 상태, 정신건강 상태, 약물남용 여부, 성격 등 여러 가지 요소를 고려해 위험도를 평가한다.[5] 전 세계 많은 나라의 사법부는 고려할 요소들을 확실히 선정하고, 이를 판사가 판단하는 데 도움이 되도록 설계한 위험 상세 평가 모형이나 법령에 포함시킨다.

최소한 이론상으로는 이런 과정을 거쳐 결정을 내려야 한다. 그러나 현실적으로는 판사가 재판을 앞둔 용의자를 구금할 것인지 풀어줄 것인지 결정할 때 몇 가지 단순한 규칙에 따르는 경우가 많다. 한 연구에 따르면, 보석 승인 결과 중 95퍼센트는 세 가지 단순한 규칙으로 설명할 수 있었다. 검사가 보석에 조건을 달거나 아예 보석에 반대했는가? 판사는 처음부터 보석에 조건을 달았는가? 하급심에서 피고를 구금하라고 요구했는가?[6] 이 질문에 대한 답이 하나라도 '그렇다'라고 나올 경우 판사는 거액의 보석금을 책정하거나, 아예 보석을 불허할 가능성이 매우 높았다. 이처럼 판사가 단순한 규칙에 의거해 판결을 내린다는 사실은 명백하다.

판사가 보석 허가 여부를 결정할 때 사용하는 규칙은 벌이 새 집 위치를 탐색할 때나 예수회원이 새로운 임무를 추구할 때 적용한 규칙과 매우 달라 보인다. 하지만 효과가 뛰어난 단순한 규칙이라면 이처럼 겉보기에 확연히 다르더라도 언제나 여섯 가지 중 하나에 속한다는 사실을 필자들은 알아냈다. 규칙 분류 기준은 용도, 가장 효과가 좋은 분야, 그리고 학습 난이도다. 이 장에서는 선택 과정을 체계화하고, 해야 할 일(그리고 하지 말아야 할 일)에 초점을 맞춰 의사결정 과정을 개선하는 세 가지 규칙에 초점을 맞출 것이다. 이러한 규칙들은 활용하기 쉬울 뿐 아니라, 다양한 상황에서 빠르면서도 정확한 의사결정을 이끌어낼 수 있어서 매우 유용하다.

첫 번째로 살펴볼 규칙은 의사결정 규칙 중 가장 기본이 되는 **경계선 규칙** boundary rule 이다. 경계선 규칙은 '보석을 허가하느냐 거부하느냐'처럼 상호배타적인 두 가지 선택지를 두고 결정해야 할 때 활용된다. 경계선 규칙은 또한 매우 많은 선택지를 마주했을 때 어떤 기회를 잡고 무엇을 포기할 것인지 선택할 때도 도움이 된다. 또 다른 의사결정 규칙인 우선순위 규칙과 중지 규칙은 경계선 규칙보다 덜 사용되며, 그 방법을 익히기가 더 까다롭다. **우선순위 규칙** prioritizing rule 은 전쟁 중 의료조치를 취할 여력이나 스타트업의 보유 현금처럼 자원이 제한된 경우 대안들의 순위를 매기는 데 사용할 수 있는 방법이다. 우선순위 규칙은 모든 것을 하기에는 자원이나 시간이 부족할 때, 또는 무엇을 해야 할지에 대한 시각이 사람마다 엇갈릴 때 특히 유용하다. **중지 규칙** stopping rule 은 한 번 내린 결정을 번복해야 할 때를 결정하는 데 도움이 된다. 예를 들어, 주식을 언제 팔아야 할지, 짝을 찾는 노력을 언제 그만둬야 할지, 위험한 산꼭대기에서 언제 내려와야 할지 지침을 제공한다.

경계선 규칙, 가장 유망한 대안을 신속하게 선택하는 기준

판사는 보석을 허가할지 결정할 때 경계선 규칙을 이용한다. 의사는 경계선 규칙을 이용해 환자가 특정 질병을 앓고 있는지 판정한다. 경찰은 경계선 규칙을 이용해 정말 자살자가 스스로 유서를 작성했는지 판단한다. 심지어 하이에나 암컷도 짝짓기 상대를 선택할 때 경계선 규칙을 적용한다.[7] 경계선 규칙은 포함할 대상과 제외할 대상의 경계를 정의하기 때문에 십계명의 '……하지 말지어다'처럼 부정하고 금지하는 형태를 띠기도 한다. 예를 들어, 크라우드펀딩 웹사이트인 킥스타터Kickstarter는 프로젝트 후보를 모두 살펴본 후, 영화·예술·도서 등 회사가 설정한 범주에 포함되지 않으면 기각한다는 규칙을 사용한다.

법에 저촉되는 일을 하며 살아가는 전문 절도범도 판사처럼 경계선 규칙에 의지한다. 절도범에게는 어떤 집에 침입하느냐 하는 선택이 매우 중요하다. 사람이 있는 집에 들어갔다가는 잡혀서 교도소에 갈 수도 있다. 집주인이 총을 가지고 있을 경우, 위험은 더욱 커진다. 한 연구에서 텍사스 주의 절도범들에게 여러 유형의 주거지 중 어떤 곳을 털겠느냐고 질문했다.[8] 응답자의 무려 90퍼센트가 사람이 있을 것 같은 곳에는 절대 들어가지 않겠다고 답했다. 할리우드 영화에 나오는 절도범이라면 'a=해당 지역 경찰관이 차를 한잔하며 쉬는 시간', 'x=참견하기 좋아하는 이웃집 사람을 브래드 피트가 홀리는 데 드는 시간', 'z=근처에 있는 경비견이 달리는 속도' 등 26가지 변수가 포함된 정교한 공식을 사용해 범죄를 계획할지도 모른다. 하지만 실제로 대부분의 절도범은 몇 가지밖에 안 되는 단순한 규칙에 의거해 집이 비어 있는지, 그래서 문을 따고 들어가기 좋은지 판단한다.

최근 있었던 한 연구에서 캐나다 뉴펀들랜드 주 주민들에게 특이한 요청을 했다.[9] 연구자들은 주택 소유자에게 아무 때나 집 외부 사진을 찍어도 되겠느냐고 물었다. 그런 뒤 유죄 판결을 받아 해당 지역 교도소에 수감된 범죄자들에게 그 사진을 보여주며 어느 집이 도둑질을 할 만해 보이는지 물어볼 계획이었다. 놀랍게도 집주인 중 상당수가 자기 집 사진을 찍어 범죄자들에게 보여줘도 된다고 승낙했다. 절도범들은 집 안에 보안장치가 있는지, 몸을 숨길 만한 조경물이 있는지, 자물쇠는 튼튼한지 같은 여러 요소에는 신경도 쓰지 않았다. 이들은 목표물을 결정할 때 다른 사항은 하나도 고려하지 않고 집에 사람이 있는지만 확인하는 단순한 규칙을 적용했다. 절도범들이 빈집을 알아볼 가능성은 우연 수준을 뛰어넘었다. 이들 중 3분의 2가 목표를 고를 때 사용한 단순한 규칙은 바로 '밖에 차가 주차된 집은 피한다'였다. 〈오션스 일레븐Ocean's Eleven〉 같은 범죄영화 팬은 실망했을지 몰라도 이 단순한 규칙은 꽤 괜찮은 효과를 냈다. 실제로 절도범들이 연구자가 사진을 찍은 집에 사람이 있는지 가늠할 때 가장 신뢰한 요소는 바로 차량의 존재 여부였다.

이 같은 사례들은 경계선 규칙의 가장 큰 장점이 무엇인지 보여준다. 즉, 어마어마하게 많은 선택지에 직면했을 때 범위를 좁혀 이 중 어느 것을 따를 것인지 판단하는 데 도움을 주는 것이다. 도둑질할 만한 집은 수십만 곳도 넘기 때문에 전문적인 절도범이라도 이를 하나하나 힘들여 분석할 순 없다. 경계선 규칙은 매력적인 기회 요건(이 경우에는 빈집)과 밀접한 관계가 있으면서도 현재 활용 가능한 정보('밖에 주차된 차가 있는가?')를 토대로 가장 유망한 목표를 신속하게 선택할 수 있는 거름망을 제공한다.

경계선 규칙은 시간이 부족한 상황뿐만 아니라 돈이 제약조건인 경우에도 가장 유망한 기회를 고르는 데 도움을 준다. 미국 방위고등연구계획국Defence Advanced Research Projects Agency, DARPA은 소련이 스푸트니크 위성을 발사한 데 엄청난 충격을 받은 직후인 1958년에 설립되어 적국의 전략적 기습을 받지 않도록 방지하는 동시에 적국을 기습할 방안을 연구하는 임무를 부여받은 미국 국방부 산하 연구기관이다. DARPA에서 진행하는 프로젝트에는 공상과학소설에서 바로 튀어나온 듯한 최첨단 기술이 채택된다.[10] 예를 들어, 원샷XG One Shot XG는 소총에 부착하면 밤낮 상관없이, 강풍이 불어도 1.6킬로미터 밖에서 목표물을 한 번에 맞힐 수 있는 조준경이다. 도마뱀붙이의 생태에서 실마리를 얻어 시작된 Z맨Z-Man 계획의 목표는 완전군장을 한 병사가 노끈이나 사다리 없이도 벽을 수직으로 오를 수 있는 장비를 개발하는 것이다. 생각으로 조종할 수 있는 인공 신체기관은 어떨까? 그것도 DARPA가 연구 중이다. 말처럼 18킬로그램 정도 되는 짐을 지고 부대를 따라다니는 로봇은? 이것도 DARPA가 개발 중이다. X계획이라고 들어봤는가? 이것은 극비 사항이니 묻지 마라. 하지만 어쨌든 이것도 DARPA가 진행 중인 계획이다.

DAPRA의 업적은 짜릿함을 느끼게 할 뿐만 아니라 규모도 크다. 이 조직이 쓸 수 있는 자원에 한계가 있다는 사실을 고려하면 감동은 더욱 커진다.[11] DARPA는 흔히 사람들이 생각하는 것같이 초대형 군수기업이 아니다. 정규직 직원은 미국 국방부 구내식당 근무자의 반 정도인 120명에 불과하다.[12] 연간 예산 30억 달러도 그다지 놀라운 규모가 아닌 것이, 이를 배분해야 할 상시 운영 프로그램이 약 200개나 되기 때문이다.[13] DARPA가 엄청난 마법을 부리지 않는다면 앞으로도 계속 이 정도로 제한된 자금을 다수 프로젝트에 나눠야 한다. 따라서 DARPA는 같은 돈을 들여 가장 큰 성과를 낼 대상을 세심하게 선정해야 한다.

입이 다물어지지 않을 정도로 복잡한 계획들을 추진한다는 사실을 고려하면, DARPA가 자금을 지원할 프로젝트를 결정할 때 사용하는 도구가 단순한 경계선 규칙 두 가지뿐이라는 사실은 놀랍다.[14] 프로젝트가 지원 대상에 선정되려면 첫째 기초과학 지식의 지평을 넓힐 수 있어야 하고, 둘째 실용적인 쓰임새를 갖춰야 한다. DARPA는 지원 대상을 선정할 때 이 두 가지 요건을 적용함으로써 이론에 치우쳐 현실에 응용할 여지가 거의 없거나 반대로 실용적이지만 과학 발전에 별달리 기여하지 못할 프로젝트는 걸러낸다. DARPA 규칙의 본보기는 바로 식품 보존과 결핵 예방 같은 실생활에 관련된 문제에 도전하며 기초과학을 발전시킨 루이 파스퇴르Louis Pasteur다.[15]

경계선 규칙은 HIV나 셀리악 병celiac disease(소장이 글루텐에 알레르기 반응을 나타내는 병－옮긴이), 심각한 영유아 감염 등 다양한 질병을 진단하는 데도 쓰인다.[16] 경계선 규칙은 판단이 늦었다가는 자칫 죽음을 불러일으킬 수도 있는 상황에서 의료진이 신속하게 결정을 내리는 데 도움을 준다.

예를 들어, 미국에서만 매년 250만 명 이상이 갑자기 어지러움을 느껴 응급실을 찾는다.[17] 이 중에는 겉으로 보기에는 일상적인 바이러스 감염과 비슷한 증상을 나타내지만, 사실 희귀한 뇌졸중을 일으킨 환자도 있다. 이 경우 진단의 핵심은 뇌졸중과 바이러스 감염을 구분하는 데 있다. 물론 MRI를 찍어보면 차이를 발견할 수 있지만 그러려면 몇 시간에서 길게는 며칠까지 기다려야 한다. 이와 관련, 의사가 병상에서 수행할 수 있는 단순한 규칙 세 가지로 구성된 검사법이 최근 개발됐다. 이 규칙은 전문지식이 부족한 보통 사람들이 쓰기는 어렵지만(예를 들어, 환자의 양쪽 안구가 특정한 방식으로 움직이는지 판단해야 한다) 의사라면 듣자마자 이해할 수 있다. 이 단순한 규칙은 실행하는 데 1분밖에 걸리지 않지만 결과의 정확도는 MRI에 뒤지지 않는다. 또한 경계선 규칙을 적용하는 데는 비용이 많이 들지 않으므로 보건비용을 관리해야 하는 수많은 상황에서 매우 매력적이다. 의사가 이 단순한 규칙들을 사용하면 대부분의 미국 병원에서 그렇듯 1,000달러 이상을 들여 MRI를 찍지 않아도 된다.

경계선 규칙은 사용하기도 편하다. 예를 들어, 우울증으로 고통받는 사람은 전 세계적으로 3억 5,000만 명에 이르며(미국이나 인도네시아 전체 인구만큼이 우울증 환자인 셈이다) 매년 100만 명 정도가 자살한다.[18] 우울증은 이렇듯 널리 퍼져 있을 뿐만 아니라, 매우 다양한 증상을 보이고 그 증상들이 쉽게 변하기 때문에 확진하기가 끔찍하게 어려운 경우가 많다. 증상은 과식(또는 소식), 만성통증, 과다(또는 과소) 수면, 소화장애, 만성적 우유부단처럼 사소하면서도 다양하게 나타난다.[19] 의료 전문가가 오랜 기간 체계적으로 면담하거나 상세한 진단 지침을 사용해도 우울증 여부를 진단하기는 어렵다. 양호교사나 군종장교 같은 사람이 우울증을 앓는 것인지도 모르는 사람을 돌보면서 이렇게 정교한 절차를 사용하기는 벅차다. 그런데 최근 단순한 규칙을 적용해 1분 안에 다 물어볼 수 있는 질문 네 가지로 구성된 우울증 진단법이 개발됐다. "평소보다 최근 1주일 동안 더 많이 우셨습니까?" "최근 1주일 동안 자신에게 실망하거나 자신이 싫어진 적이 있었습니까?" "최근 1주일 동안 미래를 생각하면서 좌절한 적이 있었습니까?" "최근 1주일 동안 인생에 실패했다고 생각한 적이 있었습니까?" 네 가지 질문 모두에 "그렇다"라고 답한 환자는 우울증을 앓고 있을 확률이 높다.[20] 이 규칙이 우울증 환자를 제대로 구분할 확률은 97퍼센트에 이른다.

또한 경계선 규칙은 정교한 통계적 연구 결과보다 설명하거나 이해하기 쉽다. 세계에서 가장 잘 훈련된 전문가 집단인 의사들도 통계학 교육을 제대로 받은 경우는 드물다. 한 연구에서 산부인과 의사 160명에게 다음과 같이 질문했다.

> 유방조영술mammogram이 유방암을 진단할 때 민감도는 90퍼센트다(유방암 환자 10명 중 9명을 발견한다는 뜻이다). 양성으로 잘못 판정할 비율은 9퍼센트다(유방암에 걸리지 않은 여성 중 9퍼센트가 양성 판정을 받는다는 뜻이다). 유방암 발병률은 1퍼센트다(전체 인구 중 1퍼센트에게 유방암이 발병할 것으로 예상된다는 뜻이다). 당신이 의사라면 양성 판정을 받은 여성이 실제 유방암에 걸렸을 확률을 얼마라고 할 것인가?[21]

이 여성이 유방암에 걸렸을 확률을 일반인이 계산하기는 어렵다. 설사 올바른 답을 내더라도 계산하느라 시간이 많이 걸릴 것이다. 전문가인 의사조차도 정답을 내기 쉽지 않다(이 여성이 유방암에 걸리지 않았을 확률은 90퍼센트 이상이다).[22] 이 연구에 참여한 산부인과 의사 중 절반 이상이 양성 판정을 받은 여성 10명 중 최소한 8명 이상이 암에 걸렸을 것이라고 생각했다. 암에 걸리지 않았기를 갈망할 환자에게 그다지 위안이 될 견해는 아니다. 아무리 똑똑해도 의사 역시 인간일 뿐이다. 위에 나오는 단순한 통계학 문제가 애들 장난처럼 보일 정도로 모형이 정교해지면 이해하기도, 설명하기도 어려워지다 보니 위험한 오해가 빚어지기도 한다. 이런 경우에도 경계선 규칙은 통계적 결론을 의사결정에 도움을 주는 간편한 도구로 바꿔준다.

경계선 규칙은 거시 정책을 실용적 지침으로 바꿔주기도 한다. 컴퓨터 화면으로 아주 멀리 떨어진 마을에서 왔다 갔다 하는 조그만 물체까지 내려다보게 해주는 군용 드론drone 문제를 생각해보자. 드론 조종은 사무실에서 하는 온갖 일 중에서도 가장 긴장되는 작업이다. 드론에 공격 명령을 내릴 것인가 하는 판단은 불완전한 정보를 가지고, 그것도 종종 엄청난 시간 압박에 시달리면서 내려야 하는 결정이기 때문에 극도로 어려운 일이다. 공격하면 무고한 민간인을 죽일 수도 있는 위험이 있지만 공격하지 않으면 테러리스트를 살려 보내 다른 사람이 죽을 수도 있다. 게다가 목표물이 거의 확실히 적으로 판명되더라도 드론 공습은 지정학적 파문을 일으키게 마련이다. 공습이 다른 나라 영토에서 벌어질 경우에는 더욱 그렇다. 방아쇠를 당기기 전에 고려해야 할 요소는 하나하나가 모두 중대하지만, 결정을 내릴 사람에게는 판단할 시간이 1초도 주어지지 않는다. 게다가 작전 경과가 화면에 실시간으로 나타나 부담도 크다.

버락 오바마 대통령은 2013년 연설에서 특정 목표를 드론으로 공격할지 판단하는 데 적용할 세 가지 규칙을 발표했다.[23] 그 출발점은 대통령이 달성하려는 국가 안보, 지정학적 목표 및 민간인 안전 목표다. 이렇게 거시적인 목표를 확고한 지침으로 바꿔준 것은 세 가지 단순한 규칙이었다. 목표물은 곧 미국인에게 지속적인 위협을 가할 것인가? 이 위협을 효과적으로 처리할 수 있는 다른 나라 정부는 없는가? 민간인이 죽거나 다치지 않을 것이라고 거의 확신할 수 있는가? 세 가지 질문의 대답이 모두 "그렇다"인 경우에만 드론 공습 허가가 떨어졌다.

미국의 드론 운영 과정은 극비 사항이기 때문에 이들 단순한 규칙이 관련 의사결정에 정확히 어떻게 활용되는지는 알 수 없다. 하지만 이 같은 규칙은 단순하고 명쾌하기 때문에 이처럼 매우 어려운 결정을 내릴 때 체계적으로 논의할 수 있는 유용한 틀을 제공한다는 것은 알 수 있다. 이 규칙이 효과적이라는 증거도 있다. 오바마가 이 단순한 규칙을 발표한 2013년, 드론 공습 때문에 발생한 것으로 확인된 민간인 희생자는 급격히 감소했다.[24] 또한 이 규칙은 명확하기 때문에 미국 시민과 국제사회 모두에 설명하기도 쉽다. 미국이 군용 드론을 사실상 독점하는 상황이 영원히 계속되지는 않을 것이다.[25] 영국, 중국, 이스라엘, 이란에는 2014년 현재 군사작전용 드론이 존재하며 인도, 파키스탄, 터키 같은 나라도 개발 계획을 세웠다. 미국은 드론 사용 원칙을 발표하고 준수함으로써 앞으로 다른 나라가 드론 사용과 관련된 판단을 내릴 때 지침이 될 국제 기준의 틀을 짤 기회를 잡았다.

경계선 규칙은 시간, 분석, 정보를 많이 요구하지 않으면서도 무엇을 할지 (그리고 무엇을 하지 않을지) 선택하는 데 도움을 준다. 경계선 규칙은 판사가 피고에게 보석을 허가하느냐 마느냐 하는 객관식 문제나, 잠재적인 기회가 많아 빠르게 선별하고 결정해야 하는 경우에 효과가 있다. 또한 시간, 편의성, 비용이 중요할 때도 도움이 된다. 경계선 규칙이 무엇을 할 것인지 선택할 근거를 다룬다면, 다음에 다룰 두 가지 의사결정 규칙은 두 가지 특정한 문제를 다룬다. 바로 우선순위를 어떻게 정할 것이냐, 그리고 행동을 언제 멈출 것이냐 하는 문제다.

우선순위 규칙, 한정된 자원을 효과적으로 사용하기 위한 지침

우선순위 규칙은 부족한 돈, 시간, 관심을 두고 경쟁하는 여러 대안의 순위를 정하는 데 도움을 준다. 7장에서 살펴볼 텐데, 우선순위 규칙은 경계선 규칙보다 이해하기 힘들지만 매우 효과적이다. 예를 들어, 기업은 고객, 목표시장, 협력 상대를 찾을 때 이 규칙을 사용한다. 실리콘밸리의 첨단기술 대기업 하나는 완전히 같은 자격을 갖춘 두 지원자를 놓고 '다른 조건이 같다면 현재 근무 중인 직원에게 추천서를 받은 사람을 채용한다'는 단순한 우선순위 규칙을 사용한다. 어떤 회사는 한정된 생산능력을 여러 제품에 배분할 때 매출총이익을 기준으로 우선순위를 정한다. '즉시 치료해야만 살릴 수 있는 부상병을 먼저 치료한다'는 단순한 치료 우선순위 분류 역시 우선순위 규칙의 예다. 우선순위 규칙은 한정된 여가 시간을 어떻게 사용할지 결정하거나 집을 어디서부터 수리해야 할지 순위를 매기는 등 일상생활의 다양한 상황에도 도움이 된다. 경계선 규칙의 기본 요건을 충족시키는 기회가 많지만 자원이 한정된 경우, 우선순위 규칙은 특히 유용하다.

우선순위 규칙은 자금 사정이 넉넉지 않은 기업이 현금을 배분할 때 자주 쓰인다. 1990년대 후반, 브라질 정부는 화물철도를 민영화했다.[26] 수십 년간 정부의 투자를 충분히 받지 못한 철도 시설은 말 그대로 무너지는 중이었다. 철교 중 절반은 수리받아야 했고, 다섯 중 하나는 당장 무너져도 이상할 게 없었다. 화물 터미널이 가려질 정도로 길게 자란 풀밭에 별 생각 없이 들어갔다가 길이가 150센티미터도 넘는 독사에게 물린 직원도 많았다. 당시까지 운영되던 증기기관차 24대를 보고 있노라면 마치 19세기로 돌아간 것 같은 생각이 들 정도였다.

유명한 브라질 사모투자전문회사 하나가 브라질 남부를 운행하는 이 철도 회사를 매수한 후 새로 만든 철도 회사 아메리카 라티나 로지스티카América Latina Logistica, ALL의 CEO 자리에 알렉스 베링Alex Behring을 임명했다. 힘든 임무를 떠안게 된 베링은 당시 서른한 살에 불과했다. 1년 중 철도 운영으로 현금이 창출되는 기간은 농부들이 콩을 수확해 시장으로 실어나르는 몇 개월에 불과했다. 수확량이 절정일 때 수송 능력 부족과 철로 이상 때문에 수송이 중단되면 농작물은 말 그대로 밭에서 썩어버릴 수밖에 없었다. 원활한 철도 운영을 위해 ALL은 철로와 열차를 확충해야 됐지만, 설비투자에 사용할 수 있는 돈이 1,500만 달러에 불과했다. 이는 관리자들이 요청한 금액의 10분의 1에도 못 미치는 액수였다. 회사가 투자금 부족에 시달린 지 벌써 몇 년이나 됐기 때문에 거의 모든 프로젝트들에 투자할 만한 이유가 있었지만, 문제는 이를 실행할 자금이 부족하다는 것이었다. 이 중 최우선 프로젝트는 무엇인가? 조금 더 기다려도 될 프로젝트는 무엇인가?

교과서적 방법으로 투자 대상 프로젝트들의 우선순위를 정한다면,

프로젝트별로 예상 현금흐름을 상세히 작성하고 이를 물가상승률과 자본비용으로 조정해 산출된 경제적 가치 순서대로 순위를 매기면 된다. 베링은 MBA 과정을 밟을 때 재무 과목에서 동급생 중 가장 우수한 성적을 거두었으므로 당연히 현금흐름 모형을 잘 알았다. 하지만 그는 그런 방법을 택하지 않았다. 그 대신 다양한 부서에서 관리자를 선발해 팀을 만든 후, 설비투자 요건을 충족해 실행할 가치가 있다고 판명된 제안들에 순위를 매기기 위한 단순한 규칙을 개발하라는 임무를 주었다. 팀이 만들어낸 몇 가지 우선순위 규칙은 다음과 같다. 첫째, 매출 성장에 병목이 될 요소를 제거하는가? 둘째, (장기적으로가 아니라) 즉시 이익이 되는가? 셋째, 선지출비용이 최소화되는가? 넷째, 기존 자원을 재사용하는가? 이 질문에 대한 답에 따라 프로젝트에 순위를 매겼다.

이들 규칙은 단순하기 때문에 모든 직원이 회사의 투자 전략을 이해하고 지지하기 쉬웠다. 경쟁 회사들이 신규 설비에 무분별하게 투자할 때 ALL은 폐기처분되어 운행하지 않는 열차들을 재사용하고, 아프리카 철도 회사들로부터 중고 기관차를 구매했으며, 파손된 철로를 폐쇄된 역에서 뜯어온 철로로 교체했다. 또한 이 우선순위 규칙은 단순하기 때문에 직위 고하를 막론하고 직원 누구나 더욱 좋은 프로젝트를 제안할 수 있었다. 예를 들어, 최일선 감독자 한 명이 연료탱크 크기를 키워 기관차가 재급유 없이 운행하는 거리를 늘리자고 제안했다. 그렇게 되면 수확량이 절정에 달하는 시기에 열차 정지 시간이 크게 줄어 매출액이 즉시 늘어날 것이므로 이 제안은 최우선 순위가 됐다. ALL이 만든 단순한 규칙은 회사를 자본 투입에 관한 한 (말 그대로) 궤도에 올려놓기에 충분한 체계를 잡으면서도 직원 모두가 창의적인 해결책을 낼 수 있는 여지를 충분히 남겼다.

ALL은 3년도 되지 않아 매출액이 50퍼센트 증가하고 영업활동 현금 유입액이 세 배로 늘어났을 뿐 아니라, 브라질에서 가장 안전한 화물철도 회사라는 자리를 차지할 수 있었다. 2004년 상장할 때 이 회사는 라틴아메리카에서 가장 긴 철도망을 운영하는 브라질 최고의 직장으로 손꼽히며 실적을 중시하는 문화로 유명한, 라틴아메리카 최대의 민간 물류회사로 성장했다. 이후 베링은 3G캐피탈3G Capital 대표로 자리를 옮겨 워런 버핏Warren Buffet의 버크셔 해서웨이Berkshire Hathaway와 공동으로 버거킹과 하인즈H. J. Heinz를 인수했다.

우선순위 규칙은 최신 발명품이라고 하기는 힘들다. 고대 로마인도 우선순위 규칙을 이용해 로마제국에서 엄청나게 빈번하게 일어나던 법률 간 상충과 법령 해석 문제를 해결했다. 건국 당시 로마는 제국이 아니라 도시국가에 불과했다. 건국 초기에 귀족위원회는 조상 때부터 전해온 관습을 100개 남짓한 규정으로 정리한 '12표법Twelve Tables'을 제정했다. 그 후 몇 세기 동안 황제들이 계속 새로운 포고령을 발표함에 따라 로마 법 체계는 엄청나게 방대해졌다.[27] 또한 이들 법령 위에 주요 법률가들의 해석과 의견이 켜켜이 쌓였다. 법적 효력을 지닌 이들의 의견은 같은 문제를 놓고 자주 상충했다. 이처럼 엉망진창으로 혼란스러운 상태에서 판사는 어떻게 갈피를 잡고 타당한 판결을 내렸을까?

서기 426년, 서로마제국 황제 발렌티니아누스 3세Valentinianus III가 제정한 법은 판사가 칙령과 법적 의견이 상충할 때 적용 순위를 정하는 데 도움이 됐다(사실 그때 법을 제정한 사람은 일곱 살밖에 되지 않은 발렌티니아누스가 아니라 그의 어머니였다). '인용법Law of Citation'은 우선 로마 역사상 가장 위대한 법률사상가로 널리 인정받은 다섯 명의 법학자가 작성한 역사적 의견만 적용할 수 있다고 명시했다.[28] 그다음으로 네 가지 우선순위 규칙을 제시해 판사의 의무를 더욱 명확하게 규정했다. 첫째, 어떤 쟁점에 대해 법학자들의 의견이 만장일치하면 판사는 이를 따라야 한다. 둘째, 이견이 있으면 판사는 다수 의견을 따라야 한다. 셋째, 역사적 의견이 동률을 이루면 판사는 가장 위대한 법학자로 간주되는 파피니아누스Papinianus의 의견을 따라야 한다. 넷째, 법학자들의 의견이 동률로 갈리고 파피니아누스가 의견을 표명하지 않았다면 판사는 법정에서 자기 재량에 따라 판결할 수 있다.[29] '인용법'은 이후 1세기 이상 로마법을 이끌었다.[30] 인용법 덕분에 판사들은 법령 해석의 우선순위를 정하는 데 크게 도움을 받는 한편 법적 재량권도 어느 정도 확보할 수 있었다.

기업과 사회뿐만 아니라 개인 역시 우선순위 규칙을 활용할 수 있다. 투자할 때 국내 주식, 해외 주식, 부동산, 채권 등 여러 가지 자산 중 어디에 우선순위를 두느냐 하는 문제를 생각해보자. 60년도 더 전에 젊은 경제학자 해리 마코위츠Harry Markowitz는 〈금융학 저널Journal of Finance〉에 발표한 논문을 통해 일정한 위험 수준에서 투자 수익을 극대화하는 방법을 제시했다. 그의 논문은 15쪽밖에 되지 않지만 이해하기가 쉽지 않다. "따라서 $E=E_0$를 이루는 등평균선의 기울기는$(\mu_1-\mu_3)/(\mu_2/\mu_3)$이고 절편은 $(E_0-\mu_3)/(\mu_2-\mu_3)$이다"[31] 같은 문장이 계속되기 때문이다. 하지만 마코위츠는 선구적 업적을 인정받아 결국 노벨상을 수상했고, 그가 만든 모형은 지금까지 영향력을 발휘하고 있다.[32]

정밀한 이론과 폭넓은 적용 범위를 갖춘 마코위츠의 모형에도 문제가 하나 있다. 1,500년 전에 편찬된 바빌로니아 탈무드(유대교 율법서 탈무드의 여러 판본 중 6세기에 편찬되고 메소포타미아에서 발견된 것 – 옮긴이)에 나오는 단순한 규칙보다 나은 성과를 올리지 못한다는 것이다. 탈무드의 주먹구구 방식에 따르면 "언제나 자기 돈 중 3분의 1은 땅에, 3분의 1은 장사에 투자하고, 3분의 1은 손에 쥐고 있어야 한다."[33] 탈무드에 나오는 이 조언을 일반적인 상황으로 확장한 'N분의 1' 규칙에 따르면, 재산은 투자할 수 있는 자산에 똑같이 나누어 투자해야 한다. N분의 1 규칙은 각 자산의 과거 수익률, 위험, 다른 자산과의 상관관계 등 마코위츠 모형이 요구하는 수많은 자료와 관계를 무시한다. 사실 N분의 1 규칙은 투자 대상의 수 말고는 모든 것을 무시한다. 이보다 단순한 투자 규칙을 생각하기는 힘들 것이다.

그리고 이 규칙은 효과도 좋다. 새로운 투자 방식에 대한 최근 연구에서 실제 발생한 자료 샘플 일곱 개를 이용해 마코위츠 모형과 이를 변형한 모형 세 개를 N분의 1 규칙과 비교했다. 이 연구에서는 네 가지 최신 통계모형과 N분의 1 규칙을 총 28번 경쟁시켰다.[34] 과거 10년치 자료를 이용해 위험, 수익률, 상관관계를 측정한 결과 N분의 1 규칙은 마코위츠 모형과 그 변형판을 100번 중 79번꼴로 앞섰다. N분의 1 규칙은 모든 경우에서 수익을 낸 반면, 비교적 정교한 모형들은 전체 중 절반이 넘는 경우에서 투자자금에 손실을 입혔다.[35] 비슷한 실험을 한 다른 연구에서도 결론은 같았다.[36] 정교한 모형이 낸 수익은 그다지 인상 깊지 않을 뿐만 아니라, 관리자가 자산을 능동적으로 관리하는 대가로 부과되는 수수료를 차감하기 전 기준이기 때문에 투자자가 실제로 얻을 수익률보다 과대평가되어 있다.

N분의 1 규칙을 따르는 사람에는 놀랍게도 마코위츠 자신도 포함된다. 랜드 코퍼레이션Rand Corporation에서 일할 때 마코위츠는 자신의 은퇴자금을 투자 기회에 배분했다. 그가 자기 이론을 따랐다면 자산들 사이의 상관관계를 계산하고 효율적 투자선efficient frontier(위험 수준이 일정할 때 기대수익률이 가장 높은, 가장 효율적인 투자조합의 집합–옮긴이)을 그린 후 이에 따라 자산에 순위를 매겼을 것이다. 그런데 나중에 경제지 기자에게 고백한 바에 따르면, 그는 주식과 채권에 은퇴자금을 반반씩 배분한 후 눈앞에서 치워버렸다고 했다.[37]

5장에서 살펴보겠지만, 우선순위 규칙은 경영 분야에서 특히 널리 쓰인다. 우선순위 규칙이 특히 강력한 효과를 발휘하는 부분은 개인이나 조직이 목표를 달성하지 못하도록 방해하는 행동이나 판단, 즉 병목bottleneck이다. 병목은 회사의 가용 자원을 투자할 수많은 기회가 쇄도하는 혼잡 구간이라고 정의할 수 있다. 우선순위 규칙은 이런 상황에서 자원을 가장 큰 효과를 낼 만한 곳에 배치하도록 도와준다. 경영 분야에서 우선순위 규칙은 기술자를 신제품 개발 프로젝트에 배치하고, 판매 담당자를 가장 전망 있는 고객에게 집중시키며, 광고비를 여러 제품에 배분하는 등의 수많은 응용 범위에 적용할 수 있다.

중지 규칙, '고냐 스톱이냐'의 현명한 제한선

짝을 찾는 귀뚜라미 암컷은 연애하는 존재라면 누구나 겪는 보편적 딜레마에 맞닥뜨리게 된다.[38] 언제 탐색을 멈추고 지금 짝에게 정착할 것인가 하는 문제다. 한 수컷에게 정착해도, 아니면 계속 수컷들과 놀아나도 각각 장단점이 있다. 귀뚜라미 암컷의 관점에서 볼 때 천생연분을 찾으려면 시간과 힘이 들 뿐만 아니라, 지나치게 오래 찾아 헤매다 보면 최고의 선택을 날려버릴 위험도 있다. 하지만 조금만 더 참았더라면 더 좋은 짝을 만났을 텐데 지나치게 빨리 중단했다가 그보다 못한 짝에게 정착해버릴 가능성도 있다.

귀뚜라미 수컷이 이성에게 구애하는 방식은 가능한 한 빠르게 우는 것이다. 빠르게 우는 수컷의 정액은 암컷의 번식력을 높일 뿐 아니라 수명까지 늘려줄 수 있으므로(정말 전형적이면서도 설득력 있는 유혹이다) 이런 수컷과 짝짓기한다면 암컷에게 확실히 이익이 된다.[39] 생물학자들은 암컷이 언제 탐색을 멈추고 현재 짝에게 정착하는지 연구하기 위해 특이한 울타리를 세운 후 붉은색 조명을 은은하게 비추고 비디오카메라로 귀뚜라미의 모든 움직임을 기록했다. 귀뚜라미는 울타리에 갇혀 퓨리나Purina표 고양이 사료를 공급받았다. 과학자들은 울타리 구석에 확성기를 놓은 뒤 그 앞에 귀뚜라미 수컷을 실로 묶어놓고 양 날개를 밀랍으로 붙여 소리를 내지 못하게 했다. 그런 다음 암컷 한 마리를 사각 울타리 가운데 풀어놓고, 수컷들 뒤에 놓인 확성기에서 미리 녹음해둔 다양한 속도의 귀뚜라미 울음소리를 크게 틀었다. 그 후 과학자들은 혼란에 빠진 암컷이 어느 확성기(와 수컷) 쪽으로 가는지 관찰해 얼마나 빠른 울음소리를 제일 좋아하는지 알아냈다.

귀뚜라미 암컷은 수컷이 우는 속도가 초당 세 번이 되기 전까지는 빨라질수록 좋아했지만 그 이상 빠른 속도는 구분하지 못했다. 탐색을 멈추고 짝을 고를 때 암컷이 따른 단순한 규칙은 바로 '우는 속도가 초당 세 번을 넘어가면 짝을 짓는다'였다. 또한 과학자들은 암컷이 '매력적인 수컷을 찾지 못한 지 얼마 지나면 기준을 낮춘다'는 규칙도 따른다는 증거를 찾아냈다. 암컷은 속도가 빠른 울음을 듣지 못한 지 24시간이 지나면 남성미를 덜 풍기는 가수에게라도 정착했다.

생물학자들은 곤충들이 탐색을 마치고 한 배우자에게 정착할 시점을 결정할 때 사용하는 다양한 규칙을 연구했다. 이 중 '자신의 기준선을 충족하는 짝을 고른다'는 규칙은 소위 **고정임계치**fixed-threshold 전략이다. 반면 귀뚜라미 암컷이 뛰어난 수컷을 만나지 못하면 기준을 낮추는 규칙을 따르는 것은 **변동임계치**variable-threshold 전략이다. 연구 결과, 바퀴벌레와 산파개구리, 구피(열대어)의 경우, 암컷들이 매력적인 수컷과 마주친 횟수와 상관없이 나이가 많을수록 수컷에게 관대한 조건을 적용하는 식으로 변형된 변동임계치 전략을 사용했다.[40] 일정한 수의 배우자 후보를 만난 후 그중 가장 뛰어난 짝을 고르는 경우도 배우자 탐색을 언제 중지할지 결정하는 단순한 규칙을 따른다. 독신자 클럽이 영업을 마칠 무렵까지 혼자 남아 있는 암컷들은 자기 기준을 유지하다가 일정 시간이 지나면 상대방의 수준과 상관없이 옆에 있는 후보와 짝짓는 '마지막 기회가 있는 고정임계치' 규칙을 택했다.

귀뚜라미가 언제까지 짝을 찾아 헤맬 것인지 결정하는 과정은 일반적 문제의 한 전형이다. 여러 대안이 (한꺼번에 제시되지 않고) 하나하나 제시되는 경우에는 언제 탐색을 그만두고 선택할 것이냐 하는 문제가 생긴다. 채용 후보자들을 면접하는 고용주나 마음에 쏙 드는 노래를 찾아 라디오 주파수를 바꾸는 운전자, 신발을 사러 돌아다니는 중고등학생을 생각해보자. 언제 탐색을 멈출지 결정하는 것은 골치 아픈 문제다. 탐색을 계속하면 시간과 노력뿐만 아니라 기회까지 소모된다(완벽한 노래를 찾으려면 그럭저럭 괜찮은 노래를 들을 기회를 포기해야 한다). 그런데 바로 다음번 노래에는 기다릴 만한 가치가 있을지도 모른다. 하지만 정말 그럴지는 아무도 알 수 없다.

곤충이 언제까지 짝을 찾는 노력을 계속할지 정하는 규칙은, 언제 멈출 것인지 결정하는 데 지침을 주는 **중지 규칙**의 한 예다. 노벨상을 수상한 경제학자 허버트 사이먼Herbert A. Simon에 따르면, 대안들이 연속적으로 제시되는 상황에 직면한 개인에게는 그중 최고를 가려낼 정보, 시간, 지능이 부족하다. 그래서 사람들은 귀뚜라미처럼 충분히 괜찮은 대안을 발견하면 탐색을 멈추는 주먹구구 방식을 쓴다.[41] 사이먼이 이 규칙을 묘사하기 위해 '충분하다suffice'와 '만족스럽다satisfy'라는 단어를 조합해 만든 '충분만족스럽다satisficing'는 표현은 간결하지 않아도 직관적으로 이해하기 쉽다.

탐색을 멈추기도 힘들지만, 이미 상당히 투자한 것을 뒤집기는 훨씬 더 힘들다. 하지만 시간, 노력, 자원을 투자하는 문제를 해결하려면 가수 케니 로저스Kenny Rogers가 노래했듯 "언제 잡을지, 언제 놔줘야 할지 알아야" 한다. 다양한 판단을 내려야 할 상황에 직면해 "놔둬야 할 것"을 계속 "잡고 있게" 만드는 여러 요소 중에서도 **현상유지 편향**status quo bias 관련 사례는 무궁무진하다.[42] 현상유지 편향은 나이 들어가는 프로 운동선수가 내년에도 경기를 뛸지 판단할 때, 벤처투자자가 스타트업에 붙인 생명유지장치를 떼어낼지 고려할 때, 음악가들이 밴드를 해체할지 고민할 때, 한 국가가 국제 문제에서 언제 손을 뗄지 결정할 때 영향을 미친다.

투자자에게는 이 '고냐 스톱이냐' 하는 판단이 특히 중요하다.[43] 투자자는 자기 자산을 팔 시점을 판단할 지침을 중지 규칙에서 얻는다. 주식을 팔기에 가장 좋은 때를 아는 능력이 가장 유용했던 시점으로 세계 대공황 직전을 꼽을 수 있다. 흔히 떠올리는 월스트리트의 금융업자들이 줄지어 창문 너머로 몸을 던져 자살했다는 얘기는 도시전설에서나 들을 법한 말이지만, 당시 시장 상황이 금융업자뿐만 아니라 미국 전체에 절망을 퍼뜨렸다는 데는 의심의 여지가 없다.[44] 1929년 시장이 붕괴하고 남은 폐허에서 한 은행가가 누구보다 힘차게 일어섰다. 프랑스 와인상의 아들인 제럴드 로브Gerald Loeb는 1929년 시장이 붕괴하기 전에 이를 예감하고 고객들이 주식시장에서 큰 손실을 보지 않도록 도왔다. 겁에 질린 수많은 투자자들은 월스트리트의 현자라고 칭송받는 로브의 조언을 추종했다. 로브가 쓴 책《목숨을 걸고 투자하라The Battle for Investment Survival》의 1935년 초판은 25만 부가 넘게 팔렸고, 〈포브스Forbes〉는 그를 "월스트리트에서 가장 많이 인용된 사람"이라고 불렀다.[45]

로브의 투자 전략에 포함된 비밀병기는 "처음 투자했을 때보다 가치가 10퍼센트 내려가면 손절매한다"는 단순하면서도 강력한 중지 규칙이다. 이 규칙을 따르는 투자자는 오랫동안 수익을 내지 못하는 종목에 집착하지 않는다. 아끼는 주식이 가치를 회복할 때까지 기다리고 싶겠지만 대개의 경우 손실을 줄이고 돈을 다른 곳으로 옮기는 편이 더 낫다는 것이 로브의 10퍼센트 규칙이다. 로브는 "주가가 떨어질 때 반드시 다시 오를 것이라고 생각하는 것은 대단히 큰 착각이다. …… 내가 배운 것 가운데 가장 중요한 게 무엇인지 단 하나만 꼽으라면 손절매야말로 성공 투자의 첫 번째 열쇠라고 주저 없이 대답할 것이다"라고 썼다.[46]

그렇다고 로브가 이 같은 규칙을 무분별하게 적용한 것은 아니다. 그는 "나는 공식을 기계적으로 따르는 것을 금기로 여긴다"라고 했다. 그는 자신이 제시한 규칙을 사람들이 현명하게 행동하기 위한 지침으로 삼아 직접 판단하기를 원했다. 그렇기는 해도 로브는 이 규칙을 변치 않는 원칙으로 승격시키려고 할 만큼 확고하게 믿었다. "만약 당신이 어느 종목을 1만 달러어치 매수했는데 시장가치가 9,000달러로 떨어졌다면 나는 서슴없이 단언할 것이다. 일단 팔고 난 다음 다시 해보라고 말이다."[47]

중지 규칙은 무분별한 행동을 멈추게 하는 데도 도움을 준다. 과식 문제를 생각해보자. 프랑스 음식에 들어가는 버터 양을 생각하면 프랑스인의 심장질환 발병률과 비만율이 깜짝 놀랄 정도로 낮다는 소위 '프렌치 패러독스French paradox'는 오랫동안 연구자들의 고민거리였다. 마요네즈 범벅인 감자튀김, 에클레어, 크레페를 즐겨 먹는 프랑스인을 두고 식생활에서 금욕적이라고 하기는 힘들다. 프랑스인들은 분명 세상에서 손꼽힐 정도로 타락한 음식을 즐긴다. 1909년 시카고 발전 계획을 세우던 사회 지도층은 시카고를 "대초원에 건설한 파리"라고 불렀다.[48] 하지만 미국 중서부에 위치한 이 도시를 걷다 보면 센 강변을 거닐 때와는 전혀 다른 경험을 하게 된다. 미국인의 비만율은 프랑스인의 두 배에 이른다.[49]

한 연구에 따르면, 언제 그만 먹을 것인지 결정할 때 사용하는 규칙이 무엇을 먹을지 결정할 때 사용하는 규칙보다 비만을 억제하는 데 더 중요한 역할을 한다.[50] 대서양 양쪽에서 모인 연구팀은 시카고 시민 145명을 인구통계학적으로 유사한 파리 시민들과 비교했다. 시카고 시민과 파리 시민은 모두 언제 식사를 멈출 것인지 결정할 때 사용하는 중지 규칙이 있었지만 그 내용이 매우 달랐다. 파리 시민이 채택한 규칙은 '배가 부르기 시작하면 그만 먹는다'처럼 포만감과 관련된 내부 신호를 결정과 연결했다. 반면 시카고 시민은 '마실 것이 떨어지면 그만 먹는다', '보고 있던 TV 프로그램이 끝나면 그만 먹는다'같이 외부 요소와 연결된 규칙을 따르는 확률이 높았다. 내부 신호(음식이 맛없어지거나 배가 불러지는 등)에 의존하는 중지 규칙을 따르면 신체에 필요한 것 이상으로, 또는 심지어 원하는 것 이상으로 먹을 확률이 낮아진다.

잃은 쪽에 다시 두 배로 투자하는 경향이 높은 사람에게는 중지 규칙이 특히 중요하다. 행동 방침을 실천하다가 부정적인 반응에 맞닥뜨렸을 때 멈추지 않고 오히려 판돈을 늘린다면 판단오류가 일어난 것이다. 어떤 행동 방침이 실패를 야기했는데도 오히려 투입을 늘리는 오류는

NBA 팀이 신인 드래프트 때 과대 포장된 선수에게 엄청난 몸값을 주는 일이 거듭되거나, 투기꾼이 손실을 본 종목에 물타기를 하거나, 밑 빠진 독이 된 건설 프로젝트를 계속 밀고 나가거나, 군사 작전이 실패할 가능성이 높아지는데도 승전이 눈앞에 다가왔다고 떠드는(베트남전쟁은 이미 실패한 행동 방침에 계속 투자한 사례의 간판 격이다) 등 관련 사례에 대한 연구가 150건이 넘을 정도로 근거가 풍부하다.[51] 다가오는 종료 시점, 체면을 지키려는 욕구, 매몰비용을 손실로 인식하는 것을 기피하는 성향, 시도하지 않았다가 나중에 후회할지도 모른다는 두려움 등 다양한 요소가 이 같은 오류의 발생 가능성을 높인다. 이 모든 요소는 에베레스트 등정 역사상 가장 처참한 사건이 일어나는 데 영향을 끼쳤다.

에베레스트를 오르다 목숨을 잃은 등산가가 20명에 달한 1953년, 에드먼드 힐러리Sir Edmund Hillary와 텐징 노르게이Tenzing Norgay는 세계에서 가장 높은 이 산을 등정해냈다. 극소수 용감한 모험가들이나 도전하던 에베레스트 등정은 그 후 수십 년이 흐르는 동안 수백만 달러짜리 사업으로 변했다. 1996년까지 총 846명이 1인당 6만 5,000달러를 내고 에베레스트 정상에 오르는 영예를 샀다. 이에 대해 한 여행사 창업자는 전문 안내자들이 "정상까지 노란 벽돌 길을 깔아뒀다"고 말했다.[52]

이처럼 더 이상 위험해 보이지 않을 정도로 상업적으로 변한 상황에서 에베레스트 등정 역사상 끔찍하기로 손꼽히는 사고가 일어났다.[53] 1996년 5월 10일 자정 직후, 셰르파(등반 안내자) 몇 명을 동반한 등반가 16명이 세계적으로 유명한 등반 전문가 두 명을 뒤따라 세계에서 가장 높은 이 산의 정상을 향해 출발했다. 이들 중에는 의사 몇 명, 뉴욕 사교

계 명사 한 명, 유명 기자 존 크라카우어Jon Krakauer, 최고령 에베레스트 등정 기록을 세우려고 한 68세 등반가가 있었다. 제4 베이스캠프에서 출발해 정상까지 가는 최종 경로를 등반하는 데는 열여덟 시간이 걸릴 것으로 예상됐다. 이 시간 중 대부분은 대기에 산소가 부족해 인간의 신체가 적응할 수 없는 해발 8,000미터 이상 지역을 가리키는 '죽음의 지대Death Zone'에서 보내야 했다. 실수가 용납될 여지는 없었다.

원정대 중 한 그룹을 이끌던 스콧 피셔Scott Fischer는 모두 안전하게 산을 올라갔다가 내려오기 위해서는 자기가 만든 중지 규칙을 따라야 한다고 대원들에게 설명했다. 오후 2시 정각 정상에 도달하지 못하면 하산해야 한다는 것이었다. 피셔의 2시 정각 규칙을 지키면 등반대원들은 해 질 녘에 하산하는 상황을 피하고, 안전하게 하산하기에 충분할 만큼 체력과 산소를 남겨둘 수 있었다. 그런데 정상을 향한 최종 경로를 등반하기 시작한 자정을 전후해 상황이 빠르게 악화됐다. 정상 500미터 전부터 등산로에 고정되어 있어야 할 밧줄이 알고 보니 그 자리에 없었다. 이로 인해 일정이 지연되기 시작했다.

등반대가 예정보다 늦게 마지막 구간을 오르는 동안 2시 정각 규칙을 깨고 싶은 유혹은 점점 강해졌다. 등반가들은 오로지 세상 꼭대기에서 한순간을 보내기 위해 수만 달러의 자금과 몇 개월의 시간을 들여 훈련하고 몇 주 동안 불편함을 참아왔다. 정상을 바로 눈앞에 두고 이 일생일대의 성취를 포기해야 한다면 정말 고통스러울 것이다. 등반대원 중에는 지난번 등반에서 정상을 100미터 앞두고 돌아온 후 1년 동안 목표를 이루지 못했다는 상실감을 고통스럽게 곱씹던 사람도 있었다. 이런 상황에서는 최상의 상태라고 해도 계속 올라갈 것인지 발길을 돌릴 것인지 결정하기 힘들다. 게다가 '죽음의 지대' 같은 환경적 조건에서는 논리적으로 사고하기가 더욱 어렵다. 기온이 영하 수십 도인 데다 산소가 희박한 곳에서 열 시간 넘게 걸어 지칠 대로 지친 등반가들의 판단력은 둔해졌다.

2시 정각 규칙의 매력은 등반가들이 아무리 혼란스럽고 산소가 부족한 상황에 있어도 기억하고 실천하기 쉬울 정도로 단순하다는 데 있다. 하지만 정상에 오르고 싶다는 유혹은 지나치게 강렬했다. 피셔가 이끄는 등반가들은 대부분 오후 2시 정각까지 정상에 도달하지 못했다. 피셔 자신도 자기가 정한 중지 규칙에 따라 발길을 돌려야 했을 시각보다 거의 두 시간을 초과한 3시 45분이 되어서야 정상을 밟았다. 등반가들이 몇몇씩 모여 하산할 무렵, 날씨가 나빠지기 시작했다. 바람이 거세지고 눈발이 날려 가시거리는 0에 근접했으며, 바람의 영향까지 더해져 기온은 영하 70도까지 내려갔다. 등반가들은 지치고 혼란스러운 상황에서도 분투했지만 해가 지기 전에 캠프로 돌아온 사람은 단 한 명뿐이었다. 그날 밤 등반대원 중 인솔자 둘을 포함해 모두 다섯이 죽었다. 피셔가 쓰러지자 셰르파들이 그를 살려보려 했지만 구하기에는 이미 늦었다. 등반가들은 지금도 에베레스트 산에 얼어붙어 있는 그의 시신을 보고, 너무 늦기 전에 발길을 돌려야 한다는 것을 절감한다.

경계선 규칙, 우선순위 규칙, 중지 규칙 등 의사결정 규칙은 여러 가지 상황에서, 특히 굉장히 힘겨운 환경에서 더 나은 판단을 내릴 수 있도록 명확한 지침을 준다. 이들 규칙이 답할 수 있게 돕는 질문은 무엇을 할 것이냐, 다시 말하면 무엇이 할 만한가, 무엇이 더 중요한가, 무엇을 멈출 것이냐다. 다음 장에서는 더 좋은 성과를 내도록 도와주는 절차 규칙들로 화제를 바꾸겠다.

Chapter 03

일을 더 잘하려면

Chapter

03

1987년 화재로 완전히 불타버린 잭스Jack's는 매사추세츠 애비뉴Massachusetts Avenue 위, 하버드와 MIT 사이 한가운데 있던 유명한 술집이다. 유명한 두 고등교육기관 사이에 위치한 것을 고려하면, 화분으로 장식한 실내에서 모직 재킷을 입은 학자들이 T. S. 엘리엇T. S. Eliot의 시 〈네 개의 사중주Four Quartets〉의 뉘앙스에 대해 논하는 아늑한 맥줏집이 연상될지도 모르겠다. 하지만 잭스는 영화 〈죽은 시인의 사회Dead Poet's Society〉보다는 모터사이클 갱단을 다룬 드라마 〈선즈 오브 아나키Sons of Anarchy〉에 가까웠다. 잭스의 거리 쪽 벽은 나무판이 아니라 통유리로 되어 있어서 모터사이클 클럽 럼팟러슬러스(그대로 옮기면 '술고래Rum Pot 소도둑Rustlers'이다—옮긴이) 회원이 자기 할리데이비슨 모터사이클을 바라보며 술을 마실 수 있었다. 학생들은 폭주족과 마주치지 않으려고 대부분 이

곳에 가는 것에 가는 것을 꺼렸다. 이 지역의 전설인 보스톤스Bosstones, 틸 튜즈데이'Til Tuesday, 슬리피 라비프Sleepy LaBeef 같은 록밴드가 매일 밤 공연하던 이 술집에는 보스턴 전역에서 록음악 팬이 몰려들었다. 월요일 밤에는 가끔 재즈 앙상블이나 예술 음악을 하는 밴드가 슬그머니 게시판에 이름을 올리기도 했다(실험음악을 하는 데이 마이트 비 자이언츠They Might Be Giants가 공연할 때는 몇몇 관객이 눈살을 찌푸리기도 했다). 하지만 저녁 무렵 잭스는 대체로 하드록 음악을 위한 장소였다.

1970년대에 하버드대학을 졸업한 이 클럽 주인은 가게의 평화를 유지하려고 하버드대 하키팀과 복싱클럽에서 문지기를 구했다. 그래서 필자 중 한 명(도널드 설)이 케임브리지 시에서 소란스럽기로 손꼽히는 이 술집의 문 앞에서 일하게 된 것이다. 잭스의 문지기 자리는 시간제 일자리치고는 장점이 많았다. 기본급도 괜찮았지만 팁은 그보다 훨씬 좋았다. 문지기와 그가 데려오는 친구에게는 술이 공짜였고, 공연은 대부분 재미있었으며, 마주치는 사람은 굉장히 다채로웠다. 다만 (특히 체중 80킬로그램짜리 라이트헤비급 선수에게 적용되는) 한 가지 단점을 꼽자면, 잭스에서 난동을 부리는 사람 중에는 상위 체급 비율이 여느 술집보다 높았다는 것이다. 주중 어느 날이든 한 번은 실랑이가 벌어졌다. 금요일과 토요일에는 하루에도 몇 번씩 끊이지 않고 다툼이 일어났고, 때로는 걷잡을 수 없이 큰 소동으로 번지기도 했다.

그중에서도 특히 힘들었던 한 달 동안 도널드는 늦은 밤에 두 번이나 응급실에 가야 했다(한번은 도널드가 상대방의 등 뒤에서 자기 팔을 상대방의 양쪽 겨드랑이 밑으로 넣고 위로 올려 뒤통수를 누르는 레슬링 기술인 풀넬

슨으로 취객을 제압했는데, 그 순간 취객이 앉은 자리에서 몸을 뒤로 젖히는 바람에 1센티미터가 넘는 두께의 나무 카운터가 두 사람의 몸에 부딪혀 산산조각 난 적도 있었다). 라이트헤비급인 도널드가 순전히 힘에만 의지해서는 승률이 높을 리 없었기 때문에, 그는 그때까지 쌓은 경험을 곱씹어본 후 평화를 유지하기 위한 몇 가지 단순한 규칙을 만들어냈다. 첫째, 문젯거리를 문 안에 들이지 않는다. 그 지역에는 먼저 싸움을 거는 전력이 있는 폭력배가 몇 있었다. 경험에 따르면 주먹이 오갈 때 이들을 쫓아내기보다는 아예 들어오지 못하게 막는 편이 훨씬 쉬웠다. 술집에서 싸움을 거는 사람 중 과음한 남자가 많다는 사실은 전혀 놀라울 일이 아니다. 이와 관련한 규칙도 있다. 둘째, 고객이 모두 돌아갈 때까지는 술을 마시지 않는다.(어쨌든 이 클럽의 공식 지침도 이와 같았다) 이 규칙은 다양한 상황에서 결정적 우위를 제공했다. 특정 음악에는 얼간이들이 특히 더 모여든다는 사실을 깨닫고는 '헤비메탈, 스카, 펑크 밴드가 올 때는 더욱 조심한다'는 규칙을 만들기도 했다. 도널드는 이런 밴드가 연주할 때면 문지기를 한 명 더 세워야 한다고 지배인을 설득했다. 마지막으로 가장 중요한 규칙은 '폭주족과 한편이 되어라'였다. 상식적으로 생각하면 럼팻러슬러스의 나쁜 면을 보고 피하는 게 자연스러울 것 같지만, 도널드는 이들에게서 좋은 점을 이끌어내려고 계속 노력했다. 그래서 이들이 데려온 친구를 공짜로 입장시켜주고, 피자를 먹을 때면 이들에게도 나눠주고, 이들이 잠시 술집을 나갈 때면 대신 모터사이클을 지켜줬다. 대신 그는 이들에게 한 가지 작은 일을 부탁했다. 상황이 통제에서 벗어날 것 같은 순간 도널드가 말썽꾼에게 다가갈 때면 한두 명(별명은 섬뜩

해도 사실은 붙임성 있는 '덩치'와 '샷건'이 보통 선택됐다)이 같이 가달라는 것이었다. 도널드는 이들과 함께 서서 말썽꾼 손님에게 두 가지 중 하나를 택하라고 정중하게 요청했다. 술집에서 나가든가, 아니면 이들 폭주족과 담판을 지으라는 것이었다. 이 방법은 한 번도 실패한 적이 없었다. 테스토스테론 수치가 머리끝까지 올라간 말썽꾼이라도 웬만한 남자 허벅지보다 굵은 팔뚝에 문신을 한 '덩치'를 한 번 올려다보고 나면 바로 순순히 자리를 떠났으며, 심지어 말썽을 부려 미안하다고 사과하는 경우도 적지 않았다.

지난 장에서 설명한 경계선·우선순위·중지 규칙은 더 나은 결정을 내리고, 해야 할 일이나 가장 중요한 일에 초점을 맞추고, 당면한 일을 마치는 데 집중하기 위한 틀을 제공한다. 절차 규칙process rule은 지나치게 규칙이 적어 혼돈이 발생하고 혼란과 실수가 빚어지는 상황과, 지나치게 많은 규칙 때문에 경직되어 예상치 못한 상황에 적응하기 힘들거나 새로 나타난 기회를 활용하기 힘든 상황 사이에서 중용을 취할 수 있도록 돕는다. 쉽게 말하면 절차 규칙은 유연함이 일관성보다 중요할 때 유용하다.

절차 규칙 중에서는 **방법 규칙**how-to rule이 가장 널리 쓰인다. 방법 규칙은 골프를 하거나 제품 설계 같은 작업을 수행할 때 기본적인 가이드라인을 제공해준다. 그 외의 절차 규칙인 행동 조율 규칙coordination rule과 시기 선택 규칙timing rule은 특정 상황에 적용하는 특수한 절차 규칙이다. **행동 조율 규칙**은 다양한 참여자(사람, 조직, 국가 등)가 함께 일하며 무언가를 완료해야 하는 상황에 초점을 맞춘다. 이런 규칙으로 무리를 이룬 물고기, 집카 회원, 위키백과 문서 작성 기여자들의 행동을 조율할 수 있다. 반면 시기 선택 규칙은 주기, 순서, 기한 등 시간 요소가 중요한 상황에서 일을 완료하는 데 초점을 맞춘다. 이런 규칙은 매일 기상하는 시간이나 잠자리가 서식지를 옮기는 시점처럼 시기를 정하는 데 사용된다.

방법 규칙, 작업에 명쾌한 지침과 재량을 동시에 부여하는 틀

현대 스포츠에서는 선수 못지않게 아나운서도 여러 가지 면에서 중요하다. 라디오(그리고 이후에는 텔레비전) 방송 덕분에 스포츠팬이 경기장에 가지 않고도 자기가 좋아하는 팀이 경기하는 내용을 알 수 있게 되면서, 스포츠 경기는 경기장을 넘어 국제적인 볼거리가 됐다. 오늘날 중계방송은 경기의 핵심으로 자리 잡았다. 밥 코스타스Bob Costas나 앨 마이클스Al Michaels 같은 거물 스포츠 방송 진행자가 누리는 인기는 이들이 다루는 대부분의 선수를 빛 바래게 할 정도고, 인기 있는 미식축구 비디오게임 제목에는 존 엘웨이John Elway나 톰 브래디Tom Brady 같은 유명 선수가 아니라 유명 해설자 존 매든John Madden의 이름이 붙어 있다(1988년에 첫 선을 보이고 2015년에도 신작이 출시된 비디오게임 시리즈 '매든 NFL' 얘기다—옮긴이). 세계에서 가장 비싼 스포츠 팀 25개를 합한 것보다 가치가 높은 EPSN의 핵심 인력은 스포츠 방송 진행자다.[1]

라디오 중계가 시작되었을 무렵에는 스포츠 방송 진행자가 별다른 도움이 되지 못했다. 한 스포츠 방송 진행자는 당시의 상황에 대해 "최선을 다해 잘 넘겨보자고 말할 뿐이었습니다"라고 회상했다.[2] 이러한 허허벌판으로 성큼성큼 걸어 들어가 라디오 중계를, 이후 텔레비전 중계를 개척한 시모어 졸리 드 로트비니어Seymour Joly de Lotbiniere(로비Lobby라는 별명으로 유명하다)를 가리켜 동시대인 중 하나는 "레닌처럼 스포츠 중계에 혁명을 일으켰다"고 설명했다.

로비는 영국 장성의 아들로 태어났다. 2미터가 넘는 키로 동급생을 굽어보던 로비는 이튼스쿨과 케임브리지대학을 졸업한 후 BBC에 입사했다. 당시 BBC의 중계 방식은 역사가 오래되지 않은 탓에 아마추어 티를 벗지 못했지만, 이후 20년 동안 로비 덕분에 세련되게 다듬어지면서 전 세계 스포츠 방송 진행자의 모범이 됐다. 로비에게는 미국인에 대한 유럽인 특유의 시각이 있었지만(한 진행자를 비난할 때 "지나치게 강한 미국식 억양을 마치 머릿속에 전동드릴로 계속 박아 넣는 듯 단조롭게 말해서 시청자를 지겹게 만든다"고 말하기도 했다) 그의 중계 방식은 대서양 양쪽 스포츠 중계에 오랫동안 영향을 주었다.

로비는 10년 동안 중계방송을 진행하고 다른 아나운서들을 교육한 경험의 정수를 모아 작성한 보고서에 자신의 통찰을 여섯 가지 방법 규칙으로 명시했다. 그가 설명한 바에 따르면, 훌륭한 아나운서는 아래와 같이 행동해야 한다.

1. 상황을 설명한다.
2. 행동을 묘사한다.

3. 점수나 결과를 일정한 간격으로 간명하게 전달한다.
4. 경기 중 벌어진 사건에 대해 관중이 보인 반응을 중계를 방해하지 않는 한도 내에서 설명한다.
5. 과거에 일어난 일, 경기 기록, 선수 정보 등 '집에서 해온 과제' 내용을 공유한다.
6. 각 사건과 핵심적 순간의 중요성을 평가한다.

이 같은 방법 규칙은 올림픽, 윔블던, 월드컵, 야구 경기 등 다양한 스포츠 경기를 중계하는 사람이 마음 놓고 기댈 만하다. 로비의 중계 팀에 새로 들어올 팀원은 잠재력을 평가받기 위해 BBC 본사 건물 7층에 올라가 아래 내려다보이는 혼잡한 웨스트엔드 거리를 실황 중계해보라는 요구를 받는다. 회사 구내식당에서 BBC 직원들이 벌이는 탁구 경기를 중계하라고 요구받는 지원자도 있다. BBC는 로비의 중계 규칙을 적용해 어떤 종목이든 원활하게 중계할 수 있는 다재다능한 진행자를 여럿 배출해냈다.

로비의 방법 규칙은 압박감이 굉장히 크고 시간이 심각하게 제한될 때 특히 유용하다.[3] 미국 역사상 가장 유명한 산불 사건인 '맨 협곡Mann Gulch의 비극'을 생각해보자. 1949년 8월 5일 일상적 수준으로 판단된 산불을 진화하기 위해 산림청 소속 젊은 삼림소방대원 15명이 더글러스 쌍발 프롭 수송기에서 뛰어내린 후 낙하산을 펼쳐 몬태나 주 헬레나 국유림Helena National Forest 외곽으로 하강했다. 소방대원들은 안전을 위해 불이 난 경사면 반대쪽인 협곡 북쪽에 내렸다. 그런데 착륙 직후 갑

자기 거센 바람이 불어 산불을 부채질하자 불길이 골짜기를 넘어 옮겨 붙었다. 산불은 순식간에 30미터 높이로 치솟아 섭씨 300도에 가까운 열기를 내며 시속 20킬로미터로 빠르게 번졌다.

대부분 젊고 경험이 부족했던 소방대원들은 공황에 빠져 불길을 피하려고 사방으로 도망갔다. 숙달된 팀장인 와그너 다지R. Wagner Dodge는 발을 멈추고 맞불을 놓아 탈 것을 없애 다가오는 불길이 옮겨붙지 못하게 한 뒤 다른 팀원들에게 자기처럼 타버린 풀밭 위에 엎드리라고 지시했다. 하지만 경험 없는 팀원들은 격렬한 기세로 다가오는 불기둥을 보고 당황해서 계속 뛰었다. 물론 공기에서 산소를 앗아가고 폐를 그을리는 불길보다 빨리 달릴 순 없었다. 그 결과, 다지와 두 명의 소방대원을 제외하고는 모든 소방대원이 즉사하거나 치명상을 입었다. 큰 피해를 입힌 것으로 역사상 손꼽히는 맨 협곡 산불은 소방대원 450명이 5일 동안 투입된 후에야 진화됐다.[4]

맨 협곡 산불이 일어난 당시, 미국 산림청에는 통제를 벗어난 불에 대처하는 네 가지 단순한 방법 규칙이 있었다.

1. 가능하다면 산불이 진행하는 방향에 맞불을 놓는다.
2. 불에 탈 재료가 적은 곳으로 간다.
3. 다가오는 산불을 마주하고, 이를 진화하려고 노력한다.
4. 불길이 다가오는 방향을 예상하고 대응한다.

다지 팀장은 불기둥에 맞닥뜨렸을 때 이 방법 규칙을 그대로 따랐다.

즉, 풀이 듬성듬성한 고지대로 달려가 맞불을 놓은 후 잿더미 위에 엎드렸다. 이후 진행된 조사 결과에 따르면, 주된 재난 원인은 위험한 불길을 다룰 때 지켜야 할 소방대 방법 규칙에 익숙하지 못한 대원들에게 있었다. 대원들은 어렸다. 대부분 10대 또는 20대 초반이었고, 여름에만 소방관 일을 했다. 무슨 일을 해야 할지 생각할 시간이 부족한 상황에 처하자 이들은 방법 규칙을 숙지하지 못한 대가를 목숨으로 치렀다.

예술적 창의력 역시 이 같은 방법 규칙으로 키울 수 있다. '방법 규칙 준수'와 '창의력 발휘'는 보통 반대되는 개념으로, 언뜻 보기에 이 말은 상식에 위배되는 것 같다. 하지만 빈 캔버스를 채울 방법 규칙이 하나도 없다면 예술가는 지나친 자유에 압도당할 수 있다. 최근 연구에서 중국 고등학생 180명을 대상으로 창의력을 자극하는 방법을 실험했다.[5] 학생들은 세 집단으로 나뉘어 이야기를 완성하고 스티커로 콜라주collage(사진, 종이 등을 오려붙여 미술품을 만드는 기법 또는 그렇게 만든 작품—옮긴이)를 만드는 두 가지 작업을 부여받았다. 첫 번째 집단에게는 단순히 해야 할 일만 지시했고, 두 번째 집단에게는 "창의력을 발휘하려고 노력해보세요"라는 권유를 더했다. 세 번째 집단에게는 과제를 지시할 뿐 아니라 "스티커를 접거나 찢어서 소재의 형태와 크기를 다양하게 표현하세요"라는 등 작업을 완료하기 위한 단순한 방법 규칙도 제공했다. 학생들이 작업을 마친 뒤 외부 인사 네 명이 과제의 창의성을 평가했다(이들의 의견은 이야기의 경우 75퍼센트, 콜라주의 경우 86퍼센트 일치했다). 가장 창의적이라고 평가받은 집단은 단순한 방법 규칙을 제공받은 집단이었다. 학생들은 창의력을 발휘할 방법에 관해 확고한 지침을 얻은 덕분에 출발점을 효과적으로 설정하고 창의력을 발휘할 방향을 잡았다. 반면 단순한 방법 규칙 없이 창의력을 발휘하라고 격려받기만 한 집단이 낸 성과는 과제만 받은 집단과 크게 다르지 않았다.

단순한 방법 규칙은 초보자뿐만 아니라 숙련된 예술가의 창의력 역시 자극한다. 화가이자 컬럼비아대학 심리학 교수인 퍼트리샤 스토크스Patricia Stokes는 클로드 모네Claude Monet, 윌리엄 머더웰William Motherwell, 피에트 몬드리안Piet Mondrian 등 세상에 큰 영향을 미친 화가들이 획기적인 작품을 만들 때 사용한 방법을 연구했다.[6] 스토크스의 주장에 따르면, 진정 독창적인 화가들은 그릴 소재, 사용할 재료, 영감을 이끌어내려고 참조할 작품 등에 스스로 제약을 걸었다. 모네는 그릴 소재를 노적가리나 연꽃 등으로 제한하고 같은 소재의 그림을 수십 장 반복해서 그렸다. 모네는 이렇게 자신을 제약한 덕분에 빛의 변화를 탐구하는 데 집중할 수 있었고, 그의 탐구 결과는 예술계가 사실주의에서 인상주의로 전환하도록 자극해 20세기에 피카소 같은 예술가가 활동할 수 있는 무대를 만들었다. 단순한 방법 규칙은 무한한 가능성을 제한하고, '틀을 깨고 생각'하기에 앞서 우선 그 틀을 어떻게 그릴 것인지 결정하도록 함으로써 창의력을 꽃피운다.

방법 규칙은 창의력을 촉진하기도 한다. 밴드 화이트 스트라입스White Stripes는 2000년대의 명반으로 꼽히는 두 앨범을 2년 동안 발표한 록 듀오로, 영국 신문 〈가디언Guardian〉은 이들을 가리켜 "그들 세대의 핵심"이라고 언급했다.[7] 밴드 창립 멤버이자 리더인 잭 화이트Jack White는 "화이트 스트라입스의 핵심은 자신을 구속하는 자유에 있다"라고 말했다.[8]

2000년대 최고의 앨범 중 하나로 꼽힐 정도로 획기적인 2001년작 〈화이트 블러드 셀White Blood Cells〉은 다섯 가지 단순한 방법 규칙에 따라 제작됐다.[9] 첫째, 블루스를 포함하지 않는다. 둘째, 기타 솔로 연주를 하지 않는다. 셋째, 슬라이드 기타 주법(손가락이 아니라 슬라이드 바slide bar로 줄을 누르는 연주법–옮긴이)을 쓰지 않는다. 넷째, 기존에 발표된 곡을 커버하지 않는다. 다섯째, 베이스를 쓰지 않는다. 이런 방법 규칙은 밴드를 틀에 가뒀다. 하지만 그 틀도 밴드가 만든 것이었다. 두 사람은 틀 안에 머무른 덕분에 창의력을 속사포처럼 쏟아낼 수 있었다. 잭 화이트는 〈뉴욕 타임스〉와의 인터뷰에서 "저는 규칙에 구애받지 않는 듯 행동하는 가수나 작곡가를 보면 역겨운 기분이 듭니다. 만약 정말 그렇다면 이들에게는 창의력을 이끌어줄 만한 수단이 없다는 이야기예요. 우리는 마지막 앨범을 만들 때 6개월을 쓸 수도 있었습니다. 600곡을 녹음할 수도 있었고요. 하지만 우리는 그렇게 하지 않고, 18곡이 수록된 앨범을 10일 만에 다 만들었습니다."[10] 방법 규칙은 창의적 과정을 제약함으로써 화이트 스트라입스를 자유롭게 해줘 짧고도 명확한 길을 따라 창의력의 조각 중 가장 뛰어난 부분을 모을 수 있도록 도움을 주었다.

비디오게임 〈그랜드 테프트 오토Grand Theft Auto〉 시리즈나 오랜 기간 방영되는 드라마처럼 회를 거듭하며 나오는 창의력의 산물을 만들 때도 마찬가지다. 단순한 규칙은 새로움과 연속성 사이에서 균형을 잡고 창의적 절차를 효율적으로 진행하는 데 도움을 준다. 87세로 사망할 당시 엘모어 레너드Elmore Leonard는 46번째 소설을 집필하고 있었다.[11] 레너드의 작품들은 분야와 형식이 다양했다. 그는 서부극, 범죄소설, 서스

펜스 스릴러 등 다양한 분야의 작품을 장편소설, 단편소설, 각본 등 다양한 형식으로 썼다. 레너드의 인기 작품 중에는 영화로 제작된 것도 많은데, 〈겟 쇼티Get Shorty〉, 〈조지 클루니의 표적Out of Sight〉, 〈재키 브라운Jackie Brown〉, 〈3:10 투 유마3:10 to Yuma〉 등이 있다.

레너드는 〈뉴욕 타임스〉의 권고를 따라 자신이 글을 쓸 때 사용하는 단순한 규칙을 정리했다.[12] 예를 들면, '도입부를 피하라', '대화를 인용할 때는 '말했다said' 말고 다른 동사는 쓰지 마라', '독자가 지나칠 만한 부분은 빼려고 노력하라' 등이 있다. 이런 규칙이 모든 작가에게 적용될 만큼 보편적이라고는 할 수 없다. 너새니얼 호손Nathaniel Hawthorne이 쓴 《일곱 박공의 집House of the Seven Gables》에서 고등학생들이 바라는 대로 지루한 부분을 가위질하고 나면 세 쪽밖에 안 남을 것이다. 이들 규칙은 엘모어 레너드처럼 대화를 통해 간결한 문체로 이야기를 진행하는 방식을 사용하는 작가에게 어울린다. 이런 방법 규칙에는 레너드가 60년 넘도록 한 번도 정형화된 양식을 사용하지 않고 써온 독특한 문체의 정수가 담겨 있다.

성장하려는 개인과 조직은 새로움과 일관성 사이에서 균형을 잡는 것이 특히 중요하다. 이 책의 공저자 캐슬린은 자신이 박사 과정을 지도한 쇼나 브라운Shona Brown과 함께, 왜 어떤 회사는 신제품을 내놓을 때마다 성공을 거듭하지만 다른 회사는 그렇지 못한지 연구했다. 이들은 전 세계 컴퓨터 회사들을 연구한 끝에, 체계를 지나치게 많지도 적지도 않게 잡아 중도를 유지해 '혼돈의 가장자리edge of chaos'를 만들어낸 회사가 가장 크게 성공했다는 사실을 발견했다.[13] 컴퓨터처럼 매우 불안정한 산업에서는 체계가 지나치게 많이 잡히거나 적게 잡힌 극단적인 경우, 신제품 출시 과정에 심각한 영향을 받았다. 아예 규칙을 무시한 회사는 얼마 못 가 복잡성에 압도당하면서 그렇지 않아도 희소한 시간, 주의력, 자금을 낭비하다가 눈앞을 지나쳐가는 기회를 놓쳐버렸다. 반면 규칙이 많은 회사는 지나치게 느리고 갑갑했다. 두꺼운 규정집에 열거된 체계적 해결책으로는 기술에 기반을 둔 회사들이 접하는 복잡한 환경을 이해할 수조차 없다.[14]

캐슬린과 도널드가 1990년대 후반 인터넷 호황기에 출현한 회사들 중 최고와 최악을 비교했을 때도 이 같은 '혼돈의 가장자리' 현상이 발견됐다. 당시 신출내기 스타트업이었다가 대성공을 거둔 야후Yahoo와 이베이eBay가 사용한 방식은 실패한 회사들과 달랐다.[15] 승자들은 신제품 개발, 인수합병, 해외 진출 등 회사에 성장 기회를 마련해줄 핵심 절차를 선정했다. 그런 다음 이들 절차의 규모를 확대하고 확장 동력을 공급하기에 충분한 체계를 구축할 수 있는 단순한 규칙들을 만들고, 이를 얇은 계획서로 바꾼 후 발전시켰다. 시스코Cisco(컴퓨터 네트워크 장비 및 서비스에 특화한 미국 기업–옮긴이)의 경우, 핵심 병목 절차는 새로운 기술적 발상이었다. 이에 시스코는 소기업 또는 지역 기업에서 그런 아이디어를 얻기 위한 단순한 규칙에 집중했다. 야후의 경우, 성장은 새로운 서비스를 추가하는 데 달려 있었으며, 병목 절차는 제휴 관계를 형성하는 데서 비롯되기 때문에 회사는 '독점 계약을 하지 않는다', '기본 서비스는 언제나 무료로 제공한다' 같은 방법 규칙 몇 가지를 정했다. 아마존Amazon은 방법 규칙을 활용해 취급할 분야를 추가했다. 최근 사례를 들면, 에어비앤비Airbnb는 진출할 도시를 결정할 때 '집주인에게 집중한다' 등 단순한 규칙을 사용한다.

캐슬린과 함께 책을 쓴 쇼나가 이사로 재직했던 구글은 '혼돈의 가장자리'에서 일어나는 성장을 가장 잘 보여주는 사례다(쇼나의 비공식 직함은 최고혼돈책임자Chief Chaos Officer였다). 구글 고위 경영진은 '혼돈의 가장자리'에 머무르는 데 적극적이다. 한 언론인은 수십억 달러짜리인 이 회사가 '무엇이든 좋다'는 정신으로 무장한 신입생 환영회 자리 같다고 말하기도 했다.[16] 이 회사를 움직이는 요소 역시 단순한 규칙이다. 예전부터 구글에는 최고의 인재, 특히 성장에 중요한 병목이 되는 컴퓨터 과학자를 채용하는 데 적용하는 단순한 규칙이 실린 계획서가 있었다.[17] 구글이 (직원이 10~15명인) 소기업을 인수하거나 인재를 채용할 때 사용하는 단순한 규칙들은 다음과 같다. '별난 사람을 찾는다.' 별남과 창의력 사이에는 상관관계가 있기 때문이다. '구글 직원이 강력하게 추천하는 사람을 찾는다.' 최고의 인재는 언제나 다른 최상급 인재와 함께 일하고 싶어 하기 때문이다. '이력서에 약간의 오류라도 있는 사람은 피한다.' 진실한 직원만 고용하기 위해서다. 구글은 이러한 규칙을 사용해 적합한 인재를 고용한다. 구글이 혁신을 이끌어내려고 채택한 방법 규칙 중에 가장 눈길을 끄는 것은 사무실을 대학원생 연구실처럼 만든 일이다. 구글 직원은 자기 사무실을 마음대로 꾸미고 회의실 이름을 마음대로 붙일 수 있는데도, 고정된 벽 없이 칸막이를 사용해 업무 공간을 대학원생 방처럼 좁게 꾸며놓았다. 이 규칙을 적용한 결과 중에 겉으로 보기에 특히 중요한 부분은 땅값이 비싼 실리콘밸리에서 사무실 공간이 덜 들어 돈을 아끼게 됐다는 것이다. 구글 직원들은 여유 공간이 충분한데도 이 규칙을 따랐다. 비좁게 배치된 자리 덕분에 의사소통이 원활해지고 창의적 발상 교환이 활발해졌으며, 경제적으로 부유한 직원들도 스타트업처럼 굶주린 약자와 같은 태도로 공격적으로 일하게 됐다.

방법 규칙은 해야 할 일의 세부사항을 하나하나 지시하지 않고도 일을 해내기 위한 기초 사항을 다룰 수 있다. 방법 규칙은 매일 밤 손님 분위기도 달랐던 술집 잭스나, 똑같은 경기는 절대 벌어지지 않는 스포츠 중계처럼 예상치 못한 일이 벌어지는 상황에 효과가 뛰어나다. 이런 규칙이 있으면 창의력을 자극하고, 계획을 세울 시간이 부족할 때 해야 할 행동의 틀을 잡으며, 회사를 성장시킬 체계를 만들 수 있다. 반면 앞으로 언급할 두 가지 절차 규칙이 적용되는 대상은 해내야 할 일의 특정한 측면인데, 바로 행동 조율과 시기 선택이다.

행동 조율 규칙, 다양한 구성원이 함께 일하기 위한 조건

11월에서 2월 사이에 로마에 땅거미가 지면 관광객들은 영원한 도시 로마의 테르미니 역 입구에 모인다. 이들이 무리 지어 모여드는 이유는 피렌체행 열차를 타기 위해서가 아니라 찌르레기가 떼를 이뤄 나는 모습을 보기 위해서다. 영국 시인 새뮤얼 테일러 콜리지Samuel Taylor Coleridge는 런던으로 마차를 타고 가다 차창 너머로 찌르레기 떼를 보고 일생 동안 잊지 못할 정도로 깊게 받은 인상을 다음과 같이 묘사했다.

떼를 이룬 수없이 많은 찌르레기들이 나는 모습은 연기, 안개, 또는 자유의지 없는 수증기처럼 보였다가, 활 모양처럼 둥글어졌다가, 구체를 이루었다가, 타원과 직사각형이 됐다가, 수레에 매인 풍선이 됐다가, 오목한 반원을 이루면서도 팽창하고 수축하기를 반복하고, 한순간에 명멸하고 진동하기도 하며, 흐릿하고 어두워졌다가, 이제는 두터워지고, 깊어지고, 검게 물드는구나![18]

시인들이 찌르레기 떼를 종이 위에 그려냈다면, 과학자들은 찌르레기가 무리 지어 나는 방법을 알아내려고 고심했다. 영국 박물학자 에드먼드 셀러스Edmund Selous는 1901년 들새 관찰에 대한 자신의 첫 책을 출간한 이후 여생을 조류학에 바친 사람으로, 특히 새 떼가 행동을 조율하는 방식에 관심을 두었다.[19] 셀러스는 30년 동안 면밀하게 관찰한 결과를 바탕으로 수백, 수천 마리의 새가 밀집대형을 이루고도 빠른 속도로 방향을 바꿔가며 날 수 있는 이유를 설명하는 책을 썼다.[20] 그는 지도자격인 새 한 마리가 전체 무리의 행동을 지휘할 가능성은 극히 낮다고 일축했다. 그는 새들이 일종의 텔레파시인 '사고전달thought-transference'을 통해 다른 새에게 즉각 정신 신호를 보내는 방식으로 행동을 일치시킨다고 생각했다.

'사고전달'이란 숲 속 빈터에서 홀로 너무 많은 시간을 보내다 괴짜가 된 영국인이 생각해낸 괴상한 이론이라고 무시하기 쉽다. 셀러스는 분명 은둔 생활을 했지만, 그렇다고 바보는 아니다. 그는 케임브리지대학에서 공부했고, 법정 변호사로 일했으며, 자연에 대한 책을 20권이나 썼고, 생태행동학(자연환경에서 동물이 하는 행동을 연구하는 학문)을 개척한 것으로도 유명하다. 사고전달 이론은 세심한 연구자에게도 새 떼의 행동이 그 정도로 신비롭게 보인다는 반증으로 봐야 한다(유튜브에서 '찌르레기 떼starling murmuration'를 검색해보면 당신도 동시비행을 신비롭게 여길 것이다). 동료 조류학자들은 현명하게 '사고전달'을 무시했지만 그렇다고 무리 행동을 더 잘 설명하지도 못했다. 찌르레기 떼가 어떻게 행동을 조율하느냐는 질문의 답은 셀러스가 책을 낸 지 50년이 지나도록 밝혀지지 않았다.

해답은 뜻밖에도 들판을 터벅터벅 걷던 조류학자가 아니라 컴퓨터 연구실에서 일하는 소프트웨어 기술자가 발견해냈다. 크레이그 레널즈Craig Reynolds는 MIT에서 컴퓨터 애니메이션을 주제로 학사와 석사 논문을 썼다. 레널즈는 컴퓨터그래픽 소프트웨어를 설계하던 중, 새 같은 동물이 무리 지어 행동할 때 나타나는 '조율된 행동coordinated activity'을 시뮬레이션하고 싶다는 생각을 했다. 레널즈는 소프트웨어로 구현한 인공 새에게 '보이드boid'라고 이름 붙이고, 각각의 보이드가 주변에 있는 동료의 위치와 행동에 따라 세 가지 단순한 규칙을 따르도록 프로그램을 작성했다.[21] 첫째, 충돌을 피한다. 둘째, 가장 가까이 있는 동료가 향하는 방향으로 간다. 셋째, 가장 가까이 있는 동료 근처로 위치를 유지한다. 보이드들은 이 세 가지 규칙만으로 서로 행동을 조율해 진짜 새와 놀라울 정도로 흡사한 집단행동을 보여주었다. 행동생물학자들은 야생에서 실험해본 결과, 레널즈의 규칙이 송사리나 찌르레기 떼, 혼잡한 거리를 질서정연하게 줄지어 헤쳐 나가는 보행자 등 다양한 상황에서 나타나는 집단행동을 잘 설명한다고 결론지었다.[22]

새 떼가 지키는 규칙은 **행동 조율 규칙**, 즉 복잡계에 모인 구성원들 간의 상호작용을 안내하는 규칙의 한 예다. 행동 조율 규칙의 용도는 다른 이와 관계해 어떻게 행동해야 하는지 명확하게 하는 데 있다. 무리를 이루는 찌르레기들은 각각 동료와 부딪치지 않는 방법을 알고 있으며, 또한 동료들이 자기를 들이받지 않을 것이라고 확신하기 때문에 나는 도중에 방향을 바꿀 수 있다. 사실 행동 조율 규칙은 사회적 맥락에서만 의미가 있다. 혼자 나는 새가 동료 가까이에서 날 수는 없다.

집단은 각각의 개인이 이룰 수 없는 목표를 달성할 수 있다. 만약 새 떼가 조율되지 않은 방식으로 난다면 한 마리씩 포식자에게 잡혀먹히기 십상이다. 하지만 각각의 새는 무리 안에서 행동을 조율하고 회피 기동함으로써 포식자를 혼란에 빠뜨려 한 마리씩 잡아먹힐 위험을 최소화한다.[23] 반면 집단행동으로 이익을 보는 포식자도 있다. 메뚜기 한 마리는 별로 이목을 끌지 않는다. 하지만 무리를 이룬 메뚜기는 성경에도 언급될 정도로 엄청난 재난을 일으킨다. 오늘날에도 메뚜기는 전 세계 인구 열 명 중 한 명의 생존을 위협한다.[24] 수백만 마리의 메뚜기로 이뤄진 무리는 주변 수 킬로미터의 하늘을 뒤덮고 대륙을 횡단하며 도중에 마주치는 농경지와 목초지를 황폐하게 만든다. 다행스럽게도 메뚜기는 대부분 혼자 살고 서로 접촉을 피하기 때문에 지옥의 군대를 자주 결성하지는 않는다. 메뚜기가 혼자 살 때와 무리를 이룰 때의 차이는 굉장히 커서 한때 생물학에서는 이 두 가지를 다른 종으로 분류했을 정도다. 메뚜기가 생태 습관을 바꾸는 계기는 한동안 수수께끼였다.

각자 은둔하던 메뚜기들을 탐욕스러운 무리로 바꾸는 것은 무시무시한 행동 조율 규칙이다. 서식 밀도가 일정 수준 이상으로 높아지면 메뚜기들은 서로의 뒤에 몰래 접근해 상대방을 깨물기 시작한다. 주로 비행 중에 벌어지는 이 공격을 피하지 못하면 메뚜기는 상대방에게 순식간에 잡아먹힌다. 메뚜기는 동족에게 잡아먹히지 않으려고 서로 간격을 둔다. 그러다 좁은 지역에 몰리면 두 가지 단순한 규칙을 쓴다. 첫째, 뒤에서 쫓아오는 메뚜기로부터 도망친다. 둘째, 앞선 메뚜기가 지나치게 가까워지면 이를 먹으려 한다. 이 규칙을 어기는 메뚜기는 잡아먹힌다. 하지만 이 규칙을 지키는 메뚜기 수백만 마리가 모이면 손에 손을 잡고 죽음의 대형을 이루어 드넓은 농지를 황폐하게 만든다.

개체가 행동 조율 규칙을 따르면 집단행동이 발생한다. 새, 영양, 물고기, 메뚜기 무리가 그 사례다. 하지만 인간은 새나 보이드보다 똑똑하기 때문에 집단행동이 더욱 예측하기 힘들고 혁신적인 양상으로 나타난다. 시카고대학 부근의 술집 컴퍼스Compass에서 기원한 예술 형식인 '즉흥 코미디improvisational comedy'의 예를 살펴보자. 1955년, 젊은 희극인 집단 하나가 관객이 제시하는 각본에 따라 연기하기 시작했다.[25] 이들이 창립한 즉흥 코미디 극단 세컨드 시티The Second City에 몸담은 사람을 나열하면 티나 페이Tina Fey, 마이크 마이어스Mike Myers, 빌 머리Bill Murray, 길다 래드너Gilda Radner, 스티브 커렐Steve Carell, 스티븐 콜베어Stephen Colbert, 에이미 포엘러Amy Poehler 등 코미디업계의 유명인사 사전을 보는 듯한 느낌이 든다. 세컨드 시티가 개척한 즉흥 코미디 형식에서 영향을 받은 인기 TV 프로그램으로는 〈새터데이 나이트 라이브Saturday Night Live〉, 〈후즈 라인 이즈 잇 애니웨이?Whose Line Is It Anyway?〉, 〈커브 유어 인수지애즘Curb Your Enthusiasm〉 등이 있으며, 영화까지 따지면 일일이 열거하기 힘들 정도다.

성공하든 실패하든 한 명만 무대에 서는 스탠드업 코미디와 달리, 즉흥극은 팀이 하는 일이라 모두 잘하지 않으면 성공하기 힘들다. 서로 잘 알지도 못하는 배우들과 같이 무대에 올라 극의 흐름에 따라 연기를 만들어가다가 훌륭하게 공연을 마무리하는 것만큼 벅찬 작업도 드물다. 팀을 이룬 즉흥극 공연자들은 예상치 못한 전개를 융합하고, 앞에서 썼던 소재를 재활용하며, 서로 이질적인 주제를 하나로 이어 매끄럽게 진행해야 한다. 게다가 이들은 다음에 무슨 일이 벌어질지 적혀 있는 각본도, 매끄럽지 못한 부분을 다듬는 리허설도, 심지어 연기의 방향을 잡아주는 감독도 없이 실시간으로 상호행동을 조율해야 한다. 이 모든 일은 살아 있는, 그리고 적대적으로 변할 가능성이 충분한 관객 앞에서 벌어진다. 이러한 필요요건을 생각해보면 즉흥극이 성공했다는 사실 자체가 기적적으로 보인다.

코미디언들은 즉흥극 공동체가 생긴 후 60년 동안 수없이 연습하며 실험한 결과에 따라 무대 위 행동을 조율하는 주먹구구 방식에 적합한 것은 포함시키고 실패한 것은 버렸다. 코미디언들에게는 각각 독특한 원칙이 있지만, 집단적 시행착오를 거쳐 널리 공유하는 규칙도 있다.[26] 그중 가장 잘 알려진 규칙은 "그렇군요, 그리고……"라고 말해 바로 앞에 있었던 행동 또는 대사를 기초로 흐름을 이어가는 것이다. '농담을 하지 않는다'는 규칙도 있다. 농담 같은 인위적 대사가 유기적으로 결합된 상황을 덮어버리면 새로운 이야기가 출현할 가능성이 적어진다. '다른 사람을 추어올린다'는 규칙은 다른 연기자가 잘 연기하도록 돕는 게 중요하다는 사실을 강조한다. 즉흥극에서는 한 사람이 주인공이 되면 다른 사람들이 이류가 된다. 반면 집단을 도우면 자신에게도 도움이 된다.

행동 조율 규칙은 즉흥극 코미디언, 재즈밴드, 농구 팀처럼 개인들이 명백하게 상호작용하는 집단에서 뛰어난 효과를 발휘할 뿐만 아니라, 시간과 공간을 넘어 행동을 조율해야 하는 상황에도 도움이 된다. 이런 상황에서는 누구도 쉽게 큰 그림을 그릴 수 없다. 행동 조율 규칙을 따르려면 각자 현지에서 얻은 정보를 이용할 수밖에 없다. 각각의 찌르레기는 찌르레기 떼 전체를 볼 수 없지만, 근처에 있는 예닐곱 마리 정도를 보고 새 떼의 규칙을 따를 수 있다. 집단의 목표를 염두에 두는 동시에 각자 처한 조건에 적응하는 데도 행동 조율 규칙은 유용하다. 찌르레기는 규칙을 따름으로써 각자 맞닥뜨린 돌발 상황(경로를 가로막는 전선 등)에 적응한 후 재빨리 집단으로 되돌아갈 수 있다.

전쟁터에서는 국지적 규칙과 전체적 규칙이 조화되어야 한다. 승리하려면 행동 조율이 필수적이지만, 전장의 불확실성이 큰 그림을 가려 행동 조율을 어렵게 하는 경우가 많다. 나폴레옹은 장교들이 무슨 일이 벌어지는지 잘 모르는 상태에서도 서로 행동을 조율할 수 있도록 "총성이 들리는 쪽으로 진군하라"는 단순한 명령을 내린 것으로 유명하다. 장교와 병사에게는 기상 악화, 적 수비 태세의 빈 틈, 예상 외로 격렬한 저항 등 예측 불가능한 현장 정보에 맞춰 행동을 조정할 재량도 있었다. 그렇다 해도 이 규칙은 가장 필요한 장소에 전력을 투입해 가장 큰 효과를 내는 데 도움이 됐다. 반면 행동 조율 계획이 상세하면 각 부대가 현지 상황의 변화에 적응하기 어려워 일이 제대로 돌아가지 않을 가능성이 크다. 나폴레옹 휘하의 장군 모두가 자기 계획에만 집착했다면 일관성이 없어져 전장은 서로 단절된 채 충격전을 벌이는 장소로 변질됐을 것이다.

단순한 행동 조율 규칙은 사람, 동물, 국가 등 다양한 범주의 실행자가 함께 행동할 방법을 결정한다. 행동 조율 규칙은 무엇을 해야 할지, 그리고 마찬가지로 다른 이는 무엇을 해야 할지 정확하게 알려줌으로써 전투에서 승리한다든가 안전하게 비행한다든가 하는 집단적 목표를 이루게 한다. 하지만 행동 조율 규칙은 무언가를 언제 할 것인지에 대해서는 다루지 않는다. 이를 위해 이번에는 언제 행동할지를 알려주는 세 번째 절차 규칙, 시기 선택 규칙으로 화제를 바꿔보자.

시기 선택 규칙', 무엇을 '언제' 해야 할지 알려주는 지침

성인 세 명 중 한 명을 괴롭히는 불면증은 환자 자신의 삶의 질을 심각하게 떨어뜨릴 뿐만 아니라 다른 사람들까지 큰 위험에 빠뜨릴 수 있는 병이다. 엑손 발데즈Exxon Valdez 원유 유출 사건, 우주왕복선 챌린저Challenge호 폭발 사건, 체르노빌 원자력발전소 폭발 사고 등은 모두 수면 부족으로 인한 실수 때문에 발생했다.[27] 특히 노인은 젊은 사람들에 비해 잠드는 데 어려움을 겪을 뿐 아니라 수면제를 복용할 때 부작용을 경험할 확률도 높기 때문에 불면증의 영향을 더 크게 받는다. 다행히 최근 연구에 따르면, 완전히 기진맥진한 두뇌로도 지킬 수 있을 만큼 단순한 지침을 사용해 불면증의 고통을 경감할 수 있다.[28] 피츠버그대학 수면의학연구소Sleep Medicine Institute 연구자들은 만성 불면증으로 고통받는 노인 79명을 대상으로 약을 쓰지 않는 치료법을 실험했다. 결과는 고무적이었다. 참가자 중 3분의 2가 수면의 질이 향상됐다고 답했고, 절반 이상에게서 불면증 증상이 완전히 사라졌다. 잘 자게 된 사람 중 4분의 3은 그 효과가 6개월 이상 지속됐다. 이 모두 약물을 복용하거나 치료에 따르는 부작용을 경험하지 않았음은 물론 의사의 도움 없이 얻은 결과다.

불면증 환자는 네 가지 단순한 규칙만 지키면 그날 밤을 편히 보낼 수 있었다. 첫 번째 규칙인 '매일 아침 같은 시간에 일어나라'는 편안한 수면 패턴을 확립하는 데 있어서 취침 시간을 규칙적으로 할 때보다 더 큰 효과를 냈다. 둘째는 혹시 이상적인 취침 시간이 지난 경우라도 '졸리지 않으면 잠자리에 들지 마라'다. 세 번째 규칙은 '자고 있지 않다면 침대를 벗어나라'이고, 마지막 규칙은 '침대에서 보내는 시간을 줄여라'다. 이들 규칙을 지키면 수면장애를 겪는 노인들이 흔히 그렇듯 겨우 서너 시간 자려고 열 시간에서 열두 시간을 침대에서 뒤척거리지 않아도 된다. 이들 규칙에 적응하려다 보면 단기적으로는 피로를 느끼거나 수면 시간을 뺏길 수 있다. 하지만 장기적으로 보면 이런 규칙을 지킨 환자가 보통 더욱 깊고 편안한 수면을 즐겼고, 잠도 더 빨리 들었다.

수면을 위한 단순한 규칙은 언제 행동을 취할지 안내해주는 시기 선택 규칙의 한 예다. 상황에 따라서는 특정 조건이 발생하면 행동을 취하라고 명시하는 시기 선택 규칙도 있다.[29] 불면증 환자에게 '피곤할 때만 잠자리에 들어가 자라'라고 하듯 사건에 행동을 연결하는 규칙을 사건 기준event pacing 규칙이라고 한다. 특정한 시간이나 날짜가 됐을 때 행동하라고 요청하는 시기 선택 규칙도 있다. 불면증 환자에게 '알람을 맞춰 매일 같은 시간에 일어나라'라고 하듯 기한과 주기를 설정하는 규칙은 시각 기준time pacing 규칙이라고 한다. 둘 중 무엇이든 상관없이 시기 선택 규칙은 무언가를 '언제' 해야 할지 정해주며, 기한·주기·순서같이 시기를 중요하게 고려해야 할 경우에 가장 좋은 효과를 낸다. 피곤할 때만 잠자리에 들고, 매일 같은 시간에 일어나며, 침대에서 보내는 시간을 제한하라는 등의 규칙은 더 잘 자기 위한 목표의 초점을 시간에 둔다.

잠자리에 대한 연구는 사건 기준 시기 선택 규칙을 확실하게 보여주는 사례다. 현재 알려진 잠자리의 종은 5,000가지가 넘는다. 그중 약 50종은 철새처럼 가을과 봄 동안 두 달에 걸쳐 600킬로미터 이상(보스턴과 워싱턴DC 사이 거리와 유사하다)을 이동한다.[30] 이동하는 잠자리가 하루 동안 비행하는 거리는 매일 다르다. 며칠 만에 100킬로미터를 이동하는가 하면 며칠 동안 한 곳에 머물며 수 킬로미터도 날지 않는 때도 있다. 과학자들은 잠자리가 이동하는 전반적 패턴을 알고 있지만, 특정한 날에 이동할 거리를 결정하는 방식은 오랫동안 알아내지 못했다.

프린스턴대학 교수들이 이끄는 한 연구팀이 이 수수께끼를 풀기 위해 잠자리가 이주하는 시기 선택 규칙을 연구했다. 이들은 뉴저지에 가을이 왔을 때 푸른무늬왕잠자리green darner dragonfly를 잡아 강력접착제와 속눈썹풀을 섞어 만든 접착제로 잠자리 몸통에 소형 발신기를 붙였다. 잠자리가 나는 힘은 강력해서(수컷은 암컷을 등에 태운 채 공중에서 짝짓기를 할 정도다) 전자장치 때문에 무게가 조금 늘어나도 비행속도에 영향을 받지 않는다. 과학자들은 추적 장치를 탑재한 비행기와 차량을 이용해 잠자리의 움직임을 탐색했다.

과학자들은 겨울을 나려고 남쪽으로 날아가는 잠자리를 쫓아가며 그들의 행동을 자세히 관찰했다. 그 결과, 잠자리들이 역풍을 피하고 부드러운 순풍을 탄다는 사실을 알게 되자 혼란스러웠던 지그재그 모양의 비행경로를 설명할 수 있었다. 또한 과학자들은 잠자리들이 언제 날고 언제 머무는지 설명해주는 몇 가지 시기 선택 규칙도 발견했다. 규칙 중 하나는 이틀 연속으로 밤에 기온이 내려갈 때만 비행한다는 것이다. 밤에 기온이 떨어지는 것은 잠자리가 남쪽으로 가는 데 도움을 주는 쌀쌀한 북풍과 관계있기 때문에, 이제 날아가야 한다고 알려주는 역할을 했다. 바람이 이상적으로 불 때도 있지만, 그렇지 않을 때도 있다. 특히, 돌풍이 불 때는 풍향과 상관없이 나는 게 위험하다. 그래서 두 번째 규칙은 바람이 심한 날, 다시 말해 풍속이 시간당 25킬로미터 이상인 날에는 멈춘다는 것이다. 이 두 가지 시기 선택 규칙은 푸른무늬왕잠자리가 날기 시작할 특정 조건을 명확하게 제시해준다.

시각 기준 규칙은 특정한 시각 또는 날짜에 행동하라고 지시해 주기와 기한을 정한다. 예를 들어, 불면증 환자에게 매일 같은 시간에 일어나라고 지시하는 규칙은 하루를 시작할 시점을 정해준다. 푸른무늬왕잠자리도 매년 시각 기준 규칙의 주기에 따라 가을이 오면 남쪽으로 날고 봄이 오면 북쪽으로 나는 패턴을 보인다. 사실 자연에는 외부 주기와 맞는 주기를 따르는 시각 기준 규칙의 예가 수없이 많다. 일출과 일몰에 맞춰 조정되는 인간 체내 시계, 서로 가까이 있는 괘종시계들의 진자운동 주기가 비슷해지는 경향, 불곰의 겨울잠 등이 그 예다.

시각 기준 규칙은 자연 외의 분야에도 널리 적용된다. 컴퓨터 애니메이션 제작사 픽사Pixar가 영화 개봉 시기를 결정할 때 사용하는 주기rhythmic 규칙을 생각해보자.[31] 픽사가 최초로 만든 장편영화는 〈토이 스토리Toy Story〉다. 〈토이 스토리〉는 오스카상을 받는 등 엄청난 성공을 거두었지만, 픽사의 높은 품질 기준을 충족하는 이 같은 영화를 또 만드는 데는 안타깝게도 4년이나 걸렸다. 4년마다 한 편 정도 영화를 내놓는 제작사는 최고의 작가를 손쉽게 끌어올 수 있을 만큼 뛰어나다고 보기는 어렵다. 픽사는 이 같은 현실을 타개하기 위해 시기 선택 규칙을 실행했다. 첫 번째, 회사가 제대로 돌아갈 만한 임계량을 창출하기 위해 매년 새 영화를 출시한다. 두 번째, 영화 흥행수익과 관련 상품의 매출액이 최고조에 이르는 연중 두 번의 가족영화 성수기 중 하나, 바로 추수감사절에 맞춰 영화를 출시하고, 픽사의 일정도 연휴가 시작되는 날짜를 고려해 조정한다.

그런데 현실적으로 이런 시기 선택 규칙을 따르기는 쉽지 않았다. 매년 영화 한 편을 출시하려면 제작 중인 영화가 상시 네 편은 돼야 하지만, 〈토이 스토리〉를 제작할 당시의 회사 직원 수로는 한 번에 한 편을 제작하는 것도 벅찼다. 애니메이션 제작자가 부족했던 픽사는 시기 선택 규칙을 일단 완화하고, 이후 몇 년 동안 회사의 방식대로 이야기를 풀어 나갈 인력을 채용하고 교육했다. 마침내 픽사는 한 집단이 영화 제작을 시작하고, 다른 집단이 다른 영화의 2차년도 제작에 착수하는 식의 영화 제작 공정을 확립했다. 계획상으로는 매년 새로운 팀이 새 영화 제작에 착수해 4년 후 출시하기로 되어 있었다. 이런 변화가 본 궤도에 오르기까지는 시간이 걸렸고 이따금 돌발 상황도 발생했지만, 픽사는 어쨌든 소위 인기작 제조 공장을 만들어냈다. 픽사는 적절한 인원을 뽑아 영화 하나에 배치하고 정해진 단계를 따라 진행한 후 매년 인원을 순환 배치함으로써 〈몬스터 주식회사Monsters, Inc.〉, 〈니모를 찾아서Finding Nemo〉, 〈인크레더블The Incredibles〉, 〈라따뚜이Ratatouille〉, 〈월-E WALL-E〉, 〈업Up〉 등 창의력 넘치는 성공작을 계속 내놓을 수 있었다.[32]

'1년마다 영화 한 편' 규칙이 성공한 이유는 다른 시간 기준 규칙과 마찬가지로 사람들에게 주기적인 목표와 이를 달성하기 위한 긴박감을 주었다는 데 있다. 또한 이 규칙은 모든 사람이 다음에 할 일을 기다리느라 빈둥거리는 일(이 경우 인력 낭비가 심각해진다) 없이 끊임없이 바쁘게 만들어 효율성도 입증됐다. 픽사 경영진은 영화 제작 프로젝트를 적절하게 배치하고, 직원이 한 영화에서 다른 영화로 옮겨 다니며 일하게 하면서도 창의력을 발휘할 시간을 주었다. 픽사에서 근무하는 예술가 성향의 직원들 역시 연간 업무 주기에 개인 업무 주기를 맞춰 자신이 담당한 작업을 적절하게 진행할 수 있었다. 창의적인 사람들에게는 단호하게 제지받지 않으면 자기 작품을 계속 다듬으려 하는 특성이 있음을 고려하면, 무자비한 마감 기한도 이 규칙이 준 뜻밖의 장점이었다.

경쟁자가 틈을 노려 공격하려고 갖은 노력을 하는 상황에서 시기 선택 규칙은 특히 중요하다. 농구 경기에서 뛰어난 팀은 경기를 빠르게 진행하려 드는 반면 역량이 달리는 팀은 진행 속도를 늦추려고 하는 것이나, 야구에서 투수가 투구 속도를 조절해 타자의 타격감에 혼란을 주려고 하는 것처럼 스포츠에서는 이런 상황이 흔하다.

'부조화 유지stay out-of-sync'는 경쟁 상황에서 흥미를 끄는 시기 선택 규칙이다. 스탠퍼드대학 공학 교수 리타 카틸라Riitta Katila는 전 세계 로봇산업에 관한 30년치 자료를 활용해 제품 간 경쟁이나 회사 성공 사례 등을 연구해왔다.[33] 이 연구의 결론을 요약하면, 일부러 경쟁자와의 부조화를 유지한 회사가 성공했다는 것이다. 이들 회사는 계속 경쟁자보다 앞서 최첨단 기술을 활용한 최신 제품을 출시했다. 하지만 이보다 더 놀라운 사실이 있다. 이들 회사는 널리 퍼진 기술을 최대한 활용하거나 경쟁자가 제품을 출시하는 시기를 피하는 등 일부러 더딘 행보를 보이기도 했다.

19세기의 유명한 금융업자 네이선 메이어 로스차일드Nathan Mayer Rothschild 역시 이 같은 전략에 동의할 것이다. 로스차일드의 투자 규칙 중 '거리가 피로 물들 때 사들여라'라는 규칙은 매우 유명하다. 냉정하고 셀 수 없을 만큼 돈이 많은 사람이나 건넬 만한 이 비정한 조언이 바로 로스차일드에게 큰 성공을 안겨준 부조화 투자 규칙이다. 로스차일드는 매우 부유했지만(당시 영국 GDP의 0.6퍼센트를 소유했다) 태어날 때부터 그렇지는 않았다.[34] 로스차일드의 이 규칙을 온전히 옮긴다면 이렇게 얘기할 수 있다. "거리가 피로 물들 때 사들여라. 그 피가 자기 자신의 피일지라도." 로스차일드는 어린 시절을 프랑크푸르트의 좁디좁은 유대인 거주구역에서 보내면서 고통이 무엇인지 뼈저리게 깨달았다. 그가 열여덟 살이던 1796년에는 프랑스 혁명군이 거주구역을 포위하고 광범위한 지역을 파괴하기도 했다. '거리가 피로 물들 때 사들여라'라는 말은 현실과 괴리된 귀족이 만들어낸 규칙이라기보다는 어린 시절을 거리에서 거칠게 보낸 이가 어렵게 깨달은 지혜라고 할 수 있다. 이 규칙에 따르면, 혼란이 발생했을 때 (그리고 바로 다른 모든 사람이 두려움 때문에 얼어붙고 공포에 질려 자산에 대한 희망을 포기해버렸을 때) 다른 이들과는 반대로 투자해야 한다.

시기 선택 규칙은 예측 가능한 패턴이나 순서를 따라 진행되는 행동에 지침을 줄 수도 있다. 캐슬린이 고문으로 있는 '스타트업 칠레Start-Up Chile, SUP'는 바로 그 멋진 예다. SUP는 아일랜드계 4세대 칠레인인 니콜라스 시어Nicolás Shea와 칠레 정부의 발명품이다. SUP의 첫 발상은 제정신이 아니라는 평가를 받았다.[35] 그 발상은 바로 이역만리 칠레로 와서 스타트업을 창업하는 외국인 경영자에게 4만 달러를 준다는 것이었다. 칠레 정부는 이들에게 사무실을 공짜로 내주고 1년짜리 비자를 발급해주기로 했다. 다른 조건이 아무것도 없었기 때문에 경영자가 프로그램에 참여한 직후 칠레를 떠나도 상관없었다. 계획의 목표는 잠재력이 충분한 기업가가 칠레에서 회사를 세우도록 유도하고, 전 국민의 사고방식과 기업 생태계를 전환하는 데 있었다.[36] 칠레인이 '수입'한 경영자를 지도자 삼아 선진 경영 방식을 배우고 나면 칠레도 싱가포르나 이스라엘 같은 혁신 허브가 될 수 있을 거라는 계산이었다. 다만 가난한 남아메리카 국민만이 프로그램에 지원하거나, 혈세를 외국인에게 퍼준다고 칠레인들이 격렬히 항의할 가능성이 있다는 게 문제였다.[37]

창립자들은 SUP를 제대로 가동하기 위해 기업가를 초청할 때 시기 선택 규칙을 적용했다. 첫째, 기업가들이 6개월 동안 칠레에서 일해야 한다는 것이다. 이 규칙은 균형이 잘 잡혀 있었다. 6개월이라는 시간은 기업가가 칠레에 변화를 가져오고 계속 머무를 생각이 들기에 충분하지만, 처음에 프로그램에 참여하기 망설여질 만큼 길지 않다. 둘째, 기업가가 2개월 후에는 성과를 평가받아야 한다는 것이다. 이 규칙은 아무것도 하지 않는 몇몇 기업가가 적발된 후 빠르게 도입됐다. 잘못된 것은 재빨리 바로잡는 편이 양쪽 모두에게 최선이다. 나중에 나온 세 번째 규칙은 4개월째에 '데모 데이Demo Day(스타트업이 사업 모델이나 시제품을 투자자에게 공개하는 행사—옮긴이)'를 열어 기업가가 외부인들에게 진행 상황을 공개해야 한다는 것이었다. 이들 규칙은 눈 깜짝할 사이에 지나가기 십상인 2개월을 주기로 추진력을 이끌어내는 이정표를 제시하면서도, 경영자 한 사람 한 사람에게 할 일을 조목조목 지시하지는 않았다.

SUP가 보여준 중요한 행보는 이것 말고도 더 있다. 여섯 가지 규칙(경계선, 우선순위, 중지, 방법, 행동 조율, 시기 선택)은 조합되어 쓰이는 경우가 많다.[38] SUP는 경계선(해야 할 일은 무엇인가), 우선순위(무슨 일이 중요한가), 중지(무슨 일을 그만해야 하는가) 규칙을 조합해 기업가를 선택하는 체계를 잡았다. 예를 들어, '사업 경험과 인맥이 있는 팀을 선택하라'라는 규칙은 기업 생태계에서는 인재의 질과 인맥이 처음 떠올린 발상보다 중요하다는 사실, 그리고 칠레인에게 최고의 본보기는 경험 있는 기업가라는 사실을 잘 인식한 경계선 규칙이다. 반면 칠레의 핵심 산업인 구리, 농업, 와인, 어업 등에 적합해야 한다는 규칙은 없었다. 우선순위 규칙에 따라 (2개월째 하는 평가 결과) 동질집단 중 상위 20퍼센트에 해당하는 기업가는 VIP 방문자와 만날 기회처럼 희소한 자원에 접근할 우선권을 받았다. 중지 규칙은 도박장 출입 기록을 보고 게으름뱅이를 손쉽게 판별한 후 제거하는 데 사용됐다. 칠레의 경영 생태계가 이들 기업가로부터 확실히 도움을 받기 위해 전례가 드문 방법 규칙도 도입됐다. 해당 지역 대학에서 열리는 회의에 참석하거나 강연을 하면 일정한 점수를 주고, 체류 기간인 6개월 동안 4,000점을 모아야 하도록 만든 것이다. 이들 규칙은 모두 SUP가 해외에서 최고의 인재를 끌어 모아 칠레의 경영 환경을 개선한다는 목표를 달성하는 데 도움을 주었다.

2010년 14개국에서 22개 스타트업 기업가들이 처음으로 산티아고에 도착했다.[39] 이후 그 숫자는 계속 늘어나 2013년에는 285명을 모집하는 데 94개국에서 4,000부가 넘는 지원서가 도착했다. SUP는 남아메리카, 미국, 유럽 투자자로부터 벤처캐피탈 5,000만 달러를 모금했으며, 칠레인 참가자들의 사고방식과 행동을 바꾸고 있다는 증거도 나타나고 있다.[40] 칠레가 SUP를 통해 얻은 가치를 확실하게 측정하기는 아직 이르지만, 현재 산티아고는 소셜미디어에서 생명공학에 이르기까지 여러 분야에서 지식을 서로 공유하는 내외국 기업가들로 북적이고 있다.

이제 단순한 규칙이 무엇이며 어떻게 효과를 내는지는 잘 알게 됐을 것이다. 이들 규칙은 어디에서 기원했을까? 단순한 규칙이 형성된 과정을 이해하면 자신만의 규칙을 만들 방법을 알아내기 위한 다음 단계를 밟을 수 있다. 바로 이것이 다음 장에서 다룰 주제다.

Simple

Chapter 04

단순한 규칙은 어디에서 왔을까?

Chapter

04

언뜻 보기에는 평화로운 풍경이다. 푸른 언덕 꼭대기에 배낭을 메고 정상을 향해 하이킹하는 사람들이 수도 없이 부딪치는 광경처럼 많은 나비가 활기차게 날아다닌다. '힐토핑hill-topping'이란 용어대로 언덕 꼭대기에 나비들이 모인 광경에다 숲에 사는 동물 몇 마리를 더하면 디즈니 영화에 나올 법한 장면이 연출된다. 그런데 이 영화를 나비 관점에서 보면 미성년자 관람불가 등급을 줘도 부족하다. 언덕 꼭대기로 올라간 수컷 나비와 암컷 나비가 서로 날개를 휘감고 수컷의 꼬리로 암컷의 배를 감싸 안으며 집단 짝짓기하는 장면이기 때문이다.

발정한 나비가 무작위로 한데 엉키기만 하면 수많은 새끼를 볼 수 있을 테니, 나비 집단의 행동을 조율할 필요 없이 난교하는 것만으로 충분하다고 생각할 수도 있다. 하지만 사실 무작위로 뒤엉키려고만 해서는 일이 제대로 진행되지 않는다. 나비의 활동 공간은 매우 넓어서 곳곳을 다 돌아보기엔 시간이 턱없이 부족하다. 만약 나비가 사람만한 크기라면 나비의 인구밀도는 알래스카의 10분의 1 정도 될 것이다. 평균 수명이 1개월에 불과한 나비에게는 시간이 핵심이다. 나비는 짝을 매우 빨리 찾아야 한다. 낭만에 매달리면 짝짓기에 실패해 유전자를 다음 세대에게 전하지 못하게 될 수 있다. 이는 진화의 관점에서 볼 때 매우 위험한 일이다.

나비는 적당한 짝을 찾을 확률이 높은 곳을 어떻게 알까? 힐토핑은 매우 복잡한 작업이다. 나비는 잠재적인 짝을 찾기 위해 드넓은 지역을 훑어야 한다. 특히 유전자 풀gene pool(특정 생물집단 내 유전정보의 총량–옮긴이)을 넓히려면 다른 집단에서 오는 상대가 모일 가능성이 가장 높은 곳을 찾아내야 한다. 한 언덕에 지나치게 빨리 정착해서도 안 된다. 고도가 더 높아서 짝짓기에 더욱 좋은 지역이 탐색 범위 안에 있을지도 모르기 때문이다. 사람이 계산하기에도 복잡한 이 최적화 문제를, 나비는 우리보다 훨씬 적은 처리 능력(나비 250만 마리의 뇌를 모아도 사람 한 명의 뇌 크기보다 작다)으로 풀어낸다.[1]

생물학자들은 나비, 도롱뇽, 들염소 같은 동물이 복잡한 지형을 헤쳐나갈 때 사용하는 단순한 규칙을 밝혀냈다. 다양한 국적의 과학자로 구성된 연구팀은 나비가 사용하는 단순한 규칙을 확인하기 위해 지중해 인근과 서남아시아에 서식하는 네발나비과의 일종인 날개 길이 2.5센티미터짜리 나비 멜리테이아 트리비아Melitaea trivia를 연구했다.[2] 연구팀은 유서 깊은 베르세바 시 근처에 있으며 지형이 복잡하기로 유명한 이스라엘 라하브 언덕에서 성체 나비 100마리를 풀었다. 나비가 풀려난 위치는 언덕 꼭대기, 말라붙은 강바닥, 산비탈 등 다양했다. 관찰자는 나비가 날아 이동하는 경로에 그림자가 지지 않도록 1미터 간격을 두고 조심스럽게 나비를 따라 걸어 다니면서 깃발을 꽂아 나비의 비행경로를 표시했다.

과학자들은 암수 나비가 서로를 찾을 수 있도록 안내하는 몇 가지 단순한 규칙을 발견했다. 첫째, '언덕을 오르는 방향으로 난다.' 둘째, '눈에 보이는(나비의 시야는 약 50미터다) 가장 높은 경사면 방향으로 난다.' 셋째, '가장 높지 않더라도 주변보다는 높은 곳에 도착하면 일단 멈춰 둘러보고, 행운을 잡지 못한다면 즉시 떠난다.' 넷째, 부근에서는 가장 높지만 전체에서 가장 높지는 않은 곳에 갇혀 있지 않도록 '가끔씩은 무작위로 행동한다.' 이 팀은 이후 열 장 이상의 실제 지형도와 컴퓨터 모형을 이용해 이런 규칙이 나비의 행동을 잘 예측하는지 검증했다. 연구 결과, 이들 규칙은 실제로 나비들이 광범위한 지역에서 보여주는 힐토핑 행동을 잘 설명해냈다.

힐토핑은 서로 멀리 떨어진 곳에서 온 암컷과 수컷 나비가 크고 건강한 유전자 풀을 이뤄 생식할 수 있게 해주는 현명한 방식이다. 그런데 이 아름다운 곤충들은 이처럼 세련된 행동 조율 체계를 어떻게 만들어냈을까? 앞서 단순한 규칙을 자연, 경영, 의학, 스포츠, 예술 등 어느 분야에서나 찾아볼 수 있다는 사실을 설명했다. 그렇다면 이 규칙은 어디에서 왔을까?

나비는 수억 세대에 걸쳐 힐토핑을 관장하는 단순한 규칙들을 발전시켰다(나비라는 종은 공룡이 지구를 지배하던 쥐라기, 즉 약 1억 5,000만 년 전에 출현했다). 무작위한 변이 결과 힐토핑 규칙을 만들어낸 몇몇 운 좋은 나비는 짝짓기를 해 이와 관계된 유전자 암호를 수많은 자손에게 전달할 가능성을 높였다. 이 적응적 돌연변이adaptive mutation를 겪지 못한 나비는 우아하게 날개를 퍼덕이며 멸종을 향해 날아갔다.

노벨상을 수상한 경제학자 프리드리히 하이에크Friedrich Hayek는 인간 사회를 인도하는 규칙 역시 나비들 사이에서 힐토핑을 만들어낸 진화 과정과 유사한 과정을 거쳐 출현했다고 믿었다.[3] 사람들은 일상생활을 하면서 계속 비슷한 문제에 부딪힌다. 예를 들어, 한 길 위에서 서로를 향해 수레를 끄는 두 사람이 모두 길 위에서 비키지 않는다면 결국 교착 상태에 빠질 것이다. 아마 사람들은 분쟁을 해결하기 위해 여러 대안을 시도했을 것이다(이와 관련, 초기에 벌어진 실험에서는 몽둥이와 저주가 중요한 역할을 했을 것이라고 생각하는 사람도 있다). 그러다가 결국 사람들이 발견해낸 '도로 한쪽으로만 다녀라' 같은 단순한 규칙은 누구에게나 좋은 효과를 발휘해 널리 채택됐다.

단순한 규칙은 사회 전체뿐만 아니라 공동체에서도 진화한다. 스탠드업 코미디언 공동체를 지배하는 단순한 규칙 '남의 재담을 가로채지 마라'를, 그리고 이를 어겼을 때 가해지는 무시무시한 벌을 생각해보자. 2005년, 로스앤젤레스에 있는 코미디 클럽 래프 팩토리Laugh Factory에서 코미디언 조지 로페즈George Lopez는 동료 카를로스 멘시아Carlos Mencia의 멱살을 잡고 벽으로 밀친 후 주먹질을 했다.[4] 멘시아는 대체 무슨 잘못을 했을까? 로페즈의 소재를 표절한 죄목이었다. 오늘날 재담 표절은 스탠드업 코미디업계에서 중죄 취급을 받지만 그렇지 않은 시절도 있었다. 20세기를 통틀어 봐도 남의 재담을 훔치는 것이 별일 아니었던 때가 대부분이다. 보드빌vaudeville(1890~1930년대 미국에서 유행한 공연 형식-옮긴이) 시대에는 출처를 밝히지 않고 다른 코미디언의 중요한 소재를 그대로 따라 하는 일이 다반사였다. 밀턴 벌Milton Berle이나 밥 호프Bob Hope 등 이후에 등장한 코미디언들은 잘 알려진 재담을 수없이 쌓아둔 창고에 의지했다. 이들에겐 독창성보다는 숙달된 전달력과 적절한 시기가 훨씬 중요했다. 호프는 남의 재담을 훔쳤다는 의혹을 빈번하게 받았다. 벌은 언젠가 앞선 공연이 "(받아 적다가 웃느라) 연필을 떨어뜨릴 정도로 재미있었다"고 익살을 떤 것으로 악명 높다.[5]

반면 제리 사인펠드Jerry Seinfeld와 루이스 C. K.Louis C. K. 같은 현 세대 코미디언들은 독립된 한 줄짜리 농담이 아니라 자기 개성을 반영한 독특한 형식에 의지한다. 현대 코미디의 추진력은 뛰어난 전달력보다는 독특한 소재에 있기 때문에 오늘날 코미디언들은 자신의 지적재산권을 보호할 규칙을 고안하고, 이를 강제할 제재 수단을 만드는 데 힘을 쏟아야 했다. 도로 운행 규칙이 그렇듯 '남의 재담을 가로채지 마라'라는 규칙 역시 딱히 누군가가 주도해서 만든 것이 아니라 공동체 구성원들 사이에 계속 발생하는 상호작용에서 출현해 공동체 자신이 강력하게 적용한 것이다(1장에 나온 고급 요리사를 떠올려보자).

규칙은 공동체에서 가장 긴급한 쟁점을 해결하기 위해 출현한다. 스탠드업 코미디의 경우, 하나의 재담을 누가 '소유'하느냐 하는 문제는 답이 명확하지 않은 쟁점이지만 반드시 짚고 넘어가야 할 문제이기도 하다.[6] 코미디언들이 공동 작업하는 경우를 살펴보자. 규칙에 따르면 이 경우 재담의 소유권은 핵심 대사를 만든 사람이 아니라 큰 틀을 잡은 사람에게 있다. 이 규칙은 코미디언들이 토론해 결정된 후 전파됐다. 규칙에 따르면 두 공연자가 비슷한 재담을 떠올렸을 경우, 이를 텔레비전에서 먼저 선보여 자신이 먼저 말했다는 증거를 갖춘 사람이 원작자가 된다. 한 사람이 자기 재담을 다른 사람에게 팔거나 다른 코미디언에게 고용되어 재담을 만든 경우에는 대가를 지불한 사람이 재담을 소유하며, 원작자는 자기가 원작자라고 공개적으로 밝힐 수 없다.

이처럼 '진화된 규칙evolved rule'은 정당하고 타당하기 때문에 유용하지만 단점도 있다. 진화된 규칙은 깊이 뿌리내려 암묵적으로 적용되기 때문에 환경이 변했을 때 비판적으로 검증받기 힘들고, 제대로 효과를 발휘하지 못하더라도 폐기하기 어렵다. 일단 규칙이 자리 잡으면 이를 대체할 만한 행동 방식을 생각하기 힘들다. 예컨대 새로 코미디언이 된 사람은 유명한 코미디언의 규칙에 어떤 의미가 있는지 깊이 생각해보지 않고 그저 따라 할 가능성이 높다. 그 결과, 누군가가 나서지 않으면 의미 없는 규칙이라도 명맥을 이어가게 되는 것이다.

나비는 진화의 막다른 골목에 수십억 번 부딪혀가며 수천만 년을 보내고 나서야 비로소 우아하고 효과적인 힐토핑 규칙을 만들어냈다. 코미디언 공동체가 재담 소유권 규칙을 발전시키는 데 들인 시간은 나비보다 짧지만 그래도 어느 정도는 걸렸다. 진화 과정을 거치면 인도자 없이도 효과적인 규칙이 탄생할 수 있다. 하지만 그 결과 나타난 규칙이 암묵적으로 깊게 자리 잡으면 환경에 적응하는 데 오히려 방해가 된다.

다행히 사람은 나비와 다르다. 우리는 능동적으로 단순한 규칙을 만들고 적용할 수 있다. 필자들은 10년이 넘게 여러 개인 및 조직과 협력하면서 단순한 규칙을 연구하고 발전시킨 끝에, 규칙을 만들 때 누구나 사용할 수 있는 네 가지 방법을 도출해냈다. 우선 자기 경험을 면밀하게 검토해 규칙을 만든다. 이는 관련 경험이 풍부한 사람일 경우에 특히 효과적이다. 다른 사람의 경험에서 비롯한 조언, 책, 분석 등을 취해 규칙을 만들 수도 있다. 이 방법은 현재 상황과 외부에서 빌려온 경험이 매우 유사할 때 특히 효과가 좋다. 한편 양질의 과학적 근거를 정제해 단순한 규칙을 뽑아내는 방법이 가장 유용할 때도 있다. 마지막으로, 각자 목적과 시각이 다른 이해관계자들이 함께해야 할 일이 있다면 협상을 통해 단순한 규칙을 만들어낼 수도 있다.

자신의 경험에서 도출하기

코미디계에 명예의 전당이 있다면 티나 페이Tina Fey는 아마 투표 첫해에 입성할 것이다. 에미상 8번, 골든글로브상 2번, 미국 배우조합상 4번 수상이라는 경력이 모든 것을 말해준다. 페이는 세컨드 시티에서 즉흥극 코미디언으로 경력을 시작한 후, 〈새터데이 나이트 라이브Saturday

Night Live〉에 합류해 처음에는 각본을 쓰다가 나중에는 출연도 했다. 그녀는 이전까지 남성이 독점하던 이 프로그램의 수석작가 자리를 여성 최초로 맡았다. 그녀는 이런 경험을 녹여낸 인기 코미디 드라마 〈서티 록30 Rock〉 제작에 프로듀서 겸 주연으로 참여했다. 페이에게 주목해야 하는 이유는 그녀가 거둔 성공뿐만 아니라 다양한 경력에도 있다. 그녀는 20년 동안 스탠드업 코미디언, 각본가, 각본가 집단 감독, 프로듀서, 영화배우 등 다양한 역할을 연달아 거쳤다.

코미디언으로서 놀라울 정도로 재능을 발휘하는 페이 역시 성공을 거두는 데 단순한 규칙의 도움을 받았다. 그녀가 쓴 통찰력 넘치는 글에는 〈새터데이 나이트 라이브〉의 전설적인 프로듀서인 론 마이클스Lorne Michaels와 일하며 배운 경험이 녹아 있다.[7] 그녀가 정리한 코미디 프로그램 제작 관리 규칙 아홉 가지 중 다섯 가지는 굉장히 창의적인 사람들을 다루는 것과 관련된 방법이다. 네 번째 규칙은 이렇다. '채용할 때는 하버드 출신 공부벌레와 시카고 출신 즉흥극 연기자를 뽑은 후 서로 섞는다.' 하버드대학에서 나오는 풍자 잡지 〈하버드 램푼Harvard Lampoon〉을 거친 졸업생들은 유머에 논리와 세련미를 더해주고, 즉흥극 연기자들은 관객이 있는 현장에서 무엇이 통할지 알기 때문이다. 아홉 번째 규칙은 '미친 사람에게 미쳤다는 말을 하지 마라'다. 창의력과 괴벽 사이에는 관계가 있다는 사실을 인식한 결과다.

단순한 규칙의 또 다른 원천인 가치관은 개인적 경험에서 비롯된다. 개인적 가치관은 무엇이 올바른지, 더 나아가 무엇을 반드시 해야 하는지 정한다. 예를 들어, 애플의 제품 디자인은 오랫동안 스티브 잡스의 개인적 미의식이 반영된 규칙에 따라 깔끔하고 직관적이어야 했다. 에너지 절약에 가치를 두는 사람은 에너지를 많이 들여 생산해야 하는 화학비료를 멀리 하고 운송비를 절약하기 위해 그 지역에서 난 유기농 농산물만 구입한다는 규칙을 채택한다. 크라우드펀딩crowdfunding(소수 투자자가 아니라 대중에게서 투자받는 자금 모집 방식–옮긴이) 사이트 인디고고Indiegogo의 규칙에 따르면, 모든 프로젝트는 합법적이어야 하고 증오나 폭력을 부추겨서는 안 된다. 이것만 충족된다면 무엇이든 실행 가능하다. 인디고고의 규칙에는 인터넷에서 자기 꿈(치아 신경 치료를 할 돈을 구하는 데서부터 영화 제작에 이르기까지 무엇이든)을 추구할 권리가 누구에게나 있다는 설립자의 가치관이 반영되어 있다.[8] 육아 역시 가치가 규칙을 만드는 영역이다.[9] 부모 중에는 자기 아이의 독립심과 자신감을 중시하는 사람도 있다. 이런 가치를 믿는 유명 아동심리학자 데비 글라서Debbie Glasser는 자녀의 긍정적 행동에 주목하고 아이들에게 집안일을 맡기는 육아 규칙을 제시했다. 반면 협동과 학업을 선호하는 가치관을 지닌 부모는 자녀의 행동에 밀접히 관여하고 학업 성적에 중점을 두는 육아 규칙을 설정할 수도 있다.

경험에서 자기 나름대로 단순한 규칙을 끌어내는 경우도 흔하다. 이 행동에도 일리가 있다. 자기 경험에 의존할 경우 적절한 규칙을 만들어내기도, 이 규칙이 무엇에서 기원하며 왜 중요한지 이해하기도 쉽다. 자신에게 중요한 가치를 바탕으로 규칙을 직접 만들면 주인의식을 더욱 강하게 느끼기 마련이다. 자기 자신의 가치관을 반영해 직접 고안한 규칙은 다른 사람이 부여한 규칙보다 실제로 활용될 확률이 높다. 게다가 시간을 들여 자기 경험을 반영하고 이를 규칙으로 만들어낼 정도라면, 이는 코미디 프로그램을 만들어 대성공을 거두거나 아이를 제대로 양육하는 등 자신에게 매우 중요한 목표를 달성하기 위해서인 경우가 많다. 정말 중요한 무언가를 더욱 잘해내는 데 도움이 될 것이라고 믿는다면 사람들은 분명 이 규칙을 사용할 것이다.

자기 경험을 활용해 특정한 문제를 해결하는 사람도 있다. 레슬리 펄로Leslie Perlow는 미시건대학 교수로 재직할 때 〈포천〉 선정 500대 기업인 한 회사에서 신형 레이저프린터를 설계하는 팀원 45명을 연구 조사했다.[10] 프린터 가격은 기존 제품의 10분의 1로 책정돼 생산비 절감의 압박을 받는 데다, 고위 경영진이 넉넉하던 4년 일정을 불과 9개월로 대폭 줄이는 바람에 일이 더욱 어려워졌다. 이 신제품(코드명은 'PEARL'이었다)은 적자를 보던 해당 부서를 구원해줄 기대주였다.

이 프린터를 개발하기 위해선 기술자들이 각자 맡은 부분을 설계하기 위해 오랫동안 방해받지 않고 일할 시간이 필요했지만, 또 한편으로는 전체 계획을 조정하기 위해 서로 대화를 해야 했다. 그런데 빡빡한 프로젝트 일정 때문에 끊임없이 사소한 위기가 찾아왔다. 계획이 지속적으로 중단되고 개인 작업이 지연됐으며, 몇몇 기술자는 일정을 맞추기 위해 야근과 주말근무까지 하다 보니 스트레스를 받는 정도를 넘어 기진맥진할 지경이었다. 어떤 사람은 우선 자기 일부터 해야 한다고 생각해 반드시 필요한 협력까지 줄이다가 나중에 문제를 일으키기도 했다.

펄로는 기술자들이 빡빡한 일정 속에서 개인 작업과 협력 작업의 균형을 잡기 위해 노력하는 와중에 악순환이 발생한다는 것을 확인했다.

그녀는 자신의 경험에 근거해 개인 작업에 사용할 '조용한 시간'을 확립하는 단순한 규칙을 채택하라고 팀에 제안했다. 몇 번의 실험을 거친 후 팀은 다음과 같은 규칙을 확정했다. '화요일, 목요일, 금요일 아침은 '조용한 시간'이다.' 이 규칙 덕분에 기술자들은 해당 시간에 방해받지 않고 집중하게 됐을 뿐 아니라 주중 나머지 시간을 협동하는 데 사용할 수 있게 됐다. '조용한 시간' 규칙이 도입된 후 기술자 중 3분의 2는 생산성이 향상됐다고 답했다. 일정이 굉장히 빡빡했지만 프린터는 기일에 맞춰 출시됐다(해당 부서 역사상 두 번째로 일어난 사건이었다). 부서장은 이 결과를 '조용한 시간' 규칙 덕으로 돌렸다.

이런 식으로 규칙을 만드는 방법은 충분히 축적된 경험을 활용할 때 특히 효과적이다. 티나 페이는 엔터테인먼트업계에서 오랜 시간을 보내며 폭넓은 경험을 쌓았기 때문에 통찰력 넘치는 규칙을 끌어낼 수 있었다. 예를 들어, '미친 사람에게 미쳤다는 말을 하지 마라'라는 규칙에는 창의력과 괴벽의 밀접한 관계에 대한 깊은 이해가 녹아 있다. 이처럼 규칙을 만들어낼 만큼 경험이 충분하지 않다면, 타인의 경험 같은 다른 원천을 살펴보는 편이 합리적이다.

타인의 경험에서 끌어오기

단순한 규칙을 만드는 데 있어서 타인의 경험도 자신의 경험 못지않게 유용한 원천이 된다. 예를 들어, 육아나 포커, 조직관리 경험이 많은 사람으로부터 직접적으로 혹은 책이나 잡지 기사를 통해 간접적으로 조언을 얻으면 자신만의 방법을 만들어내는 데 유용하다. 개인적 관찰 역시 다른 사람으로부터 유용한 방식을 배우는 데 효과적이다. 또한 자신과 타인의 경험 사이에서 공통점을 찾아 유추하는 방식으로 자기 규칙을 능률적으로 고안할 수도 있다.

사람들은 익숙하지 않은 상황에 마주치면 과거에 듣거나 본 적 있는 유사한 상황을 떠올리고 교훈을 이끌어낸 후 이를 현재 상황에 적용하곤 한다.[11] 이 방법이 바로 유추다. 유추를 통해 단순한 규칙을 만들어내는 과정에 포함되는 세 가지 요소는, 새로운 상황, 중요한 면에서 이와 유사한 기존 사례, 기존 사례에서 끌어와 현 상황에 적용할 수 있는 규칙이다. 유추를 잘 활용하면 규칙을 만들어낼 때 소요되는 시간과 노력을 절약할 수 있다.

새로운 기회를 공략하는 데 쓸 만한 지침을 찾는 경영자는 기존 기업에서 유추하거나 스포츠나 전쟁 같은 경쟁 상황에서 유추하는 것을 선호한다. 한 예로 넷플릭스가 있다. 1997년, 리드 헤이스팅스Reed Hastings는 비디오 대여점 블록버스터Blockbuster(미국 비디오, DVD 대여 체인으로 2004년에 전성기를 맞았으나 이후 넷플릭스 등과의 경쟁에서 밀려 파산과 매각을 거치다가 2013년 점포를 모두 폐쇄했다–옮긴이)에서 〈아폴로 13〉 비디오테이프를 빌렸다가 연체하는 바람에 40달러를 내게 되자 화가 났다. 당시에도 이미 성공한 기업가였던 그는 DVD가 출현하고 인터넷이 확산되는 상황을 활용해 비디오 대여점보다 나은 고객서비스를 제공할 수 있는 황금 같은 기회를 알아봤다. 그는 고객이 온라인으로 영화

DVD 대여를 신청하고 집에서 우편으로 받아볼 수 있는 서비스 넷플릭스를 개시했다.[12]

헤이스팅스는 처음에 넷플릭스의 개념을 오프라인 대기업 블록버스터의 온라인판으로 잡았다. 이렇게 유추한 덕분에 대여 요금을 4달러로 책정하고 반납 기한을 넘기면 연체료를 매긴다는 등 단순한 규칙의 틀을 짜서 넷플릭스의 초기 체계를 잡는 데 도움을 받았다. 유추는 이미 형태가 잡혀 있고 새로운 시도에 적용할 만한 틀을 제공하는 총체적인 해결책이기 때문에 복잡한 상황에서 뛰어난 효과를 낸다. 이 사례의 경우, 블록버스터가 이미 잘 다듬어 활용하고 있던 일련의 규칙이 있었기 때문에 넷플릭스는 그중 일부를 그대로 베껴오기만 하면 됐다. 넷플릭스는 블록버스터에서 유추한 덕분에 온라인판 블록버스터로서 고객과 투자자에게 무엇을 해줘야 할지 확실히 알게 됐다. 물론 현 상황과 비교 대상의 상황이 완벽하게 같지 않으므로, 유추는 단순한 규칙의 결승선이 아니라 출발선이다. 헤이스팅스도 나중에는 초기 규칙을 개선해 월정액 과금으로 전환하고 반납기한 규칙을 삭제했다. 어쨌든 블록버스터의 규칙은 넷플릭스가 출발하는 데 도움을 주었다.

서로 매우 다른 영역을 비교해 유추해도 규칙을 만들 수 있는 강력한 원천을 얻을 수 있다. 예를 들어, 일본에서 다양한 전공의 과학자로 구성된 팀이 도쿄와 주변 지역을 잇는 통근철도를 설계하는 최적의 방안을 연구한 적이 있다.[13] 승객을 효율적으로 다른 장소에 옮겨주는 네트워크를 건설하고 유지하는 비용과 운행 중단사고가 발생할 경우 대응하기 위한 예비 선로 건설비용 간의 상충 관계가 해결되지 않는 등 통근철도 체계를 설계하는 작업은 결코 쉽지 않았다. 시행착오법을 사용해 도시 교통망을 설계하면 최악의 결과를 낳을 게 분명했다. 일단 아무렇게나 철로를 설치한 후 효율성이 떨어지는 철로를 철거하고 다시 놓겠다고 하면 납세자와 통근자들이 격분할 것이다. 연구팀은 철로를 실제로 놓아보지 않고 설계할 수 있는 규칙을 원했다.

과학자들이 이 문제를 해결하기 위해 유추 대상으로 선정한 것은 황색망사점균Physarum polycephalum이었다. 이 점균에 대해서는 부패해가는 나뭇잎과 통나무를 좋아하고 빛을 싫어한다는 정도 외에는 알려진 바가 거의 없었다. 점균 자체가 도쿄 교통망을 설계하기 위한 영감의 원천은 아니었다. 우선 점균에게는 두뇌가 없다. 하지만 이 유기체는 효율적이면서도 끈질기게 여기저기 탐침을 뻗는 방식으로 굶주림과의 전쟁을 계속 이어나가는 데 매우 능숙하다. 이 상황은 철도망을 설계하는 문제의 핵심인 상충 관계와 정확히 일치했다. 점균은 관처럼 생긴 탐침을 여러 방향으로 뻗어 식량을 찾고 영양분을 옮긴다. 과학 실험 결과, 황색망사점균은 식량을 찾을 때 대부분 거리가 가장 짧은 효율적 경로를 따라 한 식량원에서 다른 식량원으로 움직이면서 복잡한 지형을 효과적으로 헤쳐 나갔다. 하지만 가끔은 경로가 막혔을 때를 대비해 다음 식량원으로 통하는 예비 경로를 이용해 움직이기도 했다.[14]

과학자들은 복잡한 도쿄 철도망 모형을 만들고, 점균의 식량원(오트밀)을 올려놓은 유리 조각을 도쿄와 주변 36개 도시에 해당하는 위치에 놓았다. 각 위치에 놓은 식량의 양은 도시 인구에 비례했다. 그 후 과학자들은 점균이 식량 네트워크를 형성하는 과정을 지켜봤다. 점균은 도쿄에서 관을 밖으로 뻗어가며 기존 철도망과 비슷한 모양의 망을 형성했다. 과학자들은 철도가 통과할 수 없는 산이나 호수 등 지형지물을 대신하기 위해 점균이 싫어하는 빛을 이용했다. 관찰 결과에 따라 연구팀은 점균이 식량을 찾아 확장할 때 사용하는 방법 규칙과 중지 규칙을 다음과 같이 정리했다. 첫째, 식량을 찾아 무작위로 여러 방향을 탐색하기 시작한다. 둘째, 식량을 찾으면 관을 넓힌다. 셋째, 식량이 없으면 관을 좁힌다.

과학자들은 이러한 규칙을 사용해 최적의 철도망을 설계하기 위한 컴퓨터 시뮬레이션을 했다. 이들은 도시당 식량의 양이나 관의 크기 등 여러 변수를 조작해 설계안을 여러 가지로 실험하는 방식으로 철로를 단 1킬로미터도 깔지 않고 최적의 철도망을 찾아냈다. 과학자들은 수백만 세대에 걸쳐 진화하면서 단순한 규칙을 체득한 유기체를 연구함으로써 오랜 세월 축적된 지혜를 최첨단 설계 방식에 접목한 것이다.

점균을 사용한 철도 설계 사례는 타인의 경험으로부터 단순한 규칙을 배우는 사례 중에서도 난해한 축에 들지 몰라도, 사실 동물 세계에서 영감을 얻어 단순한 규칙을 끌어내는 경우는 그리 드물지 않다. 특히 흰개미나 벌 같은 사회성 곤충은 단순한 규칙을 도출하는 데 풍부한 원천이 된다. 이들 개체의 정신적·육체적 능력은 크게 제한되기 때문에 행동 범위가 단순한 규칙으로 제한되지만, 이들의 집단지성은 둥지를 찾거나 먼 곳으로 이주하는 등 복잡한 작업을 완수하기에 충분하다.[15] 예를 들어, 개미에게 배운 단순한 규칙의 산물을 수많은 가정에서 매일 볼 수 있다. 바퀴 달린 원반 모양의 진공청소기 룸바Roomba는 세계에서 가장 널리 팔린 로봇이다.[16] 룸바는 바닥을 인식하는 등 복잡한 계산을 할 필요 없이 개미가 먹이를 찾는 광경을 관찰해 알아낸 단순한 규칙을 따라 바닥을 청소하도록 설계됐다. 룸바가 따르는 상세한 규칙은 지적재산권 적용 대상이지만, 이 로봇의 움직임을 관찰하면 다음과 같은 것을 알 수 있다. 첫째, 물체에 부딪치면 방향을 바꾼다. 둘째, 구석에 몰리면 회전한다. 셋째, 전력이 거의 떨어지면 충전기로 돌아간다. 기술자들은 인지력이 제한된 곤충이 아주 오래전부터 해온 행동을 베껴, 미래의 가사도우미를 사람들의 거실에 데려다 놓았다.

타인의 경험이 자기와 핵심적인 측면에서 관계있을 경우에는 그로부터 교훈을 얻어 단순한 규칙을 만드는 것이 도움이 된다. 하지만 피상적인 면에 끌리면 유추가 유효한지 여부를 잘못 판단할 수 있다. 한 연구에서 외교학과 학생을 두 집단으로 나눠 작은 민주주의 국가와 큰 전체주의 국가 사이에 발생한 (가상의) 복잡한 국경선 분쟁에 대응할 정치 전략을 제안하도록 요청했다.[17] 두 집단에게 제공한 기본 상황은 똑같았지만, 첫 번째 집단에게는 사태에 개입한 미국 대통령이 뉴욕 출신이고 피난민이 화물차를 타고 탈출했다는 가상의 세부사항을 제공했다. 그러자 첫 번째 집단은 역사와 비교해보라는 요구를 받지 않았는데도 제2차 세계대전을 방불케 하는 공세적 군사행동을 옹호했다. 두 번째 집단에게 제공한 내용은 미국 대통령의 출신지가 텍사스로, 피난민의 탈출 수단이 작은 배로 바뀐 것 외에는 동일했다. 그 결과 두 번째 집단은 베트남전쟁에서 이끌어낸 교훈과 일맥상통하는 수세적·비군사적 조치를 제안하는 비율이 확연히 높았다. 각 집단이 제공받은 가상의 세부사항은 정치 전략을 선택하는 것과는 큰 관계가 없는 사실이었지만, 참여자들이 적용한 유추는 이러한 세부사항에 쉽게 흔들려서 크게 도움이 되지 않았다.

유추 같은 대리 경험은 두 상황의 중요한 특징이 동일할 경우 단순한 규칙을 만드는 데 유용한 출발점을 제공한다. 그런데 타인의 경험이 체계적인 과학적 근거라는 형태를 취한 경우도 많다. 이렇듯 근거의 질이 높고 신뢰도가 확고하다면 이를 정제해 단순한 규칙을 만들 수도 있다.

과학적 근거를 정제하기

이 책에서는 과학적 근거에서 도출한 단순한 규칙을 예로 들어왔다(불면증을 없애는 네 가지 규칙이나 우울증을 진단하는 단순한 규칙을 생각해보자). 독특한 관점으로 복잡한 현상을 관찰하고 특별한 방법론으로 진행한 다양한 연구들 덕분에 오랜 기간에 걸쳐 과학 지식이 축적됐다. 하지만 과학적 근거는 본질적으로 단순하지 않다. 연구 결과 도출되는 지식은 대부분 특정한 조건과 제약조건을 충족시킬 때만 유효하다. 이러한 과학 연구 결과를 수없이 살펴보고, 이를 정리해 연구 결과들의 공통점을 찾아내 그 결과를 단순한 규칙으로 정제해 단순한 규칙을 개발하는 방법이 있다. 예를 들어, 의사는 특정 질병을 진단하는 주먹구구 방식을 개발할 때 바로 이러한 정제 과정에 의지한다.

아동이 심각하게 감염됐는지 진단하는 방법을 찾아내는 것은 의학계에서 중요한 쟁점이다. 그런 감염 사례에 해당하는 경우는 소아과 의사가 진료하는 전체 아동 중 1퍼센트를 훨씬 밑돌 정도로 드물다.[18] 하지만 심각한 감염은 일단 발생할 경우, 일부 개발도상국에서는 아동 사망원인의 20퍼센트를 차지할 정도로 치명적 위험을 불러일으킨다. 특히 4세 미만 아동에게는 더욱 그렇다. 그런데 심각한 감염은 발생하는 일 자체가 드물 뿐만 아니라, 대부분의 아이들이 위험이 명확해질 만큼 증상이 심해지기 전에 병원에 오기 때문에 이를 진단해내기가 굉장히 어렵다.

최근 한 유럽 연구팀은 일반 의원에서도 아동의 심각한 감염 여부를 확인하는 데 사용할 수 있는 단순한 경계선 규칙을 개발하기 위해 그와 관련된 과학적 근거를 검토했다. 이들은 의학 자료를 탐색해 여기에 해당될 가능성이 있는 연구 1,860건을 추렸다. 그런 뒤 자기 팀이 정한 특정 문제와 관련이 있는 보고서를 선택했다. 이들은 1차 진료의가 사용할 수 있는 규칙이 필요했기 때문에 심각한 감염을 진단하는 규칙이 명시되고, 대상 환자가 어린이며, 수행자가 개발도상국의 일반의인 연구를 찾았다. 이런 선별 기준을 적용한 결과, 분석 대상에 오른 연구 보고서는 1,860건에서 255건으로 줄었다. 연구자들은 이 중 자신들의 연구 및 설계에 알맞은 품질을 확보한 것을 선별해 최종 분석 대상에 포함시킬 가치가 충분한 논문 36건을 선택했다. 이후 각각의 논문에 사용된 진단 규칙이 얼마나 정확하게 심각한 감염을 확진하거나 배제하는지 분석했다.

연구팀은 이처럼 수많은 과학적 근거를 체계적으로 정제해 1차 진료의가 심각한 특정 감염을 즉석에서 진단(또는 배제)하는 데 도움을 줄 만한 몇 가지 질 높은 규칙으로 요약했다. 경련, 의식 혼미, 가쁜 호흡, 모세혈관 내 혈액 재충전 속도 저하 등 심각한 감염을 알리는 신호로 믿을 만하다고 밝혀진 것이 규칙의 바탕이 됐다. 반면 아이가 웃는지, 피부색에 변화가 있는지 살펴보는 것은 의사들 사이에서 널리 활용되는 근거이지만 적절한 신호가 아니라고 판단돼 배제했다. 이런 지표는 지나치게 신뢰성이 떨어지기 때문이다. 연구 결과 정리된 몇 가지 규칙 덕분에 1차 진료의는 아이들의 생명을 위협하는 질병을 너무 늦지 않게 발견할 수 있게 되었다.

사용자가 비전문가일 경우 과학적 근거를 단순한 작업으로 정제하는 작업은 특히 유용하다. 캘리포니아 주는 1999년 해양생물을 보호하기 위해 해양보호구역을 설정하는 법안을 통과시켰다.[19] 과학자와 일반인으로 구성된 다섯 개 집단은 1,800킬로미터에 달하는 캘리포니아 주 해안선에 각자 보호구역을 설정했다. 구역을 설정하기 위해선 정밀한 과학이 필요했지만, 비전문가가 그 정도 수준의 과학을 지침으로 활용하기는 쉽지 않았다. 해양 생태계는 복잡하다. 종들의 상호 행동은 거의 알려져 있지 않고, 물고기 개체 수 등 핵심 변수는 측정하기 어렵다. 다행히도 이와 관련된 생태학 및 생물학 연구는 다양하다. 예를 들어, 한 연구에서는 이동 패턴과 수명이 각각 다른 물고기 여덟 종에 대해 해양보호구역의 효과를 검토했다.[20] 이 연구에서는 세 종류의 서식지(급경사, 암초, 완경사)를 관찰하고, 스쿠버다이버가 모은 자료를 반영한 끝에 포식자와 피식자 관계를 유의미한 수준으로 밝혀냈다.

이처럼 복잡한 연구를 통해 얻어낸 과학적 근거를 정제해 비전문가를 위한 지침을 만들려면 여러 연구 결과로 뒷받침되는 가장 공통적인 발견 사항을 강조해야 한다. 예컨대 수많은 연구 결과에 따르면, 암컷 물고기 성체는 몸집이 클수록 낳는 새끼 수가 기하급수적으로 많아진다. 과학자들은 이 같은 연구 결과를 기초로 생식 능력이 좋은 암컷의 이동 패턴과 관련된 단순한 규칙을 만들었다. '해양보호구역의 면적은 23~46제곱킬로미터여야 한다.' 이 규칙은 해양보호구역의 최적 넓이에 명확한 지침을 제공한다.

과학적 근거를 단순한 규칙으로 바꾸면 또 다른 이점이 있다. 과학자와 일반인의 대화가 가능해진다. 해양생태학자 역시 다른 과학자와 마찬가지로 자신이 발견한 사항의 한계를 인정하기 때문에 자기가 한 권고에 제약 조건을 달고 싶어 한다. 반면 과학적 토론에 익숙하지 않은 일반인은 진술이 명료하지 않으면 모호하다고 느낀다. 과학자가 가장 공통적인 발견 사항에 집중하면 조건을 달지 않고도 실용적인 조언을 제공하기 편해진다. 그리고 비과학자는 자신이 원하던 대로 명료한 행동 수칙을 얻을 수 있다.

양질의 근거가 충분히 존재하고, 이해관계자의 시각이 비슷할 때는 근거를 정제하는 방식이 뛰어난 효과를 낸다. 하지만 개인이나 조직의 목표가 각각 다르거나, 가치관이 상충되거나, 정답이 없는 상황도 존재하게 마련이다. 이러한 상황에서는 협상을 통해 합의해서 단순한 규칙을 만들어야 한다.

협상을 통한 합의

이 책의 저자 중 한 명(도널드)은 2008년 런던경영대학원 최고경영자 과정을 총괄하면서 예기치 않게 일련의 단순한 규칙을 만들어냈다. 최고경영자 과정이 올리는 수입 5,000만 달러는 상장 기업과 비교하면 적은 돈일지 몰라도 학교로선 전체 현금 수입의 절반에 이르는 규모다. 도널드가 총괄 담당자로 부임할 당시 최고경영자 과정은 작은 규모에도 불구하고 작지 않은 문제에 직면해 있었다. 〈파이낸셜 타임스Financial Times〉가 발표한 순위에 따르면, 3년간의 비교대상 과정에서 순위가 8위에서 19위로 떨어졌고, 심각한 적자가 빚어질 것으로 예상됐다.

수입 중 절반은 보통 1주일짜리 공개 강의 프로그램 50개에서 창출됐다. 이들 프로그램은 넉넉지 않은 교수진, 강의실, 홍보 자원을 두고 서로 경쟁했다. 빠르게 분석해본 결과, 전체 이익의 94퍼센트는 상위 10개 프로그램에서 나왔고, 하위 10개 프로그램은 적자였으며, 그 사이에 있는 30개 프로그램은 본전치기였다. 프로그램 간의 내용이 중복된 경우도 상당했고, 수강생들의 평점이 그다지 좋지 않은 경우도 많았다. 해야 할 일이 무엇인지는 경영학 교수가 아니더라도 확실히 알 수 있었다. 가지를 쳐내야 했다. 문제는 '어떻게'였다. 교수진은 마치 부모가 자랑스러운 맏이를 볼 때 지닐 법한 수준의 객관성을 가지고 자기 프로그램을 평가했다. 도널드는 CEO가 아니라 동료 교수였기 때문에 당근(성과급이나 주식 옵션)도 채찍(좌천)도 사용할 수 없었다.

정치적 교착 상태를 뛰어넘는 핵심은 토론의 주제를 '우리가 어떤 프로그램을 운영해야 하는가?'가 아니라 '어떤 프로그램을 운영할지 결정할 때 우리는 어떤 단순한 규칙을 적용해야 하는가?'로 옮기는 데 있었다. 최고경영자 과정 팀은 교수들을 만나 재정 상황과 등급 하락 문제를 설명하고, 프로그램 구성을 조정하는 데 어떤 지침을 제안할 것인지 물었다. 담당 팀은 자신들의 목표가 모든 프로그램에 적용될 일반적인 규칙을 찾는 데 있다고 강조했다. 교수들은 서로 논쟁을 벌인 결과, 다양한 상황에 적용할 수 있는 확고한 몇 가지 규칙에 합의했다. 첫째, 연간 수익 기준을 충족해야 한다. 둘째, 1주일 과정을 매년 두 번 이상 개설해야 한다. 셋째, 수강생 만족도 기준을 충족해야 한다. 넷째, 다른 프로그램과의 중복을 피해야 한다.

최고경영자 과정 팀은 이 네 가지 규칙을 적용해 어떤 프로그램을 추가하고 육성하고 축소할지 결정했다. 그 결과, 포트폴리오에 포함된 과정 수는 크게 줄어들었지만 수익은 2년 만에 25퍼센트 성장했고 순이익은 72퍼센트 늘어났다. 2012년 도널드가 퇴임할 무렵 공개강의 프로그램은 〈파이낸셜 타임스〉 발표 기준 8위를 회복했다. 물론 자기가 담당하는 프로그램이 폐쇄된 교수가 기뻐할 리는 없었다. 하지만 규칙을 협상하는 데 적극적으로 참여했으므로 변화에 반대할 가능성은 낮았다.

이 사례에서 보듯 상급 기관에서 분쟁을 해결하기 힘들거나 불가능할 때는 협상을 통해 단순한 규칙을 만드는 방법이 특히 유용하다. 노벨상을 수상한 경제학자 제임스 뷰캐넌James Buchanan의 주장에 따르면, 이해관계가 상충될 경우 이해관계자들은 특정한 판단('이 특정 프로그램을 없애야 하는가?' 등)을 놓고 논쟁하기에 앞서 협상을 통해 (최고경영자 과정의 규칙 같은) 판단 규칙을 만드는 편이 훨씬 효과적이다.[21] 일련의 규칙이 합의됐다면 논쟁을 초래하는 쟁점을 명확하게 해결할 틀도 만들어지는 셈이다. 미래에 대한 판단을 내릴 때, 지침이 될 만한 규칙을 협상할 때 이해관계자들은 상황이 어떻게 돌아갈지, 그리고 자기가 어떤 이익을 얻을지 완벽하게 예측할 수 없다. 이들은 모든 사태를 예측할 수 없으므로 폭넓은 이해관계자가 인정하는 일반적인 규칙에 의견을 모으게 되고, 이에 따른 선택 역시 공정하다고 평가할 가능성이 높다.

상급 기관이 있더라도 이해관계자가 여럿이거나 가치관이 상충되거나 사실 확인이 힘든 경우에는 협상이라는 접근법이 유용하다. 미국 해양대기청National Oceanic and Atmospheric Agency, NOAA이 남부범고래southern resident killer whale 관찰 규칙을 결정할 때 직면한 상황이 바로 그랬다. 범고래는 다양한 고래 중에서도 가장 큰 종으로, 전 지구상에서 강력한 포식자로 손꼽힌다. 범고래는 무리 지어 암컷 하나가 인도하는 대로 아이슬란드나 남극처럼 멀리 떨어진 한랭 해역까지 돌아다니곤 한다. 이 중 남부범고래는 밴쿠버 섬과 워싱턴 주 사이에 있는 다도해인 세일리시해Salish Sea에 서식하는 범고래 집단이다.[22] 문화적 상징이며 관광 산업 번영의 중심에 있는 남부범고래는 2005년 멸종위기종으로 선정됐다.

제도로 따지면 NOAA에 남부범고래 관찰 규칙을 만들고 강제할 권한이 있지만, 그렇게 하기에는 두 가지 문제가 있었다. 첫째, 경제학적·과학적 논란이 있었다.[23] 남부범고래가 줄어드는 원인은 전반적으로는 확인됐지만 세부적으로는 그렇지 않았다. 주요 먹이인 왕연어Chinook salmon의 개체 수가 계속 줄어들었지만, 그렇다고 남부범고래가 영양 결핍 상태인지는 불분명했다.[24] 남부범고래는 체내에 중금속이 많이 축적돼 있지만 공해가 이들의 건강에 얼마나 피해를 미치는지는 알려지지 않았다. 선박 운행 역시 남부범고래에게 큰 피해를 줬다. 보통 여름날 오후가 되면 60척에 이르는 유료 고래 관찰선과 개인용 선박뿐만 아니라 카약 무리까지도 남부범고래를 추적해 관찰하려고 했다. 물 위에서 벌어지는 몸싸움과 물 안에서 들리는 엔진 소음은 사냥하는 남부범고래에게 분명 방해가 되겠지만, 과연 남부범고래가 얼마나 많은 수의 선박을 참아낼 수 있는지는 알 수 없었다.

둘째, NOAA는 다양한 이해관계자들과 접촉해야 했다. 미국과 캐나다 국적인 유료 고래 관찰선 약 80대의 소유주들은 마치 합창단 같았다. 독립심이 강한 이들 소유주는 다양한 의견을 냈지만, 진짜 문제는 연어 감소라는 데 한 목소리를 냈다. 개인용 선박 소유자는 낚시 장소를 제한할 가능성이 있는 규정이라면 무엇이든 격렬히 반발했고, 카약 탑승자들은 왜 자기들이 규제 대상이 되어야 하는지 의아해했다. 환경단체 하나는 모든 선박의 고래 관찰을 금지하는 방안을 지지했다. 남부범고래가 출입국 심사에는 아랑곳하지 않고 미국과 캐나다를 자유롭게 돌아다닌다는 사실 역시 문제를 복잡하게 만들었다.

NOAA는 고래 관찰 규칙을 만들기 위한 접근법으로 협상을 채택했다. NOAA는 규정을 만들 필요가 있다고 판단한 후 규정 초안을 발표했다. NOAA는 남부범고래의 건강뿐만 아니라 경제적 영향도 고려해야 했다(NOAA는 미국 상무부 산하 기관이다). NOAA는 해안에서부터 16킬로미터 이상 떨어진 지역에 항해 금지령을 내리는 것부터 선박 속도와

카약의 접근을 규제하는 것까지 다양한 방법을 고려했다. 여기에는 사운드워치Soundwatch(세일리시 해를 돌아다니며 자연에 해가 될 행동을 하는 선박을 교육하는 일종의 환경 경비대—옮긴이) 프로그램을 통해 바다 위에서 선박 탑승자에게 정보를 제공하고 선박과 카약 자료를 분석해 NOAA에 제출하며 고래 관찰 산업을 교육 수단 차원에서 지원하는 고래박물관Whale Museum이 핵심 역할을 했다. NOAA는 시민들로부터 더 많은 의견을 수렴해 고래의 보호와 공적 활용 사이에서 균형을 잡는 대안을 만들어 나갔다.

NOAA는 마침내 이해하고 실행하기가 굉장히 쉬우며, 남부범고래 돕기라는 목표를 달성할 수 있는 단 하나의 고래 보호 규칙을 확립했다. 모든 배는 고래로부터 200미터 이상, 고래의 이동 경로로부터 400미터 이상 떨어져 있어야 한다는 것이다.[25] 이 규칙은 완벽하지 않은 과학적·경제적 분석에 기초를 두며 이해관계자 모두에게 이상적이지도 않지만, 협상 과정을 거친 덕분에 준수될 가능성이 높아졌다.

지금까지 단순한 규칙을 만드는 다양한 방법을 살펴보았다. 이제는 더 좋은 단순한 규칙을 체계적으로 만들어내는 과정을 짚어볼 것이다. 우선 이 과정이 경영에 어떤 도움을 주는지 살펴보고, 그다음에는 개인이 규칙을 만드는 과정을 활용해 일상에서 겪는 어려움을 해결할 방법에 대해 알아볼 것이다.

Simple

Chapter 05

단순한 전략 규칙

Chapter

05

스물네 살에 불과한 나이에 동생, 대학 동창과 함께 이토로eToro를 창업한 요니 아시아Yoni Assia의 핏줄에는 소프트웨어의 피가 흘렀다.[1] 그의 부친 데이비드는 이스라엘 소프트웨어업체로는 최초로 나스닥NASDAQ에 상장한 회사의 공동창업자다. 2007년 170만 달러를 모은 이토로는 달러와 유로 같은 통화들이 서로 줄다리기를 벌이는 화면에서 외환 거래를 할 수 있는 웹 기반 플랫폼을 출시했다. 이 플랫폼은 게임 같은 인터페이스 덕분에 초보자에게는 매력적으로 보일지 몰라도 노련한 투자자에게 필요한 기능은 부족했다. 이토로 창업자들 역시 이 같은 사실을 깨달았다. 이토로는 2년 후 개선된 플랫폼을 내놓았지만, 기존 인기 제품의 아류작 정도로 간주되는 바람에 이번에도 역시 노련한 투자자들을 사로잡지 못했다.

창업자들은 여기에 흔들리지 않고 이토로를 경쟁 상품과 차별화할 방법을 탐색한 끝에 결국 예상치 못한 곳에서 답을 찾아냈다. 이토로의 거래 플랫폼에는 투자자들이 서로 묻고 답하며 실시간으로 정보를 교환할 수 있는 온라인 채팅 기능이 있었다. 창업자들은 별 수고가 들지 않는 작업이라 그 기능을 넣었을 뿐, 투자자들이 채팅의 다른 용도를 찾아낼 거라고는 생각도 하지 못했다. 그러다가 나중에 적극적으로 매매하지 않는 사용자들조차 채팅 기능을 자주 사용한다는 사실을 알게 된 이들은 크게 놀랐다. 이에 흥미를 느낀 요니는, 거래는 전혀 하지 않지만 채팅 기능은 자주 쓰는 회원과 얘기해보기로 결정했다. 요니가 면담을 통해 알아낸 사실은, 이토로 회원은 대부분 초보 투자자라 투자하는데 자신감이 없기 때문에 노련한 투자자에게 외환 시장에 대해 배우고 싶어 한다는 것이었다. 요니는 이런 통찰을 바탕으로 투자자들을 연결하는 네트워크를 만들기로 결정하고, 이를 '거래의 페이스북Facebook'으로 발전시키자는 비전을 설정했다.

이토로는 이 같은 비전을 현실화하기 위해 사용자가 자기 투자 전략을 설명하고, 조언을 주고받으며, 투자 결과를 비교하고, 다른 사람의 투자 내역을 참조하거나, 아예 실시간으로 베낄 수 있는 투자 소셜 네트워크 오픈북OpenBook을 출시했다. 오픈북에서는 각 투자자의 총수익, 승률(수익을 낸 거래 비율), 투자 내역, 추종자 수 순위표를 확인할 수 있었다. 또한 이토로는 따라 하고 싶은 투자자가 있다면 클릭 한 번으로 그의 투자 결정을 실시간으로 모방할 수 있는 기능도 선보였다. 최근 3개월 동안 수익을 내고 '모방자copier'를 열 명 이상 거느린 투자자는 이토로의 '인기 투자자Popular Investors' 자격에 지원할 수 있고, 승인받으면 투자 실적과 모방자 수에 따라 상금을 받았다.

2011년 말까지 요니는 수백만 달러에 이르는 은행 잔액, 직원 200명, 사용자 100만 명 이상이라는 성과를 일궈냈다. 그는 노련한 경영자가 되기까지 앞으로 어떤 난관을 이겨내야 할지 굉장히 궁금했지만, 대학을 졸업한 지 몇 년밖에 안 된 기업가이다 보니 이 질문에 답하기가 어려웠다. 이에 도움을 받기 위해 요니는 규모가 일정 수준 이상인 조직을 경영하는 전 세계 45세 이하 실업가들의 모임인 '젊은경영인협회Young Presidents' Organization, YPO'의 동료 회원에게 시선을 돌렸다. YPO가 "비즈니스 리더들에게 있어 세계에서 가장 강력한 네트워크"라고 자처하는 근거는 명확하다. 2014년 현재 YPO에는 120개국 2만 명 이상의 회원이 있다. YPO 회원들은 모두 합쳐 6조 달러가 넘는 매출액을 올렸으며, 1,500만 명 이상의 직원을 관리하고 있다.[2] YPO에서 얻을 수 있는 경험의 핵심은 포럼Forum 활동이다. 포럼은 회원 8~10명이 주최하는데, 동질 집단이 참여해 각각 자신이 직면한 긴급 사안과 문제점을 논의하는 월간 회의다.

행동하며 단순한 규칙 배우기

요니 등 YPO 회원 11명은 런던경영대학원에서 단순한 규칙을 주제로 개설한 프로그램에 참석했다. 도널드는 학생 집단과 함께 만들고 운영하는 '단순한 규칙 학습 프로그램'에서, 학습을 행동연구와 접목해 현실의 문제를 해결하는 동시에 지식을 창출하는 접근법을 도입했다.[3] MIT에서 행동연구 분야를 개척한 사회심리학자 쿠르트 레빈Kurt Lewin에 따르면, 대상을 이해할 수 있는 가장 좋은 방법은 이를 바꾸려고 시도하는 것이다. 연구자라면 경기장 밖에 머물지 말고 안으로 뛰어들어 실제 문제를 해결하고, 그 과정에서 주기적으로 멈춰 심사숙고하며 배워야 한다. YPO 회원들은 자기 회사 경영진과 함께 런던으로 가서 각각 하루에서 이틀 정도 소요되는 세 가지 학습 과정에 참여했다. YPO 회원들은 강의실에서 단순한 규칙의 근본 이론을 공부하고, 이를 어떻게 자기 회사에 적용할지 토론했다. 이들은 한 과정이 끝나고 다음 과정이 시작되기 전까지 강의실 밖에서 MBA 수강생의 도움을 받으며 단순한 규칙을 발전시켰다.

요니 등 YPO 회원들은 어떻게 자신들의 광범위한 목표를 전략으로 탈바꿈시켜 직원들의 일상적인 행동을 형성하게 할 것인가라는 매우 중요한 문제에 도전했다. "거래의 페이스북"이 되고자 하는 소망을 갖는 것과, 목표를 달성하는 데 필요한 단계를 전 세계에서 일하는 수백 명의 직원이 계속 확실하게 밟도록 만드는 것은 전혀 다른 얘기다. 사실 자기 전략을 규정하고 적용하는 데 어려움을 겪는 사람은 YPO 회원뿐만이 아니다. 전 세계 CEO 400명 이상을 대상으로 한 최근 연구에 따르면, 전략 실행은 혁신이나 지정학적 불안정 같은 83개 쟁점을 제치고 가장 큰 문제로 꼽혔다.[4] 또 다른 연구에 따르면, 50개국 이상에 있는 조사 대상 조직 1,000개 중 거의 3분의 2가 전략을 실천하는 데 어려움을 겪었다고 밝혔다.[5] 사람들은 전략 도출과 실행이 서로 별개인 것처럼 생각한다. 우선 완벽한 계획을 만든 후, 이를 현실화하려고 노력한다는 얘기다. 이러한 접근법은 널리 사용되고 있지만, 이는 회사가 이루려는 목표와 직원이 일상에서 해야 할 일을 서로 단절시킬 뿐이다.

필자들이 보기에 전략과 실행은 동전의 양면 같아서 서로 나눌 수 없다. 필자들은 2001년 〈하버드 비즈니스 리뷰Harvard Business Review〉에 기고한 '단순한 규칙 전략Strategy as Simple Rules'에서 단순한 규칙 전략을 채택하면 조직 안에서 중요한 행동을 하거나 판단을 내릴 때 적용할 수 있는 지침을 얻게 되므로 전략적 의도와 일상 행동의 간극을 줄일 수 있다고 주장했다.[6] 조직은 단순한 규칙 전략의 융통성 덕분에 기회를 잡고, 자료와 시간이 부족할 때도 올바른 판단을 내리며, 조직 내 여러 부문의 행동을 조율해 공통된 목적을 달성할 수 있다. YPO 프로그램은 경영진과 기업가가 자기 회사에 맞는 단순한 규칙 전략을 개발해내도록 설계됐다.

2011년부터 2014년까지 네 번 진행된 단순한 규칙 프로그램에는 30개 이상의 회사가 참가했다. YPO 회원들이 폭넓게 참여했기 때문에 도널드는 산업, 사업 기간, 소유 구조, 위치 등 생각할 수 있는 모든 차원에서 다양한 회사들을 대상으로 단순한 규칙 전략을 시험할 수 있었다. 대상 회사 중 반은 유럽, 4분의 1은 북미, 나머지는 기타 지역에 분포했다. 사업 기간은 7~400년, 매출액은 1,000만~20억 달러, 직원 수는 100~1만 명에 이르렀다. 이토로 같은 기술 집약 스타트업, 독일 중견 제조기업, 대형 항공사 계열사, 런던 사모투자회사, 다국적 정유사 등이 대상 회사였다. 연구 결과는 단순한 규칙 전략이 다양한 조직의 성과를 개선한다는 주요 가설을 뒷받침했다. 이들 회사의 성과는 계속 나아졌으며, 채 몇 개월도 지나지 않아 놀라운 결과를 달성한 경우도 많았다.

도널드는 YPO 회원 집단에 계속 단순한 규칙 전략을 적용하며 무엇이 효과를 냈고 무엇이 효과를 내지 못했는지 학습한 후, 여기에서 얻은 통찰을 다음 3단계 절차로 정리했다.

1. 계기판을 움직일 만한 요소를 찾아낸다.
2. 병목을 찾아낸다.
3. 규칙을 만든다.

필자들은 회사와 함께 일할 때 우선 경영진이 이익을 늘리기 위해 어떻게 계획을 세우는지 파악한다. 필자들은 수익을 알려주는 위쪽 계기판과 비용을 나타내는 아래쪽 계기판에 각각 나타나는 숫자의 차이가 회사의 이익과 같다고 상상해보라고 권한다.

첫 번째 단계는 수익과 비용의 차이를 벌려 이익을 늘리고, 이익을 계속 유지할 수 있는 중요한 선택을 찾아내는 것이다. 두 번째 단계는 회사가 수익성을 개선하지 못하게 막는 판단이나 행동, 즉 병목을 찾아내는 것이다. 마지막 단계는 병목에 적용해 수익성을 개선하는 일련의 단순한 규칙을 만드는 것이다.

관리자는 주저 없이 바로 규칙을 만들어내고 싶은 유혹을 느낄 테지만, 진정 전략적이고 수익성 향상을 이끌어낼 수 있는 단순한 규칙을 만들려면 앞의 두 단계를 거쳐야 한다. 필자들은 이 과정을 통해 절차를 간소화하는 방법도 알아냈다. 최근 과정에 참여한 YPO 회원들은 영향을 주는 요소를 찾는 데서부터 자신이 만든 단순한 규칙을 시험하기까지 총 12주를 흥미진진하게 보냈다. 이 장에서는 세 가지 단계를 설명하는 데 그치지 않고, 자신의 조직에 단순한 규칙 전략을 적용할 때 도움이 될 실용적 정보를 공유할 것이다.

계기판을 움직일 요소 찾기

도널드는 처음 이 프로그램을 시작했을 때, YPO 회원들은 자기 회사가 달성하려는 목표를 명확하게 이해했을 것이며, 따라서 바로 단순한 규칙 전략 개발에 착수하면 될 것이라고 생각했다. 하지만 실상은 그렇지 않았다. 회사의 목표를 완벽하게 이해한 사람은 거의 없었다. 최고경영진 사이에서도 회사가 성공을 거두는 데 가장 중요한 것이 무엇인지 의견이 일치하지 않았다. 런던에서 전문서비스 회사를 운영하는 YPO 회원 하나는 월간 경영진 회의를 개최할 때마다 모두 함께 회사의 핵심 목표들을 소리 내어 말하게 했다. 그녀가 직원들을 대상으로 조사한 결과, 관리자의 80퍼센트 이상이 핵심 목표를 안다고 말했지만 이를 우선순위대로 나열해보라고했을 때 회사의 가장 중요한 목표 다섯 가지 중 두 개 이상 댄 사람은 3분의 1 이하에 그쳤다. 이 사례가 예외적인 것은 아니다. 도널드와 동료 레베카 홈크스Rebecca Homkes는 전 세계의 250개가 넘는 회사의 관리자들을 조사했다. 향후 몇 년 동안 회사에 가장 중요한 사항을 꼽아보라고 요청했을 때 중요한 목표를 하나라도 댄 관리자는 이 중 절반밖에 되지 않았다.[7]

경영자가 회사의 목표를 명확하게 이해하지 못하면 어떤 규칙을 정해야 하는지는 고사하고, 어디에 단순한 규칙을 적용해야 하는지도 알아내기 어렵다. YPO 회원들이 가장 중요한 것을 찾도록 돕기 위해 도널드는 입문 과정(전략학 개론쯤 된다)을 개설해 단순한 규칙 전략과 관련된 기본 사항과 이를 적용하기에 적합한 분야를 설명했다. 전략의 기본은 회사의 궁극적인 목표가 오랫동안 경제적 가치를 창출하고, 이를 이익으로 바꾸는 것에 있음을 명확하게 제시하는 데 있다. 경제적 가치는 고객이 하나의 제품에 지불하려는 가격과 이를 생산하는 데 필요한 모든 투입비용의 차이로 정의된다.[8] 지불하려는 가격이 수익이나 판매가격 같은 대안보다 나은 기준이 되는 이유는, 분석 대상을 고객의 관점에 고정해 고객이 가치를 두는 부분이 어디고 대책은 무엇인지 생각하도록 관리자를 강제하기 때문이다. 경제적 가치를 창출하는 데 (그리고 이를 경쟁자로부터 보호하는 데) 성공한 회사는 미래에 이익과 현금 수익을 창출해 회사 전략의 궁극적 목표를 달성하게 된다. 시장점유율, 매출액 성장률, 고객만족도 같은 성공 척도는 수익성 있는 성장으로 가는 과정에서 유용한 지표 역할을 한다.

경제적 가치 창출은 관리자가 가장 중요한 대상에 집중하게 하는 강력한 렌즈이지만, 그 개념이 약간 추상적이다. 가치 창출을 눈앞에 그릴 수 있는 실용적인 방법은 위아래로 배치된 두 개의 계기판을 떠올리는 것이다. 위쪽 계기판은 회사의 고객이 지불하려는 가격을 나타낸다. 따라서 대상이 현대차일 때보다 아우디일 때 그 숫자가 더 클 것이다. 아래쪽 계기판은 제품을 만드는 데 드는 비용(위험 요소를 조정한 자본비용까지 포함한다)을 나타낸다. 이케아Ikea는 조립되지 않은 가구를 휑한 창고에서 판매하기 때문에 비용 계기판에 나타나는 숫자가 대부분의 경쟁자보다 낮게 유지된다. 이 두 계기판 숫자의 차이가 바로 기업이 창출하는 경제적 가치다.

여기에서 중요한 문제가 등장한다. 계기판의 숫자를 움직이는 것은 무엇일까? 숫자를 변하게 만드는 전술적 행동은 수도 없이 많다. 예를 들어, 광고 활동은 고객의 지불 의사를 잠시 끌어올린다. 자재의 품질을 낮추면 비용이 약간 줄어들 수도 있다. 하지만 유의미한 수준으로 고객의 지불 의사를 높이고, 비용을 줄여 결과를 개선하고, 이를 오랫동안 유지할 수 있는 행동은 많지 않다. 관리자가 숫자를 움직이는 방법에 집중하다 보면 지엽적 고려 사항은 건너뛰고 근본적 가치를 창출할 수 있는 요소를 갈고닦을 수단을 찾게 된다. 예를 들어, 요니와 팀원들은 무엇이 이토로의 바늘을 움직일지 심도 있게 이야기를 나눈 끝에 '인기 투자자' 수를 늘리는 것이 중요하다는 데 빠르게 의견을 모았다. 성공을 거둔 투자자들은 자기만 매매하는 것이 아니라 자신을 추종하거나 따라하는 사람들의 매매하려는 욕구를 (그리고 이와 관련된 거래 수수료를) 높였다. 게다가 투자 조언을 제공할 외부 전문가를 고용하기보다는 이토로의 기존 회원이 견해를 공유하도록 하는 편이 더 경제적이기도 했다.

무엇이 계기판을 움직일지 알 수 있는 또 다른 예로 세계적으로 역사가 오래되기로 손꼽히는 제품인 콘크리트에 혁명을 일으키려 하는 YPO 회원 야니스 오슬레이스Janis Oslejs가 있다.[9] 야니스가 1997년 창업한 프리멕스Primekss는 (볼보Volvo 공장이나 이케아 매장 같은) 대형 건축물의 바닥을 시공하는 데 특화한 건설사다. 회사 영업망은 창업 후 10년도 안 되어 북유럽 전체로 확장됐다. 사업을 확장하던 야니스는 쉽게 금이 가고, 필요 강도를 맞추려면 두껍게 시공해야 하며, 환경에 매우 좋지 않은 영향을 끼치는 기존 콘크리트에 점점 더 불만을 느끼게 됐다. 콘크리트를 굳히는 원료인 시멘트 생산 과정은 인위적 이산화탄소 배출원 중 배출량 기준으로 세 번째를 차지한다. 대안을 찾던 야니스는 콘크리트가 고대부터 쓰였으며(고대 이집트인의 발명품이다) 1인당 소비량이 물에 이어 2위를 차지할 정도로 널리 사용되고 있다는 사실을 알게 됐다.[10] 하지만 시멘트에서 혁신의 방법을 찾아내기는 힘들었다. 야니스는 콘크리트의 대안을 찾는 데 완전히 실패한 후 콘크리트 자체를 개선하기로 마음먹고, 연구자를 고용해 팀을 구성하고 대학과 산학 협력 관계를 맺었다. 야니스는 좋은 방안을 찾으려고 옛 문헌을 뒤적이다가 로마시대 기술자들이 콘크리트에 말총을 넣어 강도를 높이고 동물 피를 섞어 낮은 기온에서도 잘 버티도록 했다는 사실을 알게 됐다. 프리멕스가 개발해 독점 판매하는 강화콘크리트는 콘크리트에 (현대판 말총인) 강섬유를 넣어 시멘트를 덜 쓰고 균열을 방지한다. 게다가 이 제품은 생산 과정에서 배출되는 이산화탄소의 양이 기존 제품의 절반에 불과했다.

야니스는 단순한 규칙 프로그램에 참여할 무렵, 회사가 추구해야 할 방향에 대해 최고경영진의 의견이 갈려 그의 표현대로 "약하게나마 계속되는 좌절의 원천"이 되는 것은 아닌지 걱정했다. 한 진영은 회사가 기존 인력과 명성을 활용해 스칸디나비아반도에 존재하는 현재 고객에게 우수한 서비스를 제공하고, 이들에게 다양한 제품을 판매함으로써 성장해야 한다고 생각했다. 다른 파벌은 프리멕스가 전통적인 도급건설 사업에서 벗어나 자사의 혁신적인 콘크리트 생산에 대한 허가를 내주고 전 세계로 판매망을 넓혀야 한다고 주장했다. 두 가지 대안 모두 확고한 지지자층이 있었다. 문제는 한정된 현금, 인력, 경영관리 능력이었다. 두 진영은 프리멕스를 동시에 서로 다른 방향으로 끌어당겼다. 이처럼 YPO 회원사 중에는 회사 목표에 근본적으로 이견이 있어 직원들을 혼란에 빠뜨리고 희소한 자원을 낭비해 어려움을 겪는 곳이 많았다. 특히 획기적인 제품을 개발한 덕분에 새로운 가능성을 갖게 된 프리멕스 같은 회사나 시장의 상황이 변화해 옛 경쟁 방식을 지속하기 힘들게 된 회사에서 이러한 의견 충돌이 더욱 잦았다.

야니스는 무엇이 회사의 계기판을 움직이는지 알아내기 위해 고위 경영진, 이사, 투자자, 자회사 관리자 등 이해관계자 18명을 소집했다. 회의 결론에 따르면, 기존 고객은 추가 공사 서비스를 제공받아도 돈을 더 지불하지 않을 것으로 예상됐다. 그렇다고 프리멕스가 경쟁자보다 낮은 비용으로 이들에게 서비스를 제공할 수도 없었다. 반면 프리멕스가 개발한 혁신적 콘크리트라면 돈을 더 주고 살 잠재 구매자가 전 세계 어디에나 있었다. 야니스와 팀은 회사가 특허를 낸 콘크리트를 세계 각지에 있는 건설사와 제휴해 판매하기로 전략을 정했다. 프리멕스 직원들은 새로 설정한 방향을 이해했지만 그렇다고 모두가 여기에 동의

한 것은 아니었다. 영업팀원 중 몇 명은 새로운 접근법이 프리멕스를 잘못된 방향으로 이끌 것이라며 강력하게 반발하다가 결국 퇴사했다. 하지만 남은 사람들은 회사가 달성하려는 목표를 명확하게 이해하고 이를 실현하려고 노력했다.

도널드는 단순한 규칙 프로그램을 개설한 후 4년 동안 YPO 회원들이 계기판을 움직이는 요소를 알아낼 수 있도록 돕는 여러 가지 방법을 실험했다. 그중 몇 가지 활동은 특히 효과가 좋았다. 그는 경영진이 한데 모여 회사가 경제적 가치를 창출하는 데 있어 중요한 세 가지 물음에 답하도록 했다.

1. 우리 회사는 누구를 고객으로 설정할 것인가?
2. 우리 회사는 어떤 제품이나 서비스를 제공할 것인가?
3. 우리 회사는 이 제품이나 서비스를 제공해 어떻게 이익을 낼 것인가?[11]

모든 고객이 돈을 더 지불하지는 않을 (또는 못할) 것이다. 예를 들어, 공사 계약은 콘크리트의 질이나 탄소발자국carbon footprint(특정 행동으로 생성되는 이산화탄소의 양을 나타내는 말—옮긴이)과 상관없이 최저가 입찰자에게 돌아가는 경우가 대부분이다. 게다가 거리가 멀고 기반시설도 열악한 장소로 콘크리트를 실어 나르려면 비용이 엄청나게 많이 드는 것처럼, 어떤 고객에게는 서비스를 제공하는 데 더 많은 비용이 든다. 같은 논리가 제품에도 적용된다. 한 회사의 모든 제품을 높은 가격에 팔거나 경쟁사의 제품보다 싸게 생산할 수는 없다. 따라서 어떤 고객을 상대하지 않을 것이냐, 어떤 제품을 제공하지 않을 것이냐 하는 선택도 마찬가지로 중요하다. 매출을 늘리려고 노력하는 회사는 매력적이지 않은 고객을 쫓아다니거나 이익이 남지 않더라도 제품을 팔려는 유혹을 항상 받는다. '누구를'과 '무엇을'을 명확하게 규정하면 관리자가 이익이 되지 않는 일을 쫓고 싶은 유혹을 떨치고, 가장 많은 가치를 창출할 제품과 고객을 조합하려고 집중하는 데 도움이 된다. 세 번째 물음은 어떻게 해서 회사가 제품을 공급하고 경쟁자로부터 자신의 지위를 지켜내느냐 하는 것이다. 프리멕스는 핵심 시장에서 최고의 가맹 협력사를 지켜냄으로써 자사 콘크리트를 전 세계에 판매하고, 잠재적인 경쟁자가 시장에 들어오기 힘들게 만들었다.

'누구를·무엇을·어떻게'라는 판단 틀은 다양한 환경에 적용할 수 있는 다목적 도구다. 예를 들어, 프라하에 본사를 둔 고급 음식점 및 출장 연회 서비스 회사인 자티시 그룹Zatisi Group을 생각해보자.[12] 산지브 수리Sanjiv Suri가 1991년에 개장한 와인바 브 자티시V Zatisi는 체코슬로바키아 공산 정권이 붕괴된 후 프라하에서 처음으로 등장한 고급 레스토랑이다. 이후 산지브는 다른 레스토랑을 개업했고(프라하 최고의 레스토랑 열 개 중 세 개가 자티시그룹 소속이다), 출장 연회 서비스와 급식 사업에도 진출했다.[13] 그룹의 급식 사업이 수익성을 확보하며 성장하기에 가장 유망한 기회라고 판단한 산지브는 요리사와 급식 사업 관리자로 팀을 만들어 단순한 규칙 전략을 개발했다. 이들 팀은 더 나은 서비스를 받기 위해 더 많은 돈을 낼 만한 고객을 찾아내는 데서부터 일을 시작했다.

이들은 '누구를' 문제에 대해 규모가 크고 혁신적인 회사(예를 들어, 프라하 고객 중에는 구글이 있다)와, 교직원과 학생이 대충 끼니를 때우기보다 제대로 된 식사를 하기 바라는 학교를 대상으로 결정했다. 관련 작업을 진행한 끝에 '무엇을'은 건강하고 균형 잡힌 식생활을 뒷받침하는 음식으로, '어떻게'는 신선한 자연 재료를 가지고 즉석에서 맛있는 음식을 만드는 것으로 정의했다.

단순한 규칙 전략을 개발하려면 우선 무엇이 계기판을 움직이는지 명확하게 알아야 한다. 앞으로 취할 태도를 정의하려면 '누구를·무엇을·어떻게'를 확고하게 결정해야 한다. 예컨대 야니스는 북유럽 도급업자로 남기보다는 전 세계 제휴사를 통해 혁신적인 콘크리트를 팔기로 결정했고, 산지브는 신선한 재료를 사용한 건강한 음식이라는 대안을 제공해 자티시그룹을 차별화하기로 마음먹었다. 자기가 무슨 경기를 하려는지 알더라도 경기에서 이기려면 역시 전략이 필요하다. 바로 이때 단순한 규칙이 중요해진다. 단순한 규칙을 중요한 병목에 적용하면 가치 창출에 관한 통찰을 조직의 핵심에 단단히 뿌리내리고, 회사에서 일어나는 가장 중요한 행동을 일상적인 수준에서부터 다듬을 수 있다.

병목 찾아내기

단순한 규칙이 가장 큰 영향을 끼칠 판단이나 행동을 정확하게 짚어냈다면 단순한 규칙 전략을 적용하는 전쟁에서 반은 이겼다고 할 수 있다. 이 과정에서 부딪히는 **병목**이라는 용어는 회사 계기판의 숫자를 움직이지 않게 만드는 특정 판단이나 행동을 가리킨다. 예를 들어, 이토로의 핵심 병목은 추종자와 모방자를 많이 끌어올 수 있는 '인기 투자자'의 부족이었다. 원래 병목은 전체 체계의 성과를 제한하는 부분을 가리키는 공학 용어다. 자동차 조립 공정에 비유하면, 가장 속도가 느린 단계가 바로 전체 생산 절차의 속도를 결정하는 병목이다.

관심을 가장 집중해야 할 병목의 특성으로는 세 가지가 있다. 첫째, 가치 창출에 직접적이고 현저한 영향을 끼친다. 계기판을 움직이는 요소가 회사마다 다르듯, 병목도 회사마다 다르다. 예를 들어, 런던 사모투자회사 콜러 캐피털Coller Capital은 입사 지원자 선별 과정이 병목이라고 판단했지만, 독일과 폴란드에서 철 골조를 생산하는 필리그란 트래거시스템Filigran Trägersysteme은 매달 내려야 할 철 구매 관련 판단을 병목으로 꼽았다. 둘째, 선택된 병목은 (일회성 판단이 아니라) 반복되는 판단이어야 관련 규칙을 여러 번 시험하고 조정하고 활용할 수 있다. 프리멕스의 경우, 제휴사를 선택하는 것은 단순한 규칙을 적용하기에 적합한 후보이지만(그리고 실제로도 그렇게 적용됐다), 도급공사 사업을 접고 자사의 혁신적인 제품 생산 허가를 내주느냐 하는 일회성 판단은 단순한 규칙 적용 대상이 아니다. 마지막으로, 용어에서 연상할 수 있듯 병목은 활용 가능한 자원보다 기회가 많을 때 생긴다. 인수합병, 신제품 개발, 예산 수립, 신규 시장 진입 등이 그 예다.

단순한 규칙을 적용해 개선할 수 있는 행동이나 판단은 어떤 조직에든 수십 가지 정도는 있지만, 그중에서 단순한 규칙이 도움을 줄 수 있는 단 하나의 병목을 선정해야 한다. 한 독일 제조 기업은 제품의 질이 높아지면 고객의 지불 의사도 높아질 것이라고 판단했다. 이 회사는 필자들의 조언을 무시하고, 품질에 영향을 줄 가능성이 있다면 조직 안 어디에서 벌어지는 어떤 행동이든 모두 대상으로 하는 광범위한 일련의 원칙을 개발했다. 그 결과 만들어진 규칙들(예컨대 '품질 향상 모범 사례를 발견하면 포상한다' 혹은 '지키지 못할 약속은 하지 않는다' 등)은 지나치게 추상적이라서 특정 행동이나 판단에 유용한 지침을 주지 못했기 때문에 대부분의 직원들에게 무시당했다. 반면, 단 하나의 중요한 병목에 집중하면 성과를 거둘 수 있다. 이토로는 '인기 투자자'를 육성하는 절차에 집중함으로써 이들의 수는 2년 만에 거의 세 배로 증가했으며, 같은 기간 동안 가장 인기 있는 투자자를 추종하는 사람 수는 50배로 늘어났다.[14]

일단 선택하고 나면 병목이 확실하게 보이지만, 대부분의 관리자가 여러 행동 중 하나를 선택하는 것을 어려워한다. 이때 '누구를·무엇을·어떻게' 중 '어떻게'는 올바른 방향을 알려주는 좋은 출발점이 된다. 예를 들어, 자티시 팀은 '어떻게'를 "신선한 자연 재료로 즉석에서 맛있는 음식을 만드는 것"으로 정의했으며, 이에 따라 병목은 식단 선정이 됐다. 예전 급식 식당에서는 어떤 요리를 제공할지, 언제 메뉴를 결정할지를 전적으로 요리사에게 의지했다. 전년도 식단을 검토한 팀은 요리사들이 만든 요리가 모두 합쳐 1,000가지나 된다는 사실에 놀랐다.

요리사들은 제철이 아니거나 해당 지역에서 구할 수 없는 재료가 들어가는 요리를 선택하기도 했다. 예를 들어, 토마토는 가격이 가장 비싸면서 신선도가 떨어지는 겨울철에 주로 쓰였다. 요리사들은 보통 몇 주 전에 메뉴를 정하기 때문에 신선하고 가격이 싼 재료를 사용하기 힘들었다. 게다가 요리사들이 다른 식당에 있는 동료와 상의하지 않고 요리를 정한 탓에 신선한 재료를 회사 차원에서 대량 구매할 수도 없었다. 마지막으로 요리사들은 새로움을 중시했기 때문에 아무리 인기 있는 요리라도 1년에 몇 번 이상 식단에 올리지 않았다.

자티시 팀은 이 같은 자체 분석 결과에 기반을 두고 다음과 같이 식단 선택을 이끌 일련의 규칙을 만들었다. 한 주 식단은 전주 수요일 정오까지 확정한다. 매일 제공되는 다섯 가지 요리 중 세 가지는 예전에 인기가 많았던 요리여야 한다. 모든 급식 식당은 같은 날 최소한 두 가지 요리를 공통으로 제공해야 한다. 과일과 채소 중 90퍼센트는 제철이거나 해당 지역에서 구한 것이어야 한다. 새로운 규칙을 도입한 지 몇 달 지나지 않아 매출은 3분의 1이 늘었고, 이익은 두 배로 증가했다. 단순한 규칙 전략으로 이후 성장 기반을 닦은 덕분에 자티시가 운영하는 급식 식당 수는 18개월 만에 세 배로 늘었다.

'어떻게'는 마케팅이나 영업, 신제품 개발같이 경제적 가치를 창출하는 데 있어 매우 중요하면서도 폭넓은 절차를 다루는 경우가 많다. 이처럼 대단히 중요한 절차를 구성하는 여러 가지 단계는 모두 단순한 규칙을 적용할 수 있는 대상 후보가 된다. 어떤 YPO 기업은 순서도를 사용해 하나의 절차를 여러 단계로 나누기도 했다. 절차를 구성하는 핵심 행동과 결정을 도표로 만들면 단순한 규칙이 마법 같은 결과를 낼 부분을 정확하게 짚어내기 쉽다. 바로 이것이 홈시어터나 기업 화상회의 기기 같은 멀티미디어 시스템을 멕시코에서 가장 많이 판매하는 그루포 멀티미디어Grupo Multimedia가 택한 방식이다.[15] 페데리코 바우소네Federico Bausone는 팀원들과 함께 신속하게 집중 작업한 끝에 영업 절차를 다음과 같이 네 가지 단계로 구분했다. 첫째, 기회를 찾고 평가한다. 둘째, 예비 제안서를 만든다. 셋째, 제품을 설계한다. 넷째, 판매 전 계획을 수립한다. 그다음에 이들은 처음으로 영업 절차 단계별로 프로젝트 공급 과정을 분석했다.

이들은 기술자들이 고객에게 맞춰 제안서를 작성하기를 기다리느라 설계 단계에서 발이 묶인 프로젝트가 전체의 70퍼센트 이상이나 된다는 사실을 알고 충격을 받았다. 페데리코도 자기 회사의 설계 기술자들이 바쁘다는 것은 알지만, 사실 직원 중 바쁘지 않은 사람은 아무도 없었다. 분석 결과, 수익성 있는 성장을 제한하는 핵심 병목은 설계 단계로 드러났다. 설계 기술자들은 여기저기 손을 뻗쳤지만 성공률은 여섯 번의 제안 중 한 번만 판매에 연결될 정도로 낮았다. 이에 팀은 어떤 경우에 시간과 노력을 들여 설계안을 낼 것인지, 어떤 경우에 기성품을 제안할 것인지 결정할 단순한 규칙을 만들기로 했다.

영업 기회가 회사의 수요 대응 능력을 초과할 때처럼 기회의 수가 가용 자원을 뛰어넘을 경우, 중요 행동을 탐색하면 병목을 제대로 찾아내는 데 도움이 된다. 플라스틱, 목재, 금속을 재활용하기 쉽게 처리하는 기계를 만드는 독일 회사 바이마 마쉬넨바우Weima Maschinenbau를 생각해 보자.[16] 바이마가 받는 주문은 1년에 보통 1만 건 정도지만 판매 능력은 1,000대 정도에 그친다. 한때 바이마 관리자들은 고객주문 우선순위를 정하려고 기준이 40개도 넘는 상세한 체크리스트를 사용하기도 했다. 하지만 판매 담당 직원과 유통업자들이 지나치게 복잡하고 시간이 많이 드는 체크리스트 사용을 꺼린 탓에 받은 주문서를 대부분 그대로 넘겨 본부가 검토하게 했다. 당연히 바이마 최고경영진은 주문서 더미를 선별하느라 매주 몇 시간을 썼다.

이런 상황에 문제의식을 느낀 바이마의 이사 마르틴 프리츠Martin Friz는 전쟁터에서 부상병을 선별하는 데 쓰이는 단순한 규칙에서 영감을 받아 이와 유사한 접근법을 적용해 판매 기회를 빠르게 구분하는 방법을 찾아냈다. 그가 만든 팀은 주문제작이 필요한 제품을 요청한 고객을 선별하는 데 적용할 네 가지 경계선 규칙을 개발했다. 첫째, 제품이 공장을 떠나기 전까지 대금의 70퍼센트 이상이 바이마로 들어와야 한다. 둘째, 어떤 제품도 미리 정한 비율 이상 할인해주지 않는다. 셋째, 기계를 설치하고 작동시키는 데 '숨은 비용(극한 기후, 불안정한 정치 상황 등)'이 있어서는 안 된다. 넷째, 바이마가 지난 12개월 동안 유사한 제품을 판매하고 시험한 경험이 있어야 한다. 주문이 이 같은 규칙을 만족시킬 경우 간략한 절차를 거쳐 즉시 제작을 시작했다. 통과하지 못한 제약이 세 가지 이상인 주문은 무엇이든 거절했다. 한두 가지 규칙에 위배되는 고객 요청은 최고경영진에게 전달해 검토를 받았다.

외부 제휴사를 선택하는 것 역시 기회가 한 회사의 능력을 뛰어넘곤 하는 병목이다. 프리멕스가 라스베이거스에서 열린 한 무역박람회에서 혁신상을 수상하자 100곳이 넘는 건설사가 야니스에게 접근해 제휴 관계를 맺으려고 했다. 제휴사를 선정하고 교육하고 지원하는 데 필요한 시간을 고려하면 프리멕스가 매년 새로 체결할 수 있는 제휴 계약은 그다지 많지 않았다. 대상 업체를 어떻게 골라야 할까? 프리멕스는 예전에 아무런 지침 없이 제휴 관계를 체결하려다가 절반 이상 실패한 경험이 있었다. 야니스는 제휴사를 선정하는 규칙을 만들 팀을 구성했다. 이들은 회사의 기존 영업을 잠식하지 않기 위해 프리멕스 자회사가 이미 존재하는 국가에서는 제휴 대상을 찾지 않는다는 규칙을 도입했다. 또한 잠재 제휴사에는 레이저 스크리드 기계Laser Screed machine(레이저를 사용해 콘크리트를 정밀하게 타설하는 기계)가 있어야 한다고 규정한 경계선 규칙도 도입했다. 최신 장비 보유 여부는 잠재 제휴사의 규모, 기술 전문성, 품질에 대한 관심이 어느 정도인지 신뢰성 있게 보여주는 기준이었다. 또한 팀은 두 가지 시기 선택 규칙도 만들었다. 제휴사와 프리멕스가 이 관계를 중요시한다는 사실을 확인하기 위해 계약은 절차를 시작한 지 3개월 안에 완료되어야 했다. 그리고 프리멕스가 한 해 동안 새로운 관계를 지나치게 많이 맺지 않도록 제휴 관계 체결 시점 사이에는 최소한 3개월 간격을 두어야 했다. 단순한 규칙을 사용한 결과, 프리멕스의 제휴 관계 체결 성공률은 1년 만에 80퍼센트 이상으로 늘었고, 생산 로열티 매출액은 네 배로 상승했다.

여러 부서나 팀이 서로 의견을 조율해야 하는 결정도 병목을 찾기 좋은 경우다. 회사에 가장 중요한 행동(신제품을 개발하거나 고객에게 종합적인 해결책을 제시하는 등)을 달성하려면 여러 부분이 함께 움직여야 한다. 하지만 재무나 영업같이 기능이 특화된 부서에는 자기만의 목표와 독특한 업무 방식이 있게 마련이다. 따라서 부서 관리자들이 다투거나 서로 다른 소리를 하느라 공동의 목표를 달성하지 못하는 경우가 많다. 단순한 규칙은 서로 다른 부서의 관리자들이 어려운 여건에서도 더욱 빠르고 효과적으로 결정하는 데 도움이 되는 틀을 제공한다.

한 예로 1616년 네덜란드 동인도회사 창고에서 출발한 유럽 화학물질 운송사인 VLS그룹VLS-Group을 생각해보자.[17] 산드린 몬츠마Sandrine Montsma가 CEO로 취임한 2010년, 회사는 세계 경제 위기로 큰 타격을 받았다. 산드린은 VLS그룹의 수익성을 회복시키기 위해 회사 각 부문의 대표들과 함께 운영 상태를 개선하고 현금을 창출할 주요 프로젝트를 찾아 나섰다. 산드린은 취임 첫 해에 VLS그룹이 제대로 완결시킬 수 있는 프로젝트는 1년에 최대 여섯 개 정도라고 예측했다.

회사 관리자들이 제출한 주요 프로젝트 제안서가 28개나 되어서 후보는 부족하지 않았다. 문제는 어떤 계획을 실행할지 결정하는 것이었다. 부서마다 선호하는 프로젝트가 달랐고(재무부는 비용을 절감하려고 했고, 영업부는 물건을 더 많이 판매하려고 했다), 관리자들은 각자 자기가 선호하는 프로젝트를 지지하고 다른 부서의 제안에 반대했다. 병목을 마주한 산드린과 팀원들은 개선 계획 중 무엇을 즉시 실행하고, 무엇을 잠시 미뤄두며, 무엇을 무한정 연기할지 결정했다. 그 후 그녀는 출신 부서와 직능이 서로 다른 직원들로 팀을 만들어 이들이 중요 프로젝트의 우선순위를 정할 규칙을 협상해 도출하도록 했다.

단순한 규칙을 적용할 대상을 정할 때, 가장 눈에 띄는 행동이 항상 정답이 되는 것은 아니다. 온라인 플랫폼으로 캐터필러Caterpillar나 에이본Avon 같은 대기업 구매 부서와 6만 개가 넘는 납품업자 사이를 이어

주는 브라질 회사 메르카도 엘레트로니코Mercado Eletrônico를 생각해보자. 이 회사는 대기업과 납품업자의 이베이나 다름없다. 하지만 모든 고객에게 동일한 기능과 외양을 제공하는 이베이의 홈페이지 인터페이스와 달리 메르카도 엘레트로니코는 대기업 고객이 구매 관리를 할 수 있도록 각각 특별 제작한 맞춤형 인터페이스를 제공한다.

에두아르도 나데르Eduardo Nader는 처음에 회사 마케팅 절차에 단순한 규칙을 적용해 사용자에게 제공할 새로운 기능을 개발하려고 했다. 하지만 팀원들과 논의한 결과, 그는 신상품에 관한 발상을 훨씬 풍부하게 제공할 원천을 찾아냈다. 메르카도 엘레트로니코 기술팀은 고객들이 맞춤형 인터페이스를 바꾸고 싶어 할 때마다 요청을 접수해 새롭게 쌓이는 요청 사항들은 물론, 아직 대응하지 못하고 밀려 있는 요청 사항을 처리하느라 엄청난 업무량에 치여 고생하고 있었다. 분석 결과, 에두아르도 팀은 요청 사항들 중 다른 고객에게도 폭넓게 도움을 줄 수 있는 것이 있다는 사실을 알아냈다. 네슬레Nestlé가 변경해달라고 요청한 사항이 펩시코PepsiCo나 월마트Walmart에도 도움이 될 수 있었다는 얘기다. 이에 따라 팀은 한 고객이 요청한 기술적 변경 요청이 다른 고객에게도 제공될 수 있는지 판단하고 이를 빠르게 처리하는 일련의 단순한 규칙을 개발했다. '고객사 두 곳 이상이 요청하고 기존 기능과 중복되지 않는 기능만 추가한다' 같은 몇 가지 단순한 규칙을 적용한 지 1년도 되지 않아 메르카도 엘레트로니코의 신제품 개발 절차의 적중률은 두 배로 높아졌다.

단순한 규칙 만들기

단순한 규칙을 만들라는 말을 들으면 대부분의 경영자가 일단 사무실로 가서 문을 닫고 떠오르는 생각을 써내려간 후, 마치 십계를 들고 산에서 내려온 모세처럼 규칙이 새겨진 석판을 들고 사무실 밖으로 나오면 될 거라고 생각한다. 자수성가한 기업가일수록 규칙을 지시하고 싶어 하는 욕망이 강하다. 필자들이 같이 일해본 YPO 회원 중에도 명백하게 '옳은' 답이 존재할 것이고, 그 답은 충분히 예상할 수 있을 것이므로 단순한 규칙을 만들어내기 위해 팀을 짜는 것은 시간 낭비라고 생각하는 사람이 한둘이 아니다. 이들은 틀렸다. 필자들은 단순한 규칙을 만들어내기 이전에 우선 최종 규칙을 예상해보라고 YPO 회원들에게 요청했다. 정답을 말한 사람은 거의 없었다.

규칙을 만들 때 상의하달식으로 접근하는 것은 큰 실수다. 자기 직관에만 의지하는 지도자는 최근에 일어난 사건들을 지나치게 강조하고, 개인적 편견에 쉽게 빠지며, 선입견과 일치하지 않는 자료를 무시하게 마련이다. 그보다는 인원이 4~8명 정도 되는 팀을 구성하고 체계적인 절차를 거쳐 구성원들의 다양한 통찰과 시각을 활용하는 편이 훨씬 낫다. 단순한 규칙을 만들 드림팀에는 이를 일상적으로 사용할 사람이 포함되어야 한다. 이토로에서 요니 아시아는 규칙을 만들 때 '인기 투자자'를 육성할 임무가 있는 고객 담당자가 협조하도록 했으며, 마르틴 프리츠는 고객 요청 사항을 선별할 규칙을 만들 때 바이마의 영업 담당자를 참여시켰다.

규칙을 사용할 사람이 직접 만들게 하면 여러 가지 장점이 있다. 우선 이들은 현장의 상황을 가장 잘 알기 때문에 경험을 바탕으로 쓸 만한 규칙으로 만들어내기에 가장 좋은 위치에 있다. 규칙에 의거해 결정을 내릴 사람이 바로 자신이므로 이들은 지침과 재량 사이에서 적당히 균형을 잡고, 지나치게 모호하거나 제약이 많은 규칙을 피할 수 있다. 또한 경영학 용어가 아니라 자기에게 적합한 말을 사용해 규칙을 표현할 수 있다. 사용할 사람이 절차에 적극적으로 참여하면 최종 규칙에 동의할 가능성도 높아지고, 절차에 참여하지 않은 동료에게 규칙과 그 근거를 설명하기도 쉽다.

전 세계 정유 기업에 특수 품목을 공급하는 허키머 코퍼레이션(가명)을 자세히 들여다보면 회사가 단순한 규칙을 만드는 과정에 대해 알 수 있다.[18] 2011년에 빅터 벨몬도(가명)는 직원이 1만 명 이상이고 매출액이 20억 달러에 달하는 허키머의 서남아시아 및 아프리카 사업부를 담당하게 됐다. 빅터는 81개국을 아우르는 해당 사업부의 영업 및 재무 성과를 책임졌다. 그는 400명이 넘는 직속 직원을 관리하고, 직속이 아닌 부서(재무나 법무 등)에 있는 동료들과도 협력해야 했다.

빅터는 이렇게 말했다. "제가 입사했을 때 전략을 논하는 사람은 많았지만 돈을 어떻게 벌어야 하는지 말하는 사람은 없었습니다. 우리는 모든 고객이 원하는 모든 업무를 하려고 했지만 그런 방법은 통하지 않았습니다." 빅터와 경영팀은 허키머의 고객을 활동 지역에 따라 세 개 집단으로 구분했다. 일곱 개 국가는 허키머가 노력을 집중할 중요 국가로, 세 개 국가는 미래에 승격 가능성이 있는 요주의 대상으로, 나머지

71개 국가는 매우 호의적인 조건에서만 매출이 발생할 수 있는 희망 대상으로 분류했다. 또한 팀은 허키머가 비싸게 팔 수 있는 품목을 구분한 후 이를 회사의 '최우선 타격 대상'이라고 명명했다. 빅터와 경영팀은 이렇게 '누구를'과 '무엇을'을 확정한 후, 프로젝트 입찰 여부를 결정하는 과정을 병목으로 선정했다. 제안서를 작성하려면 상당히 정교한 사전 설계가 필요하고, 요건을 충족하기 위한 작업이 요구되며, 때로는 먼 곳에 있는 현장을 방문해야 했기 때문에 비용이 수만 달러에 이르는 경우도 많았다. 엄청난 작업량이 제안서 작성 팀을 짓눌렀지만 수주율은 채 10퍼센트도 되지 않았다.

빅터는 입찰 여부를 결정할 때 참여하는 다섯 개 부서에서 대표자를 뽑아 단순한 규칙을 정할 팀을 만들었다. 단순한 규칙을 고안하는 과정에서 고위 경영진은 지시하는 행동을 피하고, 의사결정 과정에 모두를 참여시키고, 추진력을 유지해 나가고, 절차가 제대로 진행되도록 해야 했다. 빅터는 팀원을 주의 깊게 선발한 후 워크숍을 열기 전에 한 명 한 명 직접 만나 절차를 설명하고 이들의 질문에 답했다. 런던경영대학원 강사 스테파노 투르코니Stefano Turconi는 각각의 팀원과 면담한 후 단순한 규칙 워크숍을 열어 회사가 프로젝트에 입찰할 것인지 결정할 때 사용할 규칙을 만들어보라고 요청했다. 팀원들은 허키머가 크게 성공했거나 실패한 프로젝트 사례를 검토해 각각 자기 나름대로 규칙을 만들었다. 그 결과 생성된 총 57개 규칙은 단순한 규칙을 최종 확정하기 위한 재료가 됐다. 팀원들은 하루 종일 진행된 워크숍에서 57개 규칙을 몇 가지 규칙으로 정제하는 데 합의했다. 빅터는 회의를 시작하기에 앞서 회사에 가장 이익이 되는 고객과 제품을 제시하고, 입찰 절차가 병목으로 선정된 이유를 설명한 다음, 규칙을 만들고 시험하기 위해 따라야 할 절차 틀을 제시했다. 그 후 워크숍 진행을 맡은 스테파노는 팀원들이 토론하며 메모지를 사용해 유사한 규칙을 묶도록 했다. 이들은 한 시간 만에 '장비 종류', '고객관계 친밀도', '소모품 후속 매출 가능성' 등 몇 가지 중요한 규칙 범주를 발견해냈다. 그 후 이들은 어떤 규칙이 가장 중요한지 토론하고 협상해서 그날 저녁까지 반드시 입찰해야 할 프로젝트를 선정할 때 기준이 되는 일곱 가지 경계선 규칙을 만들어냈다.

이렇게 처음 만들어낸 규칙이 제대로 효과를 발휘하는지 확인하려면 시험이 필수다. 워크숍이 끝난 후 허키머 팀원 중 세 명은 최초로 만든 규칙이 과거 20개 사례에 적용됐다면 유망한 제안을 선택하고 매력이 떨어지는 것을 걸러낼 수 있었을지 시험해보기로 했다. 이와 동시에 팀은 새로운 규칙이 현재 고객의 요구를 평가하는 데 적절한 지침을 주는지 시험했다. 기술적·상업적으로 복잡한 상황에 적용되는 규칙은 지나치게 포괄적이라 추가 자료 수집 및 분석이 필요했으므로 그다지 뛰어난 통찰을 주지 못했다. 또한 팀원들은 규칙이 일곱 가지나 되면 가장 중요한 요소에 집중하기 어렵다고 판단했다. 빅터는 규칙을 더 다듬기 위해 두 번째 워크숍을 열었다.

팀은 두 가지 규칙을 없애고, 나머지 다섯 가지는 표현을 수정하기로 했다. 회사는 이들 규칙을 자사의 전매특허로 생각해 공개하지 않았지만, 대략적으로 설명하면 입찰할 프로젝트의 기회가 제품의 '최우선 타격 대상'으로 분류되는지, 중요 국가에서 진행되는지, 허키머가 과거에 경험한 프로젝트와 같은 종류인지, 고객과의 관계가 얼마나 가까운지, 프로젝트를 완료하는 데 필요한 자원이 무엇인지로 요약된다. 이 모든 규칙에 부합하는 프로젝트는 신속하게 진행할 대상이다. 국가와 제품 범주에 맞지 않는 프로젝트는 입찰을 포기했다. 나머지 입찰 건은 더 고려해야 할 대상으로, 고위 경영진에게 전달됐다. 이 규칙을 적용한 지 1년도 되지 않아 빅터의 사업부는 입찰한 프로젝트 중 반을 수임했으며(규칙을 적용하기 전 비율인 10퍼센트 미만에 비하면 급증한 것이다), 매출액은 20퍼센트 이상, 이익은 두 배 이상 늘어났다. 빅터는 승진한 후 회사 내 다른 부문에도 단순한 규칙 전략을 적용했다.

처음 만들어낸 규칙을 엄밀하게 시험한 후 발견된 사항을 반영해 수정하는 절차는 필수다. 안타깝게도 이 중요한 단계를 건너뛰는 관리자가 많다. 프론티어 덴탈 래버러토리스Frontier Dental Laboratories는 예비 규칙을 시험하고 고치는 작업을 잘 수행한 회사다.[19] 미생물학자에서 기업가로 변신한 파올로 칼라우Paolo Kalaw는 29세 때부터 치기공소를 인수하기 시작해 9년 후에 자기 회사를 매각했다. YPO의 단순한 규칙 프로그램에 합류했을 당시 파올로는 손상된 치아를 보강하는 크라운crown, 인레이inlay, 라미네이트laminate veneer 등을 제작하는 프론티어 덴탈 래버러토리스를 인수했다. 프론티어에서 북미시장의 20만 명에 가까운 치과 의사를 담당하는 영업사원은 12명이었다. 영업 인력의 일상 업무는 잠재 고객과 대화하는 것이다. 그런데 어느 치과에든 두세 명의 환자가 진료실에 대기하고 있고, 치과 의사가 누구에게도 방해받지 않도록 방문자를 막는 임무를 맡은 접수 담당 직원이 있었기 때문에 영업사원들이 일하기가 쉽지 않았다. 영업사원들은 항상 바빴지만 그렇다고 딱히 성과가 좋다고 하기는 어려웠다. 이들은 보통 하루에 20곳 정도의 치과에 연락하고, 그중 한두 명의 치과 의사와 전화로 대화하며, 그렇게 연락이 닿은 치과 의사 중 5퍼센트 미만을 잠시나마 직접 만날 수 있었다. 쉽게 말해 한 번의 계약을 성사시키려면 수백 명의 치과 의사와 접촉해야 했다.

파올로는 영업 인력의 역량을 가장 전망 좋은 일에 집중시키고, 회사의 이익을 늘리기 위해 팀을 조직하고, 이들이 잠재 고객의 우선순위를 정하도록 했다. 팀이 현재 및 과거의 고객 자료를 분석한 결과 회사 매출액의 반 이상이 고객 중 10퍼센트에서 나왔다. 팀은 '이상적인 치과 의사'를 찾아낼 일련의 단순한 규칙을 만드는 임무를 받았다. 팀이 허키머 사례와 유사한 절차를 밟아 도출해낸 아홉 가지 규칙은 자기 병원을 운영하고, 나이가 35~50세이며(이보다 젊은 사람은 아직 경력을 쌓는 중이고, 이보다 나이가 많은 사람은 업무 시간을 슬슬 줄이는 경향이 있었다), 금융비용이 5퍼센트 미만이고(청구된 비용을 제때 지불할지 여부를 알 수 있는 척도다), 병원에 매년 1만 달러 이상 투자하고(안정적 거래 규모를 알 수 있는 척도다), 프론티어가 제공하는 연수 프로그램에 참여하는(프론티어 제품에 친숙한지 여부를 알려주는 지표다) 치과 의사를 지목했다.

이 같은 규칙을 개선하기 위해 파올로는 집단을 세 개 팀으로 나누고, 프론티어의 고객 자료에서 추출한 표본에 잠정 규칙을 적용하면 유망한 고객이 얼마나 잘 식별되는지 시험하도록 했다. 팀은 몇 주 후에 모여 결과를 논의했다. 팀원 모두 몇 가지 규칙은 그대로 적용해도 좋은 효과를 낼 거라는 데 동의했다. 자기 병원 소유 여부나 나이 등과 관계된 규칙은 필요한 자료를 찾기 힘들어 폐기됐다. 별도의 팀에서 독립적으로 진행한 시험 결과에서는 예비 규칙에 대한 다양한 통찰이 나타났다. 예를 들어, 첫 번째 팀은 연간 1만 달러 이상 투자라는 기준선이 지나치게 높다고 지적했다. 여러 가지 수준을 시험해본 결과 금액을 5,000달러로 낮춰도 여전히 매력적인 단서를 도출해낼 수 있다는 사실을 발견했다. 두 번째 팀은 치과 의사가 웹사이트를 운영할 경우 미용 목적의 치과 수술을 더 많이 하는 경향이 있다는 사실을 알아내고 '웹사이트가 있어야 한다'는 규칙을 추가했다. 무엇보다 중요한 사실로, 이들은 기존 규칙 중 일부를 수정해 효과가 좋고 사용하기도 편하게 만들었다. 예를 들어, '금융비용 5퍼센트 미만'은 계산하기 까다롭기 때문에 '금융비용을 1년에 네 번 이하 지출한다'로 바꾸었다.

프론티어는 시험하고 개선한 규칙을 적용해 목표 대상인 치과 의사들을 탐색했다. 영업 인력은 매일 시간을 쪼개 가능한 한 많은 치과 의사를 방문하는 접근법에서 벗어나 프론티어의 제품을 살 가능성이 높은 치과 의사와 관계를 구축하는 데 시간을 투자하는 방법을 채택했다. 그리고 극적인 결과가 나타났다. 잠재 고객의 우선순위를 정하는 규칙을 사용한 후 프론티어는 목표로 잡은 치과 의사들 가운데 셋 중 둘 비율로 제품을 판매했다. 규칙을 적용한 지 1년 만에 회사는 시장의 규모가 전체적으로 줄어드는 상황에서도 매출을 42퍼센트 늘렸다. 더 인상적인 사실은, 단순한 규칙을 적용하기 전에는 더 적은 매출을 얻는 데도 12명의 인원이 필요했는데, 이런 결과를 만들어내는 데 투입된 영업사원은 단 두 명이었다는 것이다.

회사의 전략이 어디에 있는가? 책장에 고이 모셔져 먼지만 뒤집어쓰고 있는 경우가 지나치게 많다. 일상적으로 내려야 할 중요한 결정에 영향을 주지 못하는 전략은 전략이 아니라 그냥 인쇄된 보고서일 뿐이다. 필자들이 볼 때, 전략은 한 조직의 가장 중요한 활동에 지침을 주는 단순한 규칙에 있다. 직원들이 현장에서 판단을 내리고, 큰 그림에서 눈을 떼지 않으면서도 예상치 못한 기회를 잡도록 만드는 것이 바로 단순한 규칙이다.

단순한 규칙 못지않게 중요한 것이 이 규칙을 만드는 데 사용되는 절차다. 예를 들어, 여러 부서의 직원들이 참여하면 토론 과정에 다양한 관점이 포함되고, 가치를 창출하는 데 중요한 이해가 공유되며, 단순한 규칙이 더 많은 지지를 얻게 된다. 먼저 시간을 들여 계기판을 극적으로 움직이는 요소를 명확하게 파악하고 나면 단순한 규칙이 가장 큰 효과를 낼 곳에 적용될 가능성이 극적으로 상승한다.

도널드가 만든 것은 단순한 규칙 전략을 다양한 회사에 적용하는 절차이지만, 이는 다른 환경에 적용될 때도 매우 강력한 효과를 발휘한다는 사실이 증명됐다. 필자들은 이를 YPO 이외의 기업, 창업 초기 스타트업, 비영리법인, 대학에서 성공적으로 사용했다. 더 놀라운 사실은, 많은 사람이 이 접근법에 매료된 나머지 개인 생활을 위한 단순한 규칙을 만들었다는 것이다. 다음 장에서는 이 장에서 다룬 3단계 절차를 체계적 접근법으로 활용해 자기 자신이 가장 긴급하게 처리해야 할 목표를 달성하는 데 도움이 되는 단순한 규칙을 만드는 방법을 다룰 것이다.

Chapter 06

개인 상황에 적용하기

Chapter

06

필자들이 단순한 규칙을 만드는 3단계 절차를 설계한 목적은 회사가 이익을 늘리도록 돕기 위함이다. 그런데 이 같은 접근법을 개인 수준에 적용하면 개인적 문제를 해결하는 데도 도움이 될 수 있다. 단순한 규칙이 개인 생활에서 어떤 힘을 발휘할 수 있는지 필자들이 명확하게 깨달은 장소는, 단순한 규칙 프로그램 과정이 종료된 후 도널드가 YPO 회원을 데려가 대접한 런던 베이커 스트리트 근처의 중국음식점이었다. 두 번째 요리가 나올 무렵, 대화 주제는 경영에서 벗어나 참가자들이 단순한 규칙의 교훈을 각자의 개인 생활에 적용하는 방법으로 옮겨갔다. 필자들은 테이블을 옮겨 다니면서 한 YPO 회원이 아들의 수학 숙제를 도우려고 만든 규칙, 다른 회원이 아내와 같이 즐길 만한 영화를 고르려고 만든 규칙, 그리고 최근에 이혼한 회원이 한 번 만난 상대와 두 번째 데이트를 할 것인지 결정하기 위해 만든 규칙에 대해 듣게 됐다. 지난 장에서 틀을 잡은 절차는 사무실뿐만 아니라 집에서도 좋은 효과를 발휘했던 것이다.

도널드가 단순한 규칙을 개인 수준에 적용하는 내용을 다음번 개설 과정에 포함시키자 참가자들은 굉장히 좋아했다. 개인 규칙을 만드는 절차도 경영 규칙과 마찬가지로 3단계로 구성된다. 첫째, 개인의 계기판을 움직이는 요소가 무엇인지, 그리고 자신에게 힘을 주는 것과 압박감을 주는 것 사이의 격차를 만드는 요소가 무엇인지 알아본다. 둘째, 개인적 가치 창출을 저해하는 병목을 찾는다. 셋째, 단순한 규칙을 자신에게 적합하게 만든다. 필자들은 사람들이 이 절차를 실행하도록 도와주는 일련의 질문을 만들고, 공통으로 겪는 문제와 이를 극복할 실용적 도움말을 살펴보았다. 이 장에서는 이 같은 절차를 하나하나 짚어본 후 서로 매우 다른 상황(인터넷 만남, 우울증 관리, 카리스마 확대)에 처한 세 사람이 단순한 규칙을 만든 이야기를 들려줄 것이다(익명성을 보장하기 위해 이름같이 신원을 특정할 수 있는 세부사항은 변경했다).

자신의 계기판을 움직일 요소를 확정한다

회사에 적용되는 경제적 가치는 (고객의 지불 의사와 비용의 차이로) 명확하게 정의되며, 이를 측정하는 수단도 현금흐름과 시가총액 등으로 비교적 간단하다. 반면 개인적 가치를 정의하고 측정하는 작업은 철학자들이 오랫동안 고심해왔을 정도로 어려운 일이다. 인생의 의미를 추상적 관점에서 묘사하기는 매우 힘들다. 그렇지만 실질적으로 개인의 가치를 확고히 더해줄 영역을 찾아내는 것 정도는 해볼 만한 일이다. 대부분의 사람은 자기 삶에서 어떤 점을 개선하고 싶은지 명확하게 알고 있다. 그렇지 않더라도 몇 가지 기술을 사용하면 단순한 규칙으로 가장 크게 이익을 낼 수 있는 영역이 무엇인지 분석할 수 있다.

지난 장에서 소개했듯, 계기판을 움직인다고 상상하는 방법은 이 경우에도 유용하다. '전략적' 개선이 가능한 원천은 두 가지다. 예컨대 자녀와 시간을 보내거나 공동체에 도움을 주는 등 삶에 가치를 더하는 행동을 해서 위쪽 계기판의 숫자를 바꿀 수 있다. 이런 행동을 늘리면 편안함, 행복, 자긍심이 향상된다.[1] 또한 돈 걱정이나 허약한 몸같이 인생을 최대한 활용하지 못하게 하는 원인이자 문제가 되는 부분을 나타내는 아래쪽 계기판 숫자를 낮춤으로써 개인적 가치를 창출할 수 있다. 이처럼 인생의 부정적 측면을 줄이면 압박감, 불안, 공포를 덜 수 있다. 개인적 가치는 자신에게 큰 행복을 가져다주는 행동과 인생을 최대한 즐기지 못하게 막는 행동 사이의 격차라고 할 수 있다. 경영 사례에서 그랬듯 계기판을 조금씩 움직일 수 있는 절차는 수없이 많지만, 기쁨과 고통을 나타내는 계기판 숫자 사이의 격차를 벌리고 이 차이를 상당 기간 유지하게 하는 전략적 변화는 비교적 드물다.

자기 삶에서 개선해야 할 전략적 부분을 선정하라고 하면 대부분의 사람이 다이어트나 데이트, 일과 생활의 균형 잡기나 부자 되기, 사회생활에서 얻는 성취나 자신을 돌아볼 시간 확보 등 다양한 일들을 매우 쉽게 꼽아낸다. 이러한 선택지의 공통점은, 선택했을 때 오랫동안 행복을 상당히 증진시키거나 스트레스를 상당히 줄일 수 있다는 의미에서 "아하!" 같은 감탄사를 자아낸다는 것이다. 삶의 전략적 영역은 사용자와 깊이 공명한다. 다시 말해, 사용자는 이를 개선하기 원한다. 출발점을 정하는 데는 아래 같은 질문이 도움을 줄 것이다.

- 삶의 어떤 면을 가장 개선하고 싶은가? 가장 먼저 떠오르는 세 가지는 무엇인가?
- 어떤 행동을 할 때 가장 행복하고 편안하다는 느낌이 드는가? 어떻게 해야 이런 행동에 더 시간을 쏟을 수 있는가?
- 어떤 경우에 가장 두렵고 압박감을 느끼며 불안한가? 이런 일을 줄이려면 어떻게 해야 하는가?
- 5년 전을 떠올렸을 때, 바꾸지 않아서 후회되는 일은 무엇인가? 임종을 맞는 자리에서 인생을 돌이켜보면 무엇을 후회하게 될 것 같은가?
- 친한 친구, 배우자, 사랑하는 사람은 나에 대한 이러한 질문에 뭐라고 답할 것 같은가?(이 사람들에게 직접 물어보는 것도 좋다)

단순한 규칙을 적용하기에 적당한 영역이 있고 그렇지 않은 영역이 있으므로, 개선해야 할 영역은 여러 개 나열해보는 것이 좋다. 보통 세 가지에서 다섯 가지 정도면 시작하기에 충분하다. 이렇게 해서 나온 초안에는 가족, 재산, 건강 등 매우 일반적인 가치가 나열되어 있을 것이다. 그것도 시작점으로 나쁘지 않지만, 자신의 계기판을 움직일 비교적 확고하고 측정 가능한 목표로 발전시켜보면 병목을 찾기가 더 쉬워진다. 이 단계에서는 자신이 달성하려는 것을 가능한 한 구체적으로 쓰는 것이 도움이 된다. 예를 들어, '식생활을 개선한다'는 '10킬로그램 감량한다'로, '건강해진다'는 '식이요법으로 혈당을 조절한다'로 고친다. 이렇게 만들어낸 목표는 십중팔구 서로 매우 다르기 때문에 단순한 규칙도 서로 다르게 만들어야 한다.

올바른 병목 찾기

개선하고 싶은 영역을 선택했다면 이번에는 단순한 규칙을 적용할 병목을 찾을 차례다. 개인적 병목은 경영상 병목과 마찬가지로 단순한 규칙을 적용해 계기판을 움직이는 데 가장 큰 효과를 내는 특정 행동 또는 판단을 가리킨다. 병목을 발견하면 단순한 규칙을 집중할 지점을 찾은 것이다. 단순한 규칙으로 병목을 관리하면 개인적 가치를 창출할 수 있다. 개인적 가치를 창출하고 이를 유지하는 데 도움을 준다는 의미에서 최고의 병목은 전략적이다. 단순한 규칙은 다양한 개인적 행동에 적용해도 효과를 낼 수 있지만, 이를 만들고 시험하고 수정하려면 시간과 노력이 든다. 이러한 노력은 개인적 행복이라는 관점에서 가장 큰 효과를 발휘해 투자분을 회수할 수 있는 행동이나 판단에 들이는 게 가장 좋다. 그럴듯한 후보를 발견하려면 아래와 같은 질문에 답해보자. 자신의 목표를 달성하지 못하게 막는 행동이나 판단은 무엇인가? 어디에 규칙을 적용하면 가장 큰 효과를 발휘할 수 있겠는가?

병목은 개인적 가치를 창출할 뿐 아니라, 단순한 규칙을 적용할 수 있는 대상이어야 한다. 가장 좋은 병목 후보는 (일회성이 아니라) 반복되기 때문에 여러 번 반복 적용해서 규칙을 만드느라 투자한 것을 회수할 수 있는 행동이다. 예를 들어, 누구와 결혼하느냐 하는 일회성 선택보다는 돈을 관리하거나 집안일을 나누는 등 부부 사이에 이견이 빚어질 만한 부분이 좋은 병목이다. 매일 혹은 매주 일어나는 행동과 판단을 통해 규칙의 효과를 측정해볼 수 있고, 이를 통해 수정할 만한 근거 자료를 얻을 수도 있다. 단순한 규칙이 특히 뛰어난 효과를 내는 상황은 가용 자원보다 대안의 수가 많을 때다. 그 예로 어디에 투자할 것인지, 집을 어디부터 수리할 것인지, 한정된 여유 시간을 어떻게 쓸 것인지 등이 있다. 단순한 규칙은 무엇을 먹을지, 아이를 어떻게 훈육할 것인지 결정하는 등 융통성이 필요한 행동에 가장 적합하다. 출장 준비를 할 때처럼 무언가 잊어버렸다가는 문제가 생길 수도 있는 상황이라면 단순한 규칙보다는 체크리스트를 사용하는 것이 낫다. 마지막으로, 단순한 규칙은 의지력이 필요한 상황에서 뛰어난 효과를 내므로 다이어트, 운동, 저축 등 장기 이익을 위해 단기 희생이 필요한 행동에 매우 적당하다.

병목이 이들 범주 모두에 반드시 들어맞아야 할 필요는 없지만, 해당 사항이 많을수록 단순한 규칙을 적용했을 때 이익을 얻을 가능성이 커진다. 병목을 탐색하는 목적은 개인적 목표 달성을 방해하는 무언가를 찾으려는 데 있다는 사실을 기억해야 한다. 병목을 탐색할 때 고려해야 하는 핵심적인 질문의 예는 다음과 같다.

- 이 행동 또는 판단을 자주 하는가?
- 대안의 수가 가용 시간, 자금, 체력, 주의력을 뛰어넘는가?
- 이 행동 또는 판단에 의지력이 필요한가?
- 이 행동 또는 판단에 어느 정도 융통성이 필요한가?
- 결과를 측정해 시험하고 규칙을 수정할 수 있는가?

후보가 되는 행동이 얼마나 중요한지, 단순한 규칙을 적용하기에 얼마나 적당한지 판단한 다음에는 해결해야 할 특정 병목 하나를 고른다. 병목을 탐색할 때는 가능한 한 구체적일수록 도움이 된다. 계기판이 움직일 길을 막고 있는 특정 행동을 꼬집어낼 때는 근거 자료가 중요한 역할을 한다. 예를 들어, 도널드는 전략적 목표를 체중 감량으로 설정한 후, 운동을 통한 감량이 병목이라고 직감했다. 친구가 조언한 대로 1주일 동안 먹은 것과 운동량을 운동 앱에 기록했는데, 결과는 놀라웠다. 그는 일정(그리고 노화해가는 무릎)이 허락하는 최대한도로 운동을 하고 있었던 것이다. 운동을 더 한다고 해서 효과가 있을 것 같지는 않았다.

문제는 식습관이었다. 1주일 동안 기록한 자료를 검토해본 결과, 끼니때마다 건강에 좋은 음식을 적당량 먹는 등 하루의 대부분을 잘 보냈다. 문제는 저녁식사 후 먹는 간식 때문에 매일 아침이나 점심 한 끼를 더 먹는 정도로 열량을 섭취한다는 것이었다. 이를 깨닫고 나서 그는 병목을 '저녁식사 후 먹는 간식'으로 더 좁혀 정의했다. '밤늦게 간식 먹기'처럼 매우 구체적인 행동은 단순한 규칙을 적용할 수 있는 강력한 후보다. 의지력은 강이 아니라 저수지이며, 규칙은 (길었던 하루가 끝나갈 때 그렇듯) 의지력이 말라붙는 시점이 되면 행동에 기준선을 긋는 유용한 도구가 된다. 병목을 좁히면 (위의 경우에는 병목이 특정한 시점으로 제한된다) 규칙을 적용해야 할 시간도 줄어들어 주의력을 집중하고 의지력을 절약할 수 있다는 장점이 있다.

자신에게 맞는 단순한 규칙 만들기

4장에서 살펴본 대로 단순한 규칙을 만드는 방법은 여러 가지가 있다. 어떤 것은 진화 과정을 거쳐 나타난다. 어떤 것은 티나 페이의 코미디 규칙처럼 오랫동안 쌓인 개인적 경험에서 나타난다. 또 어떤 것은 남부범고래를 보호하는 규칙처럼 여러 이해관계자가 복잡한 협상을 거친 끝에 나타난다. 다양하고 생동하는 단순한 규칙을 만들어내는 단 하나의 깔끔한 절차 같은 것은 없다. 잠재적 원천이 다양하다는 것은 단순한 규칙의 한계라기보다는 오히려 최대 장점이다. 다양한 원천에 의지하면 자기에게 적합한 규칙을 찾을 가능성도 높아진다. 자기만의 규칙을 개발하고 다시 형태를 잡을 때 의지할 만한 원재료를 얻으려면, 시간을 충분히 들여(보통 며칠에서 한 주 정도가 적당하다) 다양한 원천으로부터 영감과 통찰을 이끌어내는 게 가장 좋다. 이를 시작할 때 특히 도움이 되는 원천 목록은 아래 내용을 참고하라.

연구 결과를 이용해 영감을 얻으려고 한다면, 다양한 연구 결과로 뒷받침되는 통찰을 찾아내기를 권한다. 아동이 심각하게 감염됐는지 여부를 진단하는 규칙이나 마이클 폴란의 건강한 식습관 규칙(음식을 먹어라, 과식하지 마라, 채소를 많이 먹어라) 같은 사례는 수많은 연구 결과와 일맥상통한다는 사실을 떠올려보자. 한 가지 연구 결과로 독특한 결과를 낼 수도 있지만, 반복된 시험을 거친 결론은 자기만의 단순한 규칙을 만들 때 탄탄한 시작점이 되어준다. 요즘에는 수많은 연구자들이 대중서적, 블로그, 인터뷰를 통해 더 많은 사람들에게 자신이 알아낸 사실을 전달하고, 심지어 규칙 후보의 풍부한 원천이 될 수 있는 진단 도구를 제공하기도 한다. 예를 들어, 브라이언 완싱크Brian Wansink 교수가 《날씬해지는 계획Slim by Design》에서 제공한 자기평가법은 접시 크기나 음식을 담는 방법 같은 요소에 집중해 무의식적으로 과식하는 것을 피하는 데 도움을 주며, 규칙을 만들 때도 훌륭한 출발점이 된다.[2]

롤모델도 단순한 규칙을 만들 때 훌륭한 원천이 된다. 예를 들어, 생애 처음으로 서부극을 집필하려고 자리에 앉은 사람은 엘모어 레너드Elmore Leonard가 남긴 '글 잘 쓰는 규칙'을 읽어보기를 권한다. 자기가 해결하려는 병목을 특별히 잘 관리한 사람을 안다면 그와 상의하는 게 현명하다. 사람들은 자기가 잘하는 일과 관련된 행동을 주제로 얘기하는 것을 좋아하기 때문에 누군가가 자기에게 조언을 구한다면 어깨가 으쓱해지기 마련이다. 조언을 구할 대상을 친구나 가족으로 한정할 필요는 없다. 네트워크망을 넓게 펼쳐 자기가 속한 독서 모임, 스포츠 팀, 교회, 골프 클럽, 게임 동호회, 자원봉사 모임 등 다양한 경로를 통해 접근하면 잠재적 롤모델의 범위를 넓힐 수 있다. 자신의 롤모델과 얘기를 나눌 때 주의할 점은, 이들이 사용하는 단순한 규칙은 명확하게 드러나지 않을 가능성이 크므로 "규칙을 나열해달라"고 부탁하는 게 적절하지 않을 수도 있다는 것이다. 이럴 때 숨은 규칙을 찾아낼 수 있는 몇 가지 전략이 있다. 첫째, 자기가 병목을 어떻게 다루는지 먼저 설명한 후, 상대방의 방식은 어떻게 다른지 묻는다. 목표 행동을 관리할 때 항상 하거나 절대 하지 않는 행동이 있는지 질문함으로써 극단적인 경우와 관련된 정보를 캐는 방식도 효과가 있다. 그리고 상대방이 최근에 내린 결정(무엇을 왜 했는지)에 대해 알려달라고 하는 방법도 롤모델이 암묵적으로 사용하는 규칙을 알아내는 데 유용하다. 사람들은 보통 추상적인 용어를 쓰기보다는 구체적인 사례를 들어 자기 규칙을 설명하는 것을 편하게 생각한다.

이 같은 도움말은 자기 경험을 토대로 규칙을 써내려갈 때도 유용하다. 자신이 최근에 경험한 일과 관련된 자료를 폭넓게 정리해보면 훌륭한 출발점이 된다. 예를 들어, 은퇴자금을 모으는 데 적용할 단순한 규칙을 만들 때는 지난해 지출한 내역을 모아 살펴본 후 절약할 영역을 찾아낸다. 요즘에는 모든 은행 계좌와 신용카드 정보를 모아 분석하기 쉽도록 한 화면에 보여주는 앱도 여럿 있다. 선택한 병목에 관해 간단한 자료를 모아야 할 때도 있다. 예를 들어, 가족끼리 집안일을 나눌 때 단순한 규칙이 필요하다면 먼저 1주일 정도 누가 언제 무엇을 했는지 일지를 써본다. 일반적으로 긴 시간에 걸쳐 일어난 사건들을 대충 떠올리는 것보다는 짧은 시간 동안 일어난 사건에 대한 자료를 폭넓게 모으는 편이 낫다. 지나치게 기억에만 의존하면 생생하게 떠오르는 사례에는 지나치게 큰 비중을 두는 반면 자기 가정에 맞지 않거나 자세히 기억나지 않는 사례는 무시할 가능성이 높다. 단순한 규칙을 만들 원천 자료를 수집하고 분석하기에 적당한 기간은 보통 며칠에서 한 주 정도다. 자료 수집 과정을 완전히 건너뛸 경우 가정을 잘못 세울 수 있어 단순한 규칙이 내는 효과도 떨어질 가능성이 크다. 반대로 몇 주에 걸쳐 자료만 모으다가는 추진력이 떨어지기 십상이다.

웬만큼 자료를 모았다면 과거 사례를 세 가지(계기판을 잘 움직였던 사례, 효과가 좋지 않았던 사례, 그리고 그 중간)로 구분한다. 가장 빠르고 효과적으로 잠정적인 규칙을 발견해내기 위해서는 최선과 최악을 비교하는 방법이 좋다. 자신이 알아채지 못한 패턴을 타인이 발견할 수도 있으므로, 자신이 경험한 바를 지켜본 사람에게 자기가 한 일과 진행 경과를 평가해달라고 부탁하는 것도 한 방법이다. 성공 사례 몇 가지, 실패 사례 몇 가지 정도면 규칙의 초안을 만들기에 충분한 재료가 된다.

여러 사람이 같이 준수해야 효력이 있는 규칙을 만들 때 특히 효과가 뛰어난 접근법은 협상이다. 흔한 예로 부부, 콘도 회원들, 부모와 자녀, 독서모임 등이 상호 간에 정하는 규칙을 들 수 있다. 규칙을 만드는 데 관여하는 사람이 여럿이라면 모든 사람이 동일한 병목에 집중하는 것이 중요하다. 한 가족이 집안일, 자동차 사용, 통금 시간, TV 시청 시간, 저녁식사, 애완동물 돌보기 등을 한데 묶어 적용할 규칙을 만들다 보면 '가족의 일원으로서 행동한다', '상대방을 존중한다'같이 광범위하고 진부하며 특정 행동에 확고한 지침을 제공하지 못하는 말로 귀결되기 쉽다. 따라서 모두가 첫 두 단계에 참여해 단순한 규칙이 달성하려는 목표를 이해하는 방식이 가장 좋다.

협상 방식은 다른 원천과 같이 사용할 수도 있다. 예를 들어, 가족끼리 1주일치 집안일 관련 자료를 분석하고, 어떤 일이 왜 일어났는지 각자의 시각에 따른 의견을 교환한 후에 함께 규칙을 만들 수도 있다. 부모나 자녀 중 한 명이 다른 집에서 어떤 규칙을 사용하는지 대강 조사해와 토론을 활발하게 만들 수도 있다. 또한 협상으로 규칙을 만든다고 해서 모든 것이 토론 대상은 아니라는 사실도 반드시 기억해야 한다. 예컨대 부모는 공동의 차를 이용하는 규칙을 협상할 때라도 당연히 '음주운전 금지'같이 타협 불가한 규칙을 강제해야 한다.

이렇게 하면 관련된 모든 원천에서 좋은 규칙들이 많이 도출될 것이다. 예를 들어, 도널드가 만든 야식 규칙은 '간식은 봉지째 먹지 않고 작은 그릇에 담아 먹는다'(브라이언 완싱크의 책 중에서), '찬장에 과자를 쌓아두지 않는다'(아내로부터), '주중에는 디저트를 먹지 않는다'(자기 경험에서) 등으로 구성된다. 단순한 규칙을 만드는 과정의 핵심에는 '정보를 충분히 투입한 시행착오'가 있다. 연구 결론, 친구의 조언, 과거 자료, 자기 경험 등을 잘 활용하면 병목과 규칙의 초안을 더욱 잘 도출해낼 수 있다. 규칙은 가능한 한 단순해야 지킬 가능성이 높아진다. 규칙의 가짓수를 두세 가지로 제한해야 기억하고 지킬 확률이 높아진다는 사실은 이미 살펴본 바 있다.

초안을 만든 다음에는 규칙의 효과를 측정해보는 것이 좋다. 효과를 측정하면 효과적인 것과 그렇지 않은 것을 정확히 구분할 수 있으며, 성공했다는 증거가 나타나면 규칙을 계속 따를 동기가 커지기 때문이다. 성과를 측정할 대상은 다이어트하는 사람이라면 감량한 몸무게, 은퇴자금을 모으는 사람이라면 저축 액수처럼 자신의 계기판을 움직이는 것과 밀접하게 연결될수록 좋다. 다양한 앱 덕분에 요즘은 역사상 그 어느 때보다 자료를 모으고 진척도를 추적하기가 쉬워졌다. 자기계발의 전설 벤저민 프랭클린Benjamin Franklin에게 아이폰이 있었더라면 무슨 일을 이뤄냈을지 상상조차 되지 않는다.

단순한 규칙을 적용하기 전 자료를 모아두면 단순한 규칙이 발휘한 효과를 측정할 때도 도움이 된다. 작년 저축액이나 지난 달 몸무게는 발전 정도를 측정할 때 기준선이 된다. 효과를 측정할 주기는 병목에 따라 다르다. 감량한 체중은 주나 월 단위로 측정할 수 있지만, 자녀의 수학 성적을 평가하려면 중간고사 때까지 기다려야 한다. 한번에 완벽한 규칙을 만들려고 고민할 필요는 없다. 발전 정도를 평가할 만큼 자료가 충분히 모였을 때 한 걸음 물러나 규칙을 수정하면 된다.

이 장의 나머지 부분에서는 위에서 말한 절차에 따라 자기에게 알맞은 규칙을 만들어낸 세 사람의 이야기를 해보겠다.

사람을 끄는 단순한 규칙

해리는 대학을 졸업한 후 필라델피아로 이사해 건축 회사에 취직했다. 업무 특성상 그는 근무 시간이 길고 출장도 잦았다. 게다가 필라델

피아에서 살아본 적이 없어서 아는 사람도 많지 않았다. 하지만 그렇다고 해서 부족한 시간을 쪼개 술집을 돌아다니며 여자를 만나고 싶지는 않았다. 해리는 무엇이 자기 계기판을 움직이는지 확실히 알았다. 오래 사귀었던 여자 친구와는 최근 일 때문에 각각 동부와 서부로 떠나게 되면서 헤어졌다. 그는 행복을 증진하는 관점에서라면 사랑하는 사람과 안정적인 관계를 갖는 것보다 계기판을 많이 움직일 수 있는 일을 생각조차 할 수 없었다. 문제는 사교 활동을 할 시간이 제한된 그가 낯선 도시에서 어떻게 여자를 만나느냐 하는 데 있었다.

그때 한 대학원 친구가 인터넷으로 여자를 찾아보라고 제안했다. 해리는 그 말을 듣고 처음에는 미심쩍어했지만 검색 결과, 지난 몇 년간 나온 만남 앱과 웹사이트가 엄청나게 많다는 사실을 알게 됐다. 하루에 한 번씩 잘 맞을 것 같은 사람과 짝지어주는 커피 미츠 베이글Coffee Meets Bagel이나, 욕망이 무질서하게 뒤엉키는 축제 장소라는 취급을 받지만 사실은 완전히 건전한 만남도 주선해주는 틴더Tinder 등 종류도 다양했다. 해리는 인터넷을 통해서도 사람을 만나볼 만하겠다고 생각했지만, 얼마 안 가 그러는 데도 많은 노력이 필요하다는 사실을 알게 됐다. 화면 앞에 앉아 상대방 후보의 신상을 클릭해 좋은 상대를 찾아낸 후 메시지를 수도 없이 보내느라 몇 시간씩 써야 할 수도 있었다. 그렇게 몇 시간을 들인 대가로 얻게 된 결과도 만족스럽지 않았다. 해리가 여성들에게 보낸 메시지는 대부분 답장을 받지 못했고, 다행히 누군가와 데이트를 하게 되더라도 진정한 관계를 맺는 데는 실패했다.

처음에 해리는 인터넷에 올린 자신의 신상명세를 병목으로 파악했다. 상대방 후보가 판단할 때 이용할 정보는 여기에 올린 사진과 정보가 전부였기 때문이다. 하지만 신상명세를 만드는 것은 반복되지 않고 1회에 그치는 행동 또는 결정이기 때문에 단순한 규칙을 적용하기에 좋은 대상이 아니었다. 물론 신상명세를 잘 만드는 것도 중요하지만, 단순한 규칙을 적용해 좋은 효과를 낼 곳은 따로 있을 거라고 해리는 판단했다. 그는 더 적절한 인터넷 만남의 병목을 찾기 위해 절차의 각 단계(신상을 검색하고 첫 메시지 보내기, 메시지 교환하기, 직접 만나기)를 살펴본 후 각각 무엇이 잘 돌아가고 잘 돌아가지 않는지 분석했다.

해리는 각 단계에서 입수할 수 있는 자료는 모두 모았다. 분석 결과, 첫 번째 단계(첫 메시지 보내기)에 드는 시간이 생각보다 훨씬 길었다. 해리는 상대방 후보의 신상명세를 주의 깊게 읽고, 공통의 관심사를 파악하려고 노력한 후 정성 들여 메시지를 썼다. 물론 자기가 글을 빨리 쓰는 편이 아니라는 사실은 알고 있었지만, 그렇다 해도 쪽지 하나 쓰는 데 20분 넘게 걸리기도 한다는 결과를 발견했을 때는 놀랄 수밖에 없었다. 그리고 그렇게 해도 결과는 신통치 않았다. 해리는 예전에 자신이 쓴 메시지를 검토해보고, 자기가 인터넷으로 접근한 상대방 중 답을 준 사람은 여섯 명 중 한 명꼴에 불과하다는 것도 알아냈다.

일단 상대방이 해리에게 답을 했다면 그 후에는 일이 비교적 잘 풀려 나갔다. 서로 메시지를 교환한 경우 중 거의 절반 정도는 전화번호도 교환했다. 그래도 인터넷으로 상대방에게 접근하는 과정에 시간이 많이 든다는 사실은 변하지 않았다. 해리는 대화를 완벽하게 이끌어 나가려고 노력했지만 짤막한 대답만 듣다가 결국 서로 대화가 끊기기 일쑤였다. 이 단계 역시 시간을 빨아들이는 블랙홀 같았다. 지난 몇 달간 있었던 만남의 결과를 확인해보니, 일단 전화번호를 교환한 여성을 직접 만난 비율은 3분의 2로 나타났다. 이는 막연히 예상한 것보다 훨씬 높은 수치였다. 마지막으로 데이트 자체의 결과는 딱 잘라 말할 수 없었다. 달력을 살펴보며 기억을 떠올린 결과, 첫 데이트 중 절반 정도는 즐거웠고 나머지 반은 시작할 때부터 암울했다.

이 모두를 돌아본 해리는 신상명세를 읽고 소개 메일을 쓰는 첫 단계가 인터넷 만남에서의 가장 큰 병목이라고 판단했다. 이 단계는 그 자체로도 시간이 가장 많이 들 뿐 아니라, 이후에 벌어지는 문제(시간을 지나치게 많이 들여 적당하지 않은 후보와 메시지를 교환한 끝에 데이트했다가 결국 실망한다든지 하는)를 미연에 방지할 수도 없었다. 게다가 이 단계는 인터넷 만남의 단계 중에서 가장 재미가 없었다. 이메일을 쓰기보다는 누군가와 얼굴을 맞대고 얘기하는 편이 훨씬 흥미로웠다. 뿐만 아니라 소개 메일을 보내고도 무시당하는 일이 거듭 반복되는 상황이 절대 즐거울 리 없었다. 해리는 단순한 규칙을 사용해 첫 메시지를 보내는 단계의 병목을 관리하기로 결정했다.

해리는 첫 메시지를 관리하는 단순한 규칙을 만들기 위해 다양한 원천에 눈을 돌렸다. 우선 그는 메일함을 들여다봤다. 어떤 메시지의 결과가 좋고 나빴을까? 생각과는 다른 결과가 나왔다. (오랜 시간을 들여 쓰면 더욱 매력적으로 느껴질 거라고 생각해서) 정성 들여 길게 쓴 소개 메시지를 상대방에게 보냈을 때 답장을 받을 확률은 훨씬 짧은 메시지를 보냈을 때보다 높지 않았다. 피곤할 때 별 기대 없이 두 줄로 짧게 끼적인 쪽지를 보냈다가 답장을 받고 놀라기도 했다. 이전에는 메시지가 길면 상대방 후보의 관심을 끌 확률도 높아질 것이라고 생각했다. 실제로 그런 경우도 있었지만, 이제 그는 "소개 메시지의 용도는 관심을 이끌어내는 데 있다"는 새로운 이론을 세웠다. 상대방 후보는 메시지가 길든 짧든 그의 신상명세를 클릭했다. 그리고 신상명세가 괜찮아 보이면 답장하고, 그렇지 않으면 답장을 하지 않았다. 이 과정에서 메시지의 길이는 별로 중요하지 않았다. 오히려 메시지를 길게 쓰면 한가한 사람으로 보여서 매력이 떨어질 수도 있었다. 해리는 메시지 교환 내역을 살펴본 결과, 첫 번째 메시지를 교환한 이후 벌어지는 일들의 패턴을 발견했다. 짧은 메시지는 긴 메시지와 다를 바 없는 반응을 이끌어냈다. 이 모두를 살펴본 해리는 첫 번째 규칙을 만들었다. '진짜 글을 쓰기 전에 더듬이부터 내민다.' 짧은 메시지를 보내 관심을 이끌어낸 후 점차 긴 메시지를 쓰는 편이 훨씬 나았기 때문이다.

그 후 해리는 암울한 데이트를 미연에 방지할 수 있는 단순한 규칙을 개발하는 데 착수했다. 최근 있었던 데이트를 돌이켜본 해리는, 서로 잘 맞을 거라고 생각해서가 아니라 소개 메일을 받은 상대방이 적극적으로 반응했기 때문에 만난 경우에는 잘될 가능성이 낮다는 사실을 깨달았다. 그는 이런 데이트의 공통된 패턴을 기록했다. 만나기로 약속할 때는 좋았지만 정작 저녁을 같이 먹으러 식당으로 가는 길에는 딱히 들뜬 기분이 들지 않았다. 물론 이런 데이트도 충분히 즐거울 때가 있었지만, 업무 일정상 1주일에 데이트할 수 있는 시간이 고작 이삼 일밖에 되지 않는 해리로선 상당한 기회비용이 드는 선택이었다. 해리는 경험을 돌이켜본 후 두 번째 규칙을 '오늘 밤에 보고 싶은 여성만 따라다닌다'로 정했다. 이 규칙은 주어진 기회를 즉시 평가해 공통분모가 별로 없는 상대방 후보에게 공을 들이지 않도록 하는 데 도움을 줬다.

인터넷에 올린 사진과 실제로 만났을 때 실물이 다른 경우에도 데이트가 실망스러웠다. 해리는 외모에 지나치게 집착하는 편은 아니지만, 속이려는 의도가 빤히 보일 때는 짜증이 났다. 그는 인터넷 만남의 경험이 있는 친구 윌에게 조언을 구했다. 윌도 초기에 같은 문제를 겪다가 결국 실물과 다른 사진을 찾아내는 전술을 몇 가지 개발해냈다고 했다. 윌이 해준 조언의 초점은 사진이 다양한지 여부였다. 만약 그렇지 않다면, 특히 모든 사진이 한 각도로만 찍혔다면 적신호였다. 또한 윌은 한 장만 다른 사진보다 훨씬 잘 나왔다면 '미모 비정상치'일 가능성이 있다고 경고했다. 이에 따라 해리는 '사진에서 적신호가 나타나면 피한다'는 규칙을 세 번째로 추가했다(그리고 그도 자기 본모습이 잘 나타난 최근 사진을 여러 장 올렸다).

해리는 자기가 만든 규칙에 굉장히 만족했지만, 여기서 멈추지 않고 인터넷에서 효과가 좋은 소개 메일 양식을 찾는 데도 시간을 들였다. 그는 몇 년 전에 오케이큐피드OkCupid가 만든 데이트 메시지 분석 결과를 찾아냈다.[3] '첫 메시지에 무엇을 쓸 것인가'라는 제목을 단 이 보고서에는 50만 건의 첫 데이트 메시지를 근거로 한 여섯 가지 단순한 규칙이 정리되어 있었다. 해리는 이 규칙을 읽고 나서 자기 상황에 맞춘 자신만의 단순한 규칙을 적용하기로 결정했다. 오케이큐피드가 제시한 일반적 규칙들은 너무 뻔한 내용을 담고 있었다. 예를 들어, 'wat', 'ur', 'ya', 'realy' (각각 'what', 'your', 'you' 또는 'yeah', 'really'를 줄인 말–옮긴이) 같은 통신체를 쓰는 것은 물론, 첫 메시지에 상대방이 '섹시하다'는 표현을 써도 매력이 굉장히 떨어진다는 얘기가 그랬다. 하지만 그중 하나는 해리도 유용하다고 느꼈다. 'hey', 'hello' 같은 평범한 인사보다 'what's up', 'yo', 'howdy', 'hola' 같이 자주 쓰지 않는 인사를 쓸 때 응답률이 더 높았다. 특히 'how's it going'은 흔히 쓰는 'hi'보다 두 배나 높은 확률로 대답을 이끌어낼 정도로 뛰어난 효과를 냈다. 조사 결과 효과적인 것으로 판명된 규칙인 '특별한 인사말을 사용하라'를 해리는 '인사말을 'how's it going'으로 하라'로 바꿨다. 이것이 말이 되든 말이 되지 않든 간에 가장 성공적인 인사말을 제쳐두고 굳이 다른 것을 쓸 이유가 있을까?

해리의 이야기는 (인터넷 만남처럼) 광범위한 과정에서 (상대방 후보에게 첫 메시지 보내기라는) 특정 병목을 짚어내는 방법을 잘 보여주는 예다. 또한 해리는 여러 원천을 근거로 자신의 규칙을 만들어냈다. 그 예로, 그는 자기 혼자 모든 규칙을 만들려고 시도하지 않고 친구 윌에게 조언을 구했다. 다음에는 단순한 규칙을 사용해 이와 매우 다른 문제를 해결한 수전에게로 시선을 돌려보자.

우울증을 관리하는 규칙 만들기

수전의 삶은 겉으로 보기엔 동화 같았다. 그녀는 세인트루이스에서 일하는 성공한 변호사이고, 건강한 세 아이의 어머니이며, 대학 시절 만난 연인과 결혼해 행복하게 살았다. 그녀가 성인이 된 이후 대부분의 시간을 우울증과 싸우느라 힘겹게 보냈다는 사실을 아는 사람은 거의 없었다. 첫 번째 큰 위기는 유명한 로펌에서 수습변호사로 일하던 스물일곱 살 때 찾아왔다. 그녀는 첫 번째로 찾아온 우울증의 위기를 의학의 도움 없이 버텨냈지만, 그 시절은 그녀의 삶에서 가장 길었던 6개월로 기억에 남았다.

두 번째 위기는 그로부터 6년 후 찾아와 몇 개월 동안 지속됐다. 그녀는 어느 멋진 가을날 아이들과 술래잡기를 하고 있었다. "저는 옷장 안에서 눈물을 줄줄 흘리고 있었어요. 큰딸 캐시가 저를 찾아내더니 왜 슬퍼하느냐고 묻더군요. 제 생애 최악의 순간으로 손꼽히는 날이지요. 이성적으로 생각해보면 행복해야만 했을 제가 그때 느낀 감정은 오로지 숨이 막힐 듯한 자포자기와 절망뿐이었어요." 이번에는 정신과 의사를 찾아가 항우울제를 처방받았다. 몇 달 동안 약으로 치료하려고 노력해봤지만 부작용이 우울증 자체보다 심각했다. "악몽 때문에 불안에 시달렸고, 성욕이 사라지고, 걸음걸이가 좀비처럼 변했어요."

두 번째로 찾아온 우울증이 치유되고 다시 기분이 나아진 수전은 약에 의지하지 않고도 우울증을 관리할 방법을 찾기로 결심했다. 매일 아침에 일어나자마자 드는 기분을 1에서 10 기준으로 기록하고 5 이하인 날을 우울한 날로 구분했다. 공허감을 피하는 데 도움이 될 만한 방법도 몇 년 동안 실험해보았다. 어릴 적 그녀는 테니스와 하키를 즐기는 활동적인 소녀였지만, 아이를 낳은 후에는 정기적으로 운동하기가 어려웠다. 그녀는 기분을 안정시키는 데 달리기가 도움이 된다는 사실을 깨닫고, 매주 서너 번 정기적으로 달리기를 하기로 결정했다. 또한 로펌을 떠나 소수 고객을 대상으로 하는 시간제 세무변호사 일을 해서 스트레스를 덜고 유연한 일정을 확보했다. 동생이 서른여섯 살 때 유방암으로 사망한 뒤 수전에게 우울증으로 인한 세 번째 위기가 닥쳤지만, 이번 위기는 지난 두 번처럼 오래 지속되거나 심각하지 않았다. 그 후 수전은 동생이 죽은 지 12년째 되는 지금까지 심각한 우울증을 겪지 않았지만 주기적으로 2일에서 5일 정도 기분이 가라앉는 시기를 겪기는 한다. "기분 좋은 하루를 보내고도 다음 날이 되면 디멘터Dementor(《해리포터》에 나오는 악역)에게 인생의 즐거움을 모두 빼앗겨버린 느낌이 들 때가 있어요."

수전은 우울증을 관리하는 데 진전이 없다고 느낄 때 단순한 규칙에 대해 알게 됐다. 그녀는 이렇게 말했다. "우울증에 관한 책과 블로그를 봐도 이제 뭘 해야 할지 확신을 얻을 수 없었어요." 수전은 무엇이 자신에게 가치를 더할 수 있을지는 쉽게 찾아냈다. 그녀가 해결해야 할 것은 바로 여전히 한 달에 한 번꼴로 자신을 괴롭히는 저주, 우울증이었다. 하지만 병목이 무엇인지는 불명확했다. 수전은 스스로 연구한 결과, 우울증이 식생활, 운동, 수면, 유전, 스트레스, 사회생활, 사고방식, 날씨, 성격(그녀같이 걱정이 많은 완벽주의자는 특히 그렇다)의 영향을 받는 복잡한 질병이라는 사실을 알아냈다. 우울증을 앓는 사람들이 쓴 블로그를 읽은 수전은 잠재적 병목이 식생활, 식물성 보조식품, 스트레스 관리, 운동, 수면, 사회활동 등등 매우 다양하다는 데 약간 기가 질렸다. 대체 어디서부터 시작해야 할까?

수전은 우선 과학적 근거에 기반을 두고 실용적인 도움을 제공하는 조언에 집중하기로 했다. 그녀는 우울증에 대한 웹사이트와 도서들 가운데 신뢰성이 높은 것을 검토해 자기 기준을 만족시킬 만한 수단을 찾다가 현실을 왜곡해 불안과 우울을 일으키는 사고방식을 해결하는 접근법인 인지행동치료cognitive behavioral therapy, CBT를 선택했다. CBT가 광범위한 심리 문제를 관리하는 데 효과적이라는 증거는 많았다.[4] 수전은 이 방법을 직접 시험해본 후 도움이 된다고 결론을 내렸다. 수전은 우울감이 심해 절대 회복하지 못할 거라고 확신했을 때 받았던 치료가 기억났다. 의사는 우선 수전의 믿음이 미래에 대한 예측에 불과하다는 사실을 지적한 후, 우울증이란 왔다 가는 일시적 질환이고 그녀가 과거에도 언제나 회복해왔음을 고려해 자기 가설을 스스로 검증해보라고 권했다. 수전은 비록 우울한 상태였지만, 분석력이 매우 뛰어났기 때문에 자신의 믿음을 뒷받침하는 근거가 없음을 인정해야 했고, 몇 주 만에 처음으로 희미하게나마 희망을 느꼈다.

CBT는 (부정적인 생각이 들 때 이의를 제기하는 방법으로) 병목을 명확하게 짚어냈다. 수전은 여기서부터 시작하기로 결정했다. 그녀는 CBT가 도움이 된다고 생각했지만, 무슨 일을 하든 일단 부정적인 생각이 들면 이를 일지에 적고 여기에 대한 반박 글을 쓰는 과정이 복잡하고 번거롭게 느껴졌다. 소요 시간과 번거로움 때문에 수전은 CBT를 실행하는 습관에서 멀어졌다. 그녀는 부정적 생각이 뇌리를 스칠 때마다 CBT 절차를 처음부터 끝까지 밟고 싶지는 않았다. 또한 지난 경험을 돌이켜본 결과, CBT가 멋진 효과를 내기도 하지만 별 효과를 내지 못할 때도 있는 등 자신에게 항상 잘 맞는 것은 아니라는 사실도 깨달았다. 수전은 시기 선택 규칙을 통해 CBT가 자신의 부정적 생각을 해결하는 방법으로 쓸 만한지 판단하려고 했다.

그녀는 예전에 썼던 CBT 일지를 살펴보고 몇 가지 패턴을 찾아냈다. 첫째, CBT는 기분이 좋았다가 갑자기 가라앉을 때 가장 효과가 좋았다. 그녀는 기분을 급격하게 가라앉히는 특정 사건이 무엇인지 보통은 알아낼 수 있었다. 그리고 그 사건에 대한 부정적 생각이 들지 않도록 미연에 방지한다면 기분이 더 우울해지는 상황을 피할 수 있었다. 반면 이미 우울한 상태가 됐을 때는 CBT의 효과가 덜했다. 게다가 우울할 때는 이 방법에 신뢰가 가지 않았고, CBT 절차를 밟을 만한 에너지를 내기도 힘들었다.

또한 자기 기분을 지속적으로 기록한 스프레드시트 파일을 살펴본 결과, 지난 1년 동안 기분이 우울함의 기준인 5보다 낮았던 적은 12번이었다. 우울해지는 패턴은 매번 비슷했다. 몇 주 동안 기분이 좋았다가 하룻밤 잠을 잘 못 자고 난 다음 날 아침에 우울한 느낌이 들면 그 상태가 2~5일 동안 계속됐다. 회복은 점진적으로 이뤄지는 반면 침체는 거의 언제나 아침에 급격하게 시작됐다. 수전은 또한 우울증이라는 저주가 일어나는 시기 중 절반가량이 월요일 아침이라는 데 놀랐다. 가족들은 수전이 월요일을 싫어한다고 농담을 하곤 했는데, 왜 그런지 알아낸 것이다.

수전은 이제까지 알아낸 사실에 기초해 자신만의 단순한 규칙 초안을 만들어냈고, 이를 12월 동안 시험하고 수정해서 새해부터 적용하기로 계획했다. 우선, 아침에 일어났을 때 전날보다 1점 이상 기분이 가라앉았다면(그녀에게는 큰 차이였다) 그녀는 문제가 된 사건을 찾아내고, 부정적인 생각을 기록해 이들 각각에 대처했다. 둘째, 그녀는 매주 월요일 아침에 일어나면 기분이 좋을 때라도 CBT 절차를 밟았다. 그녀는 남편과 충분히 상의한 다음, 월요일 아침이나 그녀의 기분이 가라앉은 날에는 남편이 아이들을 준비시켜 등교시키기로 합의하고 함께 일정을 조정했다. 이 외에도 몇 가지 규칙이 더 있었지만 별로 효과가 좋을 것 같지 않아 제외했다. 두 가지 규칙만 기억하고 실천해도 충분할 거라고 생각한 것이다.

단순한 규칙이 과연 효과적일지 알기 위해 오래 기다릴 필요는 없었다. 1주일 후 일어났을 때 기분이 우울했던 것이다. 수전은 45분을 들여 일지를 쓰며 주로 학교에서 문제를 일으킨 아들과 굉장히 무례한 고객 때문에 발생한 부정적 생각에 대처했다. 그러자 바로 기분이 좋아져서 낙담에 빠지지 않았다. 새해 첫날 바로 직전에는 다시 그보다 심한 우울감이 와서 CBT를 시도했다. 그러나 이번에는 효과가 지난번만큼 좋지 않아서 4일 동안 우울하게 보내야 했다. 혹독한 겨울이 깊어지던 세인트루이스의 날씨도 악재였다. 일지 기록법도 조금 버겁게 느껴졌다. 기분 좋게 일어난 월요일에는 더욱 그랬다.

수전은 1월 초에 자기만의 규칙을 채택하기 전에 재평가해 수정할 곳이 있는지 확인했다(이 주제는 다음 장에서 훨씬 자세하게 다룰 것이다). 그녀는 일지를 앱에 기록하는 게 편리할 것이라고 판단했다. 수전은 대강 검색해본 결과 찾아낸 후보 앱 몇 가지 중 세 개를 다운로드해 시험해보고, 그중 가장 좋았던 iCBT를 사용하기로 결정했다. 또한 그녀는 우울한 기분에 빠지지 않게 도와주는 두 가지 방법(푸른색 조명을 사용하고, 달리기를 한다)을 자기 규칙에 결합했다. 그렇게 해서 새로 만든 규칙은 무엇일까? 첫째, 기분이 1점 내려가면 푸른색 조명을 켜고 iCBT 앱을 사용한다. 기분이 우울해지면 첫 번째 규칙을 따를 것이기 때문에 월요일에 일지를 작성한다는 규칙은 제외했다. 둘째, iCBT 앱을 사용한 뒤에도 기분이 나아지지 않으면 그날 아침에 한 시간 이상 달리기를 한다. 수전은 그녀 스스로 인정하듯 아침형 인간이 아니라서 오후에 달리기 하는 것을 더 좋아하지만 우울감이 끝없이 깊어지지 않도록 방지하기 위해서는 뭐든 가릴 처지가 아니었다. 수전은 이 같은 규칙을 6개월 동안 따른 후 그 결과에 만족했다. 1~6월 사이에 우울한 기분이 든 것은 세 번뿐이었고, 그나마도 그전 6개월 동안 겪었던 상황보다는 지속기간이 짧고 덜 심각했다. 게다가 1년 중 날씨가 가장 나쁠 때 규칙을 사용하기 시작했다는 사실을 감안하면 결과는 더욱 인상적이라고 그녀는 생각했다.

자기만의 간단한 규칙을 만들 때 수전이 잘한 일이 몇 가지 있다. 그녀는 근거가 탄탄한 연구 결과를 적용해 가능성 높은 병목, 즉 부정적인 생각이 계속 악화되어 우울감으로 발전하는 것을 막는 행동을 찾아냈다. 그녀는 매일 자신의 기분을 기록해 자료를 모음으로써 CBT를 적용할 시기 선택 규칙을 만들고 단순한 규칙의 효과를 측정했다. 또한 그녀의 사례는 진행 중인 문제가 정체 상태에 빠졌을 때 단순한 규칙을 활용해 이를 관리하는 방식을 잘 보여준다.

대니얼은 기계공학 학위를 취득하고 경영컨설팅 회사에 취직했다. 그는 대부분의 동료가 MBA 출신에 업무 경험도 몇 년씩 있다는 사실을 알게 됐다. 유능한 동료들 틈에서 두각을 나타내려면 고객과 상사의 신뢰를 빠르게 쌓아야 했다. 내향적인 대니얼은 팀과 함께 일하기보다는 혼자 문제를 해결하는 것을 더 좋아했다. 특히 잘 모르는 사람과 같은 팀에 소속될 경우에는 더욱 그랬다. 능숙하게 타인을 설득하고 자신의 권위를 자연스럽게 보여주는 동료들을 보며, 대니얼은 자기도 그렇게 해야겠다고 생각했다.

대니얼은 아마존 웹사이트에서 도움이 될 만한 책을 찾으려 '경영', '리더십', '소통' 같은 용어를 검색하다가(이 모두 범위가 지나치게 넓었다) '카리스마'라는 검색어가 자신이 찾는 것과 가장 가깝다고 판단한 후 올리비아 폭스 카반Olivia Fox Cabane이 쓴 《카리스마, 상대를 따뜻하게 사로잡는 힘The Charisma Myth: How Anyone Can Master the Art and Science of Personal Magnetism》을 선택했다.[5] 그는 바로 자신이 원하던 것을 제시하는 이 책에 끌렸다. 대니얼은 자기계발서를 그다지 신뢰하지 않지만 평균 평점이 별 4.5개(아마존 독자평점은 5점 만점이다-옮긴이)인 독자 평가가 약 250건에 달하는 것을 보고는 의심을 접었다. 저자에게도 신뢰가 갔다. 그녀는 명문 대학에서 강의했고, 유명한 출판물에 기고했으며, 실제로 유튜브YouTube 동영상에서도 카리스마 있는 모습을 보였다.

대니얼은 자신의 계기판을 움직일 요소가 상사 및 고객과 인맥을 쌓고 신뢰를 주는 것이라고 명확하게 파악했다. 하지만 단순한 규칙을 적용하기에 가장 적당한 후보가 어떤 특정 판단 또는 행동인지는 확신하지 못했다. 대니얼은 자신이 두려워하는 공식 프레젠테이션을 자신의 병목으로 선정했다. 하지만 지난 몇 달 동안 있었던 일을 곱씹어보니, 사전에 일정이 정해진 프레젠테이션은 그다지 많지 않았고, 프레젠테이션에서 신입 컨설턴트인 자신이 맡는 역할도 제한적이었다. 또한 일정이 정해져 있던 덕분에 준비할 시간이 충분해서 프레젠테이션이 보통 잘 마무리됐다는 사실을 알게 되자 그는 놀라면서도 한편으론 기뻤다.

대니얼은 책을 읽으면서 더 적합한 병목을 찾다가, 그가 더 자주 부딪히는 문제는 회의나 휴식 시간, 또는 동료와 같이 택시를 탔을 때, 또는 식사 중 하게 되는 비공식적인 업무 관련 대화라는 사실을 깨달았다. 대니얼은 세심하게 연구한 주제를 논의하는 것은 좋아하지만, 수년에서 수십 년에 이르기까지 경험을 쌓은 동료나 고객과 얘기할 때는 불편한 기분이 들었다. 그는 일반적으로 가벼운 대화를 싫어했지만 날씨나 스포츠 얘기를 할 때는 마음이 편했다. 그는 비공식적인 업무 관련 대화를 단순한 규칙으로 해결할 병목으로 선정했다.

대니얼은 중요하거나, 자신의 병목과 관계있거나, 또는 자기 마음에 드는 부분이라면 무엇이든 줄을 쳐가며 책을 읽었다.《카리스마, 상대를 따뜻하게 사로잡는 힘》은 자기계발서가 으레 그렇듯 만병통치약을 제공하는 게 아니라 수없이 많은 통찰, 도움말, 도구를 제공했다. 그러나 그중 대니얼의 특정한 상황에 적용되는 것은 일부였다. 그는 자신에게 적당한지 생각해보는 방식으로 조언을 살피고 추려냈다. 예를 들어, 저자는 카리스마에는 네 가지 종류가 있다고 주장했다. 대니얼은 이 중 다른 사람에게 완전히 집중한 결과 발휘되는 '포커스 카리스마focus charisma'가 자기 성격에 잘 맞는다고 생각했다. 내향적인 사람은 주의 깊게 듣는 데 뛰어나므로 이 방식은 그의 강점과도 잘 맞았다.

또한 대니얼은 비공식적인 업무 관련 대화에 적용할 수 있는 연습 과제와 실용적 도움말에 초점을 맞춰, 이 중 단순한 규칙으로 쓸 만한 후보 다섯 가지를 찾아냈다. 첫 번째 규칙을 선정할 때 그는 다른 사람이 말하는 내용에 주의를 집중하는 데 도움을 주는 순서대로 우선순위를 매겼다. 그러나 다섯 가지 규칙은 기억하기에 지나치게 많아 보여서 숫자를 줄일 만한 여지를 찾아보았다. 그는 '판사가 판결문을 읽듯 느리게 말하라', '대화할 때는 2초 기다린 후 반응을 보여라' 등 어색하고 부자연스럽다는 생각이 드는 두 가지 규칙을 제외했다.

그 결과, 대니얼은 다른 사람에게 열중해 카리스마를 발휘할 수 있는 세 가지 규칙을 확립했다. 첫째, '지금 대화 상대가 멋진 주연배우로 나오는 영화를 보고 있다고 감정이입하라.' 둘째, '왕처럼 행동하라.' 즉, 지나치게 자주 고개를 끄덕이거나 맞장구를 치거나 꼼지락거리지 말고 차분하고 느긋하게 행동하라는 것이다. 왕족 같은 자세를 취하면 몸이 차분해져서 대화에 완전히 집중할 수 있다. 셋째, '계속해서 시선을 부드럽게 맞춰라.' 누군가를 볼 때 시선과 표정에서 긴장을 풀라는 의미다. 대니얼은 부드럽게 시선을 맞춤으로써 다른 사람이 말할 때 그 내용에 집중하고 연대감도 강화할 수 있었다.

대니얼의 이야기는 자기계발서를 읽고 무엇을 행동에 옮길 것인가

하는 흔한 문제를 효과적으로 해결한 사례다. 단순한 규칙이 제공하는 사고 틀을 이용하면 수백 페이지에 걸친 내용을 걸러서 자신에게 가장 큰 도움을 줄 핵심적인 조언에 집중할 수 있다.

앞의 세 장을 통해 업무나 개인적 삶에 적용할 수 있는 단순한 규칙을 만드는 방법에 대한 조언을 제공했다. 하지만 단순한 규칙을 만든다고 해서(이 책은 물론이고) 모든 것이 끝나는 것은 아니다. 단순한 규칙은 시간이 흐르고 경험이 쌓이면 개선되기 마련이다. 다음 두 장에선 이에 대해 살펴보겠다.

Simple

Chapter 07

규칙
개선하기

Chapter 07

이 장에서는 처음 만든 단순한 규칙을 개선하는 방법을 다룬다. 바로 앞의 두 장에서는 단순한 규칙을 만들 때 유용한 체계적 절차를 자세하게 다뤘다. 그렇게 해서 나온 첫 규칙은 전략적이거나 정확하다고 하기 힘든 경우가 많다. 첫 규칙에는 보통 개선할 여지가 있다. 규칙을 개선할 때는 단순히 경험해보는 방법뿐만 아니라 특별한 학습 방법을 사용할 수도 있다. 단순한 규칙을 어떻게 개선할지 알아보기에 앞서, 정말 규칙을 개선해야 하는지부터 생각해보자. 단순한 규칙이 있기만 해도 충분히 도움이 될지 모르기 때문이다.

캐슬린은 단순한 규칙을 개선하는 것이 중요한지 확인하기 위해 스탠퍼드 대학원생이던 헤라르도 오쿠이센Gerardo Okhuysen과 함께 실험 연구를 했다.[1] 이들은 실험 참가자를 다섯 명씩 묶어서 가상의 식당에서 일어난 식중독 사건의 수수께끼를 함께 풀도록 했다. 각 집단이 문제를 풀기 위해 제공받은 정보 중에는 서로 같은 것뿐만 아니라 다른 것도 있었다. 성공의 실마리는 여러 정보를 효과적으로 조합해 전체 맥락을 파악하고 해답을 도출해내는 데 있었다. 어떤 집단은 '다른 사람의 말을 들어라'라는 단순한 규칙을 제시받았고, 어떤 집단은 '정보를 공유하라'라는 말을 들었다. 실험을 시작하기 전 헤라르도와 캐슬린은 이 두 규칙 모두 유용할 것이라고 믿었다. 반면 각 집단에게 작업을 완수하기에 충분한 시간이 주어졌기 때문에 특정 집단에게 제시한 '시간을 안배하라'라는 규칙은 쓸모없을 것이라고 생각했다. 그리고 또 다른 집단에게는 아무런 규칙도 주지 않았다.

가장 좋은 성과를 낸 것은 예상대로 과업과 관련해 '다른 사람의 말을 들어라'라는 단순한 규칙을 제시받은 집단이었다. 이 집단은 자주 회의를 멈추고 진행 상황을 재평가해가며 문제 해결 방향을 조정했다. 방향 조정은 더 나은 해결책을 찾는 데 도움이 됐다. 두 번째로 높은 성과를 낸 것은 예상과 달리, 문제 해결과 관련이 적다고 여겨졌던 '시간을 안배하라'라는 규칙을 제시받은 집단이었다. 집단에게 주어진 시간은 문제를 해결하는 데 필요한 시간보다 훨씬 많았기 때문에 이 규칙은 중요하지 않아 보였다. 그러나 이 규칙을 제시받은 집단은 시간을 확인하기 위해 가끔씩 멈췄다. 그러면서 '다른 사람의 말을 들어라'라는 유용한 규칙을 제시받은 집단과 마찬가지로 문제 해결 방법을 손보고 후속 작업의 방향을 다시 잡았다. "다른 사람의 말을 들어라'라는 규칙이 더 좋은 결과를 내기는 했지만, 별로 중요하지 않아 보였던 규칙 역시 이와 비슷하게 도움이 되는 행동을 자극한 것이다.

놀랄 일은 이것뿐만이 아니었다. 헤라르도와 캐슬린 모두 유용할 것이라고 생각한 '정보를 공유하라'라는 단순한 규칙을 제시받은 집단은 사실 아무런 규칙도 제시받지 않은 집단과 함께 가장 낮은 성적을 냈다. 정보를 공유하라는 조언을 들은 사람은 말을 많이 했지만(이 규칙을 적용한 집단 구성원은 다른 집단에 비해 평균적으로 훨씬 오랫동안 자기 견해를 밝혔다) 다른 사람의 의견을 듣거나 잠시 멈춰 자기들의 문제 해결 방식을 다시 생각하지는 않았다. 이 규칙은 사람들이 문제를 풀기 위해 다른 사람과 협력하게 만들기보다는 자기 정보에 집중하게 만들었다. 이 실험 연구의 결론은 다음과 같다. 규칙이 좋을수록 결과도 좋으며, 심지어 언뜻 보기에 중요하지 않은 규칙이라도 결과적으로 도움이 되는 행동을 장려한다면 상당한 효과를 낼 수 있다. 하지만 효과적인 행동을 자극하지 못한 규칙은 규칙이 없는 것과 마찬가지로 쓸모없다.

앞선 장들에서는 사람들이 규칙을 처음 학습하는 과정, 즉 개인적인 경험을 활용하거나, 유추를 적용하거나, 협상하는 등 공통적인 접근법을 활용하는 방법을 비롯해 계기판을 움직이는 요소와 병목이 존재하는 위치를 발견해내는 체계적인 방법을 살펴보았다. 이 장에서는 개인과 조직이 처음 만들어낸 규칙을 개선하고, 그 절차를 빠르게 진행하는 방법에 초점을 맞춘다. 첫 번째 사례의 주인공 섀넌 털리Shannon Turley는 이 책의 도움을 받지 않고도 단순한 규칙을 만든 뒤 세밀하게 조정하는 데 굉장한 성과를 올렸다. 섀넌은 자신이 속한 업계를 혁신했을 뿐만 아니라 자기 규칙을 수정하고 향상하는 방법도 잘 보여주었다.

더 나은 단순한 규칙을 위해

섀넌 털리는 2000년 버지니아공대(버지니아폴리테크닉 주립대학교)에 입학할 당시 운동선수로서 크게 두각을 나타내지 않았다.[2] 웨스트버지니아 주에서 온 애팔래치아Appalachia(애팔래치아 산맥 중남부 지역 문화권을 가리키며, 낙후한 지역이라는 선입견이 있다—옮긴이) 미국인이라고 자칭하는 섀넌은 영양 섭취, 식품, 체육과학을 전공하는 후보 육상 선수였다. 그의 꿈은 미식축구 체력 담당 코치였다. 체력 담당 코치의 임무는 선수가 더욱 빠르고 폭발적인 힘을 내도록 돕는 것이다. 이들은 1970년대 네브래스카대학 콘허스커스Nebraska Cornhuskers 팀이 경기장에서 상대방을 체력으로 압도하는 데 일조한 이후 중요성을 인정받았다. 체력 담당 코치는 눈에 띄지 않을지 몰라도 선수들과 보내는 시간이 미식축구 감독보다도 긴 데서 알 수 있듯 상당한 영향력을 발휘한다. 젊은 선수와 공감대를 형성하는 데 능하고 성격이 좋기로도 유명한 전직 미식축구 선수가 체력 담당 코치의 전형이다.

현재 섀넌이 스포츠 성과 담당 키식 패밀리 기념이사Kissick Family Director of Sports Performance를 맡고 있는 스탠퍼드대학 미식축구 팀은 심심치 않게 좋은 성적을 거둔다. 섀넌이 합류한 2007년에 팀이 기록한 성적은 끔찍하게도 1승 11패였으니, 팬들은 경기 중 반만 이겨도 기뻐할 지경이었다. 그로부터 불과 3년 만에 스탠퍼드대학 미식축구 팀은 학업 성적 최상위 학생만 입학시키고 졸업률을 90퍼센트 이상으로 유지하면서도 10위권 진입, 오렌지 보울Orange Bowl, 로즈 보울Rose Bowl, 피에스타 보울Fiesta Bowl 등 주요 챔피언십 진출, Pac-12Pacific-12 Conference(미국 서부 12개 대학 스포츠팀 연맹-옮긴이) 챔피언십 진출 등 믿기지 않는 성적을 거두었다. 스탠퍼드대학 팀이 경기장에서 거듭 승리하는 동안 섀넌은 '올해의 전미 체력 담당 코치 상National Strength and Conditioning Coach of the Year'을 두 번이나 수상했다. 대학 조교에 불과하던 섀넌이 그렇게 짧은 시간 안에 업계 최고로 올라선 비결은 무엇일까? 그리고 그는 미식축구 강호보다는 노벨상 수상자를 배출한 학교로 유명한 대학에서 어떻게 이런 성과를 이뤄냈을까?

처음 버지니아공대에 왔을 때 그는 그런 미식축구 팀을 만들 꿈도 꾸지 못했다. 대신 그는 자기의 표현대로 "업계의 전설적인 존재이자 훌륭한 코치이고 지금도 자기 멘토인" 상사가 진행하는 체력단련 프로그램에 조수로 자원했다. 이 프로그램의 표어는 '역기의 중량을 높여 강해지자'였다. 체력단련실 벽에는 커다란 기록판을 붙여놓았고, 선수들은 자신의 최고 기록을 써놓은 티셔츠를 입고 다니며 힘을 과시했다. 버지니아공대 체력단련 프로그램의 규칙은 체력단련 프로그램을 운영하는 곳이라면 미국 어디서든 쓰는 것들이었다. 이 규칙은 벤치프레스, 백스쿼트, 파워클린 같은 웨이트트레이닝 훈련에 초점을 맞추고, 개인 및 팀 기록을 달성한 선수에게 상을 주는 방식으로 적용됐다. "(버지니아공대의 체력단련 프로그램 같은) 그런 것은 모든 사람이 다 했습니다. 개인 기록을 추구하고 기록판에 이름을 올리는 거죠"라고 섀넌은 말했다. 틀 잡힌 버지니아공대식 절차는 더 강도 높은 훈련을 하도록 동기를 부여하지만, 가장 무거운 무게를 드는 선수가 경기장에서도 반드시 최고의 성과를 내는 것은 아니라는 사실을 섀넌은 발견했다. 섀넌은 "저는 다른 사람들과 달리 그런 기록이 경기에서 나타나는 성과와는 관계없다고 판단했기 때문에 거기에 그다지 가치를 두지 않았습니다"라고 말했다.

체력단련실에서 힘을 키우는 버지니아공대식 규칙으로 무장한 섀넌은 그 후 캔자스시티 로열스Kansas City Royals의 마이너리그 팀인 위치타 랭글러스Wichita Wranglers(2008년부터는 노스웨스트 아칸소 내추럴스Northwest Arkansas Naturals로 연고지와 이름을 바꿨다-옮긴이)에서 여름 한 철 동안 일했다. 팀에는 메이저리그에서 정상을 밟을 만한 후보가 가득했다. "완전히 풋내기였던 저는 선수들이 더 강해지도록 밀어붙이는 것이 제 임무라고 생각했습니다"라고 섀넌은 회상했다. 하지만 로열스가 원하는 것은 그런 게 아니라는 사실을 그는 금세 깨달았다. 로열스에 가장 중요한 요소는 미식축구 팀과 달리 힘이 아니라 건강이었다. 팀은 내구력 좋고 금세 회복되는 선수, 즉 마이너리그 한 시즌 동안 버스를 타고 미국 중부 전역에 있는 소도시를 다니며 140경기 전부를 부상 없이 치를 수 있는 선수를 원했다. 또한 대학 미식축구 선수와 달리 프로 야구 선수들은 자신이 실제로 야구 경기를 할 때 체력단련 프로그램이 어떤 도움을 줄지, 그리고 왜 체력단련 프로그램이 건강에 도움이 되는지 확실히 알고 싶어 했다. 다시 말해, 단순한 규칙의 근본에 어떤 논리가 숨어 있는지 알고, 이 논리를 경기장에서 거둘 승리와 연결하려고 했다. 예를 들어, 한 선수는 직구를 더 잘 던지게 해달라고 섀넌에게 부탁했다. 섀넌은 이렇게 회상했다. "그러려면 어떤 운동을 해야 할까 고민해보니, 미식축구 선수들이 하는 벤치프레스는 어깨에 지나치게 부담을 줄 것 같다는 생각이 들었습니다." 프로 야구 선수가 미식축구 선수와 다른 면은 또 있었다. 이들은 시간을 스스로 관리해야 했다. 예를 들어, 야간 경기를 치르고 녹초가 되면 다음 날에는 늦잠을 자서 이에 따라 체력단련 시간을 늦춰야 했다. 이런 상황에서 선수들에게 지시만 할 순 없었다. 융통성을 발휘해야 했다.

섀넌은 야구 관련 일을 끝낸 후 미주리대학에 입학해 심리학을 공부했다. 여기에서 그는 완전히 새로운 영역에 있는 팀을 담당할 기회를 잡았다. 바로 여성 배구 팀이었다. "배구 팀 감독은 미식축구식 체력단련 프로그램이 아니라 최고의 배구 선수를 만들 수 있는 프로그램을 원한다고 확실히 말하더군요"라고 섀넌은 회상했다. 얼마 지나지 않아 섀넌이 깨달았듯 미식축구와 여자 배구는 최소한 겉보기에는 매우 달랐다. 미식축구 선수들에게는 필요 없는 점프와 풋워크, 공수전환이 배구에서는 매우 중요했다. 섀넌은 뛰어난 배구 선수가 되는 데 무엇이 필요한지 알아내려고 배구 경기 비디오를 보고 배구 팀 감독과 협업했다.

섀넌은 남자 레슬링 팀 체력 담당 코치 자리도 맡았다. 레슬링에서는 당기는 힘이 중요하므로 미식축구에서처럼 미는 힘을 키우는 훈련 방식은 별로 효과를 내지 못했다. 레슬링 팀 감독은 섀넌에게 "레슬링 경기장에 올라가서 점프하는 선수는 바로 팀에서 빼버릴 거요"라고 말하며 배구가 아닌 레슬링 팀에 맞는 훈련을 요구했다. 섀넌은 체력 담당 코치의 단순한 규칙이 스포츠 종목에 따라 다르다는 것을 알게 됐다. 사실 공통점보다는 차이점이 많았다. 이때쯤 섀넌의 상사와 교수 한 명은 다른 사람의 체계만 적용하지 말고 슬슬 자기만의 체계를 만들어보라고 그를 격려했다. 그는 자신의 기억을 되새겨 효과가 있었던 것과 없었던 것을 기록한 엄청나게 많은 정보를 바탕으로 자기만의 규칙을 만들어내기 시작했다.

일지에 자기 생각을 정리해 나가던 섀넌은 자신이 어쩌면 여태껏 잘못 일해왔는지도 모르겠다는 생각이 들었다. 그는 스포츠 종목이 다양한 만큼 그 차이도 커 보이지만 넓은 시각으로 보면 서로 그렇게 다르지 않다는 사실을 깨달았다. 강한 힘을 갖추는 것보다 부상을 피하는 것이 중요하다는 것은 어느 스포츠 종목에서나 마찬가지였다. 상대가 존재하는 스포츠 경기에서는 실용적 기술을 갖추는 것이 중요했다. 50미터 달리기 기록이나 벤치프레스로 들어 올린 역기의 무게를 재기는 쉽지만, 이를 통해 경기에서 더 좋은 성적을 얻을 수 없다면 결국 쓸모없는 일이다. 제대로 영양을 섭취하지 않는다면 누가 어떤 스포츠를 하든 최고의 성적을 얻을 수 없다. 섀넌의 단순한 규칙은 한 고등학교에서 체력 훈련의 가치를 설명할 때 확고하게 자리를 잡았다. 그때쯤 섀넌은 미식축구계로 돌아갈 준비를 마쳤다. 하지만 실적도 없고 검증되지도 않았으며 체력 담당 코치로선 파격적인 규칙을 제시하는 젊은이에게 기회를 줄 사람이 과연 있었을까?

바로 그 사람이 선수 시절 시카고 베어스Chicago Bears에서 쿼터백으로 뛴 경력이 있고 당시 샌디에이고대학에서 미식축구 팀 감독을 맡고 있던 짐 하보Jim Harbaugh였다. 샌디에이고 토레로스Toreros의 체력단련실에 도착한 섀넌은 버지니아공대와 미주리대학에서도 보았던 기록판이 벽에 붙어 있는 것을 발견했다. 섀넌은 이렇게 말했다. "저는 숫자가 중요한지 뛰어난 선수가 중요한지 하보에게 물었습니다. 그리고 겨울 동안 제 체계를 적용하게 해주면 봄에 열릴 개막전까지 선수들을 더욱 뛰어나게 만들어놓겠다고 장담했죠." 하보는 처음에 체력단련실에서 오랜 시간을 보내며 힘을 길러야 한다는 기존 규칙을 옹호했다. 하지만 섀넌이 고집을 부리자 결국 물러섰다. 섀넌은 전가의 보도인 기록판을 없애버리고, 부상을 방지하기 위한 체력 훈련으로 초점을 옮겼다. 1년 후 하보는 스탠퍼드대학 미식축구 팀 감독으로 부임하면서 섀넌을 데려갔다.

2007년 스탠퍼드대학 팀에 합류할 당시 섀넌은 스물아홉 살밖에 되지 않았었다. 그의 규칙은 버지니아공대 시절부터 오랫동안 계속 발전해왔다. 섀넌 방식의 핵심은 부상을 방지하는 신체 활동을 선택하는 데 있었다. "훌륭한 선수일수록 경기를 더 오래 하기 때문에 부상당할 위험도 높아집니다. 그런데 팀이 성과를 올리고 성공을 거둘 기회는 가장 훌륭한 선수의 성과와 밀접한 관계가 있어요"라고 섀넌은 말했다. 그는 모든 활동은 부상을 피하는 데 중점을 두어야 한다고 생각했다. 따라서 그는 유연성 운동, 편심성 운동eccentrics(아령을 들어 올렸다가 천천히 내려놓을 때처럼 근육을 늘이는 데 집중하는 운동–옮긴이), 스트레칭, 등척성 운동isometrics(기마자세를 유지하는 것처럼 관절을 고정한 채 근육을 사용하는 운동–옮긴이), 요가, 기구 사용법 교정을 매우 중요시했다. 두 번째 규칙은 포지션별 기능을 개선하는 활동, 다시 말해 반드시 더 강한 선수가 아니라 더 좋은 선수를 만드는 활동에 중점을 두었다. 이에 따라 디펜스백defensive back과 라인맨lineman 등 포지션마다 다른 우선순위 규칙이 적용됐다. 올아메리칸all-American(프로 스포츠에서 올스타를 선정하듯, 미국 아마추어 스포츠에서 선정하는 포지션별 최우수 선수—옮긴이) 오펜스 라인맨offensive lineman 데이비드 양키David Yankey를 예로 들어보자. 오펜스 라인맨으로 성공하는 열쇠는 자세를 낮추고 다른 덩치 큰 선수를 밀어내는 데 있다. 따라서 하부 코어 근육lower core(척추기립근이나 복근같이 신체 중심 내부에 있는 코어 근육 중에서도 엉덩이, 골반 등 동체 아래쪽에 위치한 근육—옮긴이), 균형감, 어깨 힘을 강화하는 활동이 필수적이다. 누워서 역기를 밀어 올리는 벤치프레스는 다른 미식축구 팀 훈련 프로그램에서는 핵심일지 몰라도 섀넌에게는 그다지 중요하지 않았다. NFL 스카우터들은 양키가 벤치프레스로 들 수 있는 무게가 고작 자기 몸무게 정도라는 사실에 놀랐지만, 섀넌은 실제 경기에서 중요하지 않은 움직임에 중점을 둘 이유가 없다고 생각했다. "미식축구 경기 중에 드러누웠다면 이미 진 거죠"라고 섀넌은 설명했다.

섀넌에게는 또 다른 우선순위 규칙이 있었다. 부상을 먼저 치료한다는 것이다. 타이트 엔드tight end(공격 포지션 중 하나—옮긴이) 코비 플리너Coby Fleener가 등에 문제가 있는 채로 입학하자 섀넌은 부상을 치유하기 위한 특별한 운동과 식이요법을 처방했다. 그리고 곧 효과가 나타났다. 플리너는 스탠퍼드대학 재학 당시 한 경기도 결장하지 않았고, 졸업한 뒤에는 NFL에서 뛰게 됐다. 섀넌의 규칙은 선수들에게 놀랄 만한 자유를 주었다. 섀넌은 선수들에게 자기가 할 운동을 선택할 융통성을 부여했다. 사실 신체 능력을 향상시키기 위한 연간 계획을 짜는 사람은 바로 선수 자신이다. 또한 섀넌의 세 가지 식습관 규칙 '아침을 먹어라', '수분을 충분히 섭취하라', '수확하거나 털을 뽑거나 도살할 수 있는 것이라면 먹고 싶은 만큼 먹어라'만 지킨다면 선수들은 자기가 먹고 싶은 대로 먹을 수 있었다.

섀넌이 부임했을 무렵, 스탠퍼드대학 미식축구 팀은 그야말로 엉망이었다. 전 시즌에는 단 한 경기밖에 이기지 못했고, 선수 중 26명이 수술 때문에 시즌을 마감했거나 시즌 종료 후 수술을 받을 예정이었다.[3] 그런데 섀넌이 부임한 이후, 부상 건수는 87퍼센트나 감소했다. 수술 때문에 시즌을 마감하거나 시즌 종료 후 수술을 한 선수는 2012년에는 단 두 명, 2013년에는 단 한 명뿐이었다. 스탠퍼드대학 미식축구 팀은 전통적인 방식과 거리가 있는 섀넌의 단순한 규칙을 적용한 후 체력에서 Pac-12의 다른 팀을 압도하며 다승으로 순위를 다투는 팀이 됐다. '모범생 왕국' 스탠퍼드는 섀넌의 단순한 규칙을 활용해 좋은 성적을 내는 한편, 헨리 앤더슨Henry Anderson이나 조던 리처즈Jordan Richards 같은 현역 대학 선수뿐만 아니라 입담 좋기로 유명하고 올스타로도 선정된 시호크Seahawks 팀 코너백cornerback 리처드 셔먼Richard Sherman과 콜트Colts 팀의 신예 슈퍼스타 쿼터백quarterback 앤드루 럭Andrew Luck 같은 프로 선수를 배출해냈다.

이전 장에서는 단순한 규칙을 만들어내는 방법에 집중했다. 이번 장에서는 단순한 규칙을 더 좋게 만드는 그다음 단계를 살펴본다. 단순한 규칙은 예측 가능한 패턴을 이용해 개선할 수 있다. 앞선 두 장에서 다룬 체계적 절차에 크게 도움을 받아 만들었더라도 첫 규칙은 기계적이고 뻔할 뿐만 아니라, 효과도 약한 경우가 분명히 있다. 시간이 흐르면서 규칙과 관련해 세 가지 일이 벌어진다. 첫째, 내용이 피상적이고 편의적이었다가 전략적이고 추상적으로 변하면서 더욱 광범위한 행동과 판단에 효과를 보이게 된다. 둘째, 여러 규칙이 특정한 일련의 순서에 따라 학습된다. 보통 경계선 규칙과 방법 규칙이 먼저 출현하고, 학습하기 비교적 힘든 다른 규칙은 그 이후에 등장한다. 셋째, 규칙의 개수가 늘어났다가 줄어든 후 일정 수준을 유지하는 단순화 주기가 진행된다. 시간이 흘러 환경이 변화하는 데 따라 규칙을 계속 바꾸는 와중에도 규칙의 수를 적게 유지하는 사람이 가장 훌륭한 규칙 사용자라고 할 수 있다. 이후에 설명하겠지만, 학습 과정은 이런 패턴을 가속해 규칙을 더욱 빠르게 개선하도록 돕는다. 또한 경험이 쌓인다고 해서 반드시 단순한 규칙이 개선되는 것은 아니기 때문에 개인과 조직은 의식적으로 올바른 행동을 취해야 한다. 규칙 개선 속도를 높이는 핵심 학습 과정에는 과거의 경험을 의식적으로 회상하거나 다양하면서도 연관된 경험을 하는 등의 행동이 포함된다. 가장 강력하게 개선을 이끌어낼 수 있는 방법은 여러 가지 학습 과정을 조합하는 것이다.

섀넌이 버지니아공대에서 처음 만든 규칙은 체력단련실 게시판에 숫자를 쓰고 선수들이 점점 더 무거운 역기를 들게 동기부여하는 것이었다. 이 규칙은 시간이 흐르면서 그가 스탠퍼드대학에서 사용한 단순한 규칙, 즉 부상을 방지하고 경기장에서 기능적 효율성을 보이는 데 중점을 둔 규칙으로 개선됐다. 섀넌의 이야기는 예측 가능한 패턴을 따라간다. 그의 규칙은 전략적으로 변하고(다시 말해, 미식축구 경기 승리와 연관되고), 수많은 스포츠에 적합한 추상성을 얻었다. 또한 일지를 통해 자기 경험을 떠올리거나 다른 사람이 겪은 시행착오에서 배우는 등 여러 가지 학습 방법을 조합한 데서 알 수 있듯, 섀넌은 학습 과정을 활용했다. 섀넌은 단순한 규칙을 개선하는 데 달인이다. 심지어 지금도 창의적인 방식으로 자기 규칙을 계속 개선하고 있다. 스탠퍼드대학 출신 NFL 선수라면 섀넌의 체육관을 사용할 수 있지만, 그러려면 섀넌에게 '프로팀에서 배운 것을 말해줘야 한다'는 조건을 지켜야 한다. 이제 개선을 도와주는 학습 과정을 더 깊게 파고들 것인데, 우선 필자들이 발견한 단순한 규칙의 개선 패턴을 자세히 살펴보자.

단순한 규칙을 개선하는 방법

캐슬린과 노스캐롤라이나대학 교수 크리스 빙엄Chris Bingham은 단순한 규칙을 개선할 때 확연하게 눈에 띄는 패턴이 있을지 궁금했다.[4] 이들은 기업가들로 구성된 12개의 팀이 국제화 과정에서(즉, 다른 국가에서 새로운 회사를 경영하면서) 얻은 경험으로부터 무엇을 배웠는지 꼼꼼하게 추적했다. 이들 팀이 직면한 문제는 특정 국가에서 배운 것을 일반화해 다른 국가에서 경영할 때도 적용할 수 있느냐 하는 것이었다. 예를 들어, 프랑스에서 영업을 시작한 회사가 프랑스인은 같이 와인을 마시면서 사업 계약을 체결한다는 사실을 알게 됐다면, 나중에 폴란드나 독일에 진입했을 때 이 깨달음을 규칙으로 사용할 수 있을까? 아니면 이는 프랑스에서만 통하는 규칙일까? 각 팀의 기업가들은 서로 매우 다른 국가 세 곳에서 왔다. 몇몇은 미국에서 왔다. 또 몇몇은 남아시아의 상업

교차로에 있는 다문화 도시국가 싱가포르에서 왔다. 나머지는 첨단기술 벤처 회사로 이루어진 풍부한 생태계를 자랑하는 스칸디나비아 국가 핀란드에서 왔다. 이처럼 문화적·지리적 배경이 다양했지만, 크리스와 캐슬린은 국경과 관계없이 이들에겐 단순한 규칙을 개선하는 공통된 패턴이 존재한다는 사실을 확인했다.

크리스와 캐슬린은 이들이 처음에 사용하는 단순한 규칙은 질이 좋지 않거나 명시된 규칙 자체가 없다는 사실을 알아냈다. 처음에 기업가들은 효과적인 단순한 규칙을 만들어낼 만한 정보와 시간이 부족한 상황에 처하기 때문이다. 따라서 이들은 필요한 규칙을 의식적으로 인지하려고 노력하기보다는 노벨상을 수상한 심리학자 대니얼 카너먼Daniel Kahneman이 "빠른 생각fast thinking"이라고 부른 사고 과정을 거친다. 즉 대표성(흔한 것을 선택하라)과 입수 가능성(처음 생각나는 것을 선택하라)같이 인지하기 쉽고 누구나 타고나는 휴리스틱을 활용하는 것이다.[5] 예를 들어, 핀란드 팀 모두가 첫 해외 진출국으로 스웨덴을 선택한 이유는 친숙하다는 것 하나였다. 핀란드는 몇 세기 동안 스웨덴의 지배를 받았기 때문에 전체 인구의 6퍼센트가 스웨덴어를 모어로 사용하며, 주요 도로 표지판에는 핀란드어와 스웨덴어가 병기된 경우가 많다. 이에 대해 한 기업가는 "스웨덴은 가깝습니다. 그리고 친숙하죠"라고 말했다. 싱가포르 팀 역시 외국에서 영업을 시작할 때는 본능을 따랐다. 이들은 대부분 싱가포르에서 통하는 규칙이 다른 곳에서도 효과가 좋을 가능성이 낮은 경우에도 이를 기계적으로 따랐다. 미국 팀도 마찬가지였다. 예를 들어, 한 미국 팀은 값비싼 유방 조영기기를 팔 때 '병원을 목표로 설정한다'는 단순한 규칙을 따랐다. 병원이 이런 기기를 많이 구매할 뿐 아니라 최신 기기를 확보하려고 경쟁하는 미국에서라면 이치에 맞는 얘기다. 하지만 스웨덴이나 브라질처럼 국가가 건강보험을 운영하며 기기를 일괄 구매하거나, 반대로 개업의가 개별적으로 기기를 구매하는 국가에서는 이 같은 규칙이 효과를 내지 못한다.

그다음으로 크리스와 캐슬린은 사람들이 처음에 사용한 단순한 규칙을 개선하는 방법을 관찰하고 특징을 발견해냈다. 기업가 팀이 정기적으로 모여 자기 회사가 낸 실적에 대해 토의하다 보면 팀원들은 자기 규칙을 더욱 전략적이고(즉, 정밀하고 성공과 밀접하게 연관되도록) 추상적으로(즉, 여러 상황에 적용할 수 있게) 만들 수 있었다. 예를 들어, 핀란드 팀은 '북유럽 국가를 목표로 선정한다'라는 단순한 규칙을 가지고 시작했다. 이후 이들은 단순히 같은 북유럽 국가라는 공통점에 집중하기보다는 시장의 규모에 따라 대상 국가를 선택하는 것이 더 좋은 전략임을 깨달았다. 북유럽 국가는 인구가 적어 성장 잠재력이 프랑스나 영국 같은 대형 시장만큼 크지 않다. 스웨덴에서는 회사를 세우는 데 영국과 거의 비슷한 시간이 걸리지만 성장 잠재력은 훨씬 적다. 팀이 성장을 가속하기 위해 수정한 더욱 전략적인 단순한 규칙은 이렇다. '유럽의 대형 시장에 진입한다.'

싱가포르 팀의 사례는 규칙이 추상화되는 방식을 보여준다. 싱가포르 팀은 고성능 보안 소프트웨어를 정부 기관에 판매한다는 단순한 규칙으로 시작했다. 하지만 이 첫 규칙은 외국산 고성능 보안 소프트웨어를 신뢰하지 못하는 각국 정부의 특성상 싱가포르 바깥에서는 실패할 수밖에 없었다. 그래서 이들은 말레이시아에 진출할 때 목표를 보험사로 바꿨다. 홍콩 금융가에 진출할 때는 목표를 대형 은행으로 전환했다. 각자의 경험을 종합해본 싱가포르 팀은 여러 구체적인 상황에 적용할 수 있는 추상적인 규칙이 최고의 규칙이라는 사실을 깨달았다. 이렇게 해서 만든 규칙은 바로 '대량의 자료를 자산으로 취급하며, 관련 비용을 지불할 능력이 있는 조직에 판매한다'였다. 이들은 이 규칙을 사용해 일본과 중국의 제조 대기업에서 사우디아라비아의 정유사에 이르는 다양한 고객에게 초점을 맞출 수 있었다.

크리스와 캐슬린은 무엇보다 사람들이 단순한 규칙을 적용하는 순서가 정해져 있고, 따라서 규칙 중에도 학습하기가 비교적 어려운 것이 있다는 사실에 가장 놀랐다. 사람들은 먼저 경계선 규칙과 방법 규칙을 적용했다. 그 후 우선순위, 시기 선택, 행동 조율 규칙을 이해했고, 중지 규칙을 가장 마지막에 배웠다. 대표적인 사례가 미국 반도체 회사 선라이즈Sunrise 팀이다. 이 회사의 창업자는 많은 기업을 창업해본 중국계 미국인 아서 수Arthur Hsu다. 아서 수와 팀원들은 외국에 처음 진출하기 전에 몇 가지 경계선 규칙과 방법 규칙을 만들었고, 앞으로 이를 계속 쓸 계획이었다. 경계선 규칙 하나는 아시아 국가에만 진출한다는 것이었다. 중국계 미국인으로 구성된 팀은 문화 이해라는 면에서 자기 회사가 경쟁 상대인 다국적 대기업이 감히 따라올 수 없는 우위를 갖고 있다고 생각했다. 팀은 이를 포함한 몇 가지 규칙을 염두에 두고 낙관적인 태도로 먼저 중국에, 그 후 대만에, 마지막으로 한국에 진출했다. 이들은 각국에서 경계선 규칙과 방법 규칙을 세밀하게 조정했다. 예를 들어, 스타트업과 함께 사업을 해야 하는 고객의 불안을 누그러뜨리기 위해 '성공적으로 쌓은 실적을 강조한다'라는 새로운 규칙도 만들었다.

한국에 진출한 후 이들 팀은 외국(즉 중국, 대만, 한국)에서 충분히 경험을 쌓으면서 패턴을 발견했다. 신제품을 출시하기 가장 쉬운 곳은 대만이었고, 가장 어려운 곳은 중국이었다. 팀은 '시장 난이도 순서대로 신제품을 출시한다'라는 첫 번째 시기 선택 규칙을 명시해 한 번에 한 국가씩, 문을 가장 활짝 연 고객의 손에 빨리 신제품을 전하는 데 초점을 맞췄다. 네 번째로 일본에 진출했을 때 팀이 만든 첫 우선순위 규칙은 구매확률이 가장 높은 고객인 '자동차 회사를 만나는 데 우선권을 배정한다'였다.

마지막으로 크리스와 캐슬린은 사람들이 단순한 규칙을 추가했다가 다시 전체 개수를 줄인 후 이를 계속 적은 수로 유지한다는 사실을 확인하고, 이 과정에 '단순화 주기simplification cycling'라고 이름 붙였다. 단순화 주기를 활용하는 사람들은 조건이 변하면 규칙을 갱신하는 한편, 적은 수의 규칙을 유지해 집중력과 융통성을 유지한다. 그 사례로 주로 상점 계산대 앞에 배치되는 제품을 소매점에 공급하는 핀란드 회사가 있다. 이 회사는 본격적으로 해외에 진출하기 전, 기업 인수를 해외 진출 수단으로 사용한다는 방법 규칙을 사용했다. 근거는 현지인이 경영하는 기존 회사를 활용해 빠르게 자리 잡자는 것이었다. 팀은 기업 인수 효과를 높일 수 있는 규칙을 추가해가며 계속 새로운 기업을 인수해 다른 국가에 진입했다. 하지만 결국 기업 인수가 어디서나 통하는 방법은 아니라는 사실을 깨닫게 됐다(예를 들어, 영국처럼 아예 불가능한 곳도, 미국처럼 지나치게 비용이 많이 드는 곳도 있었다). 팀은 이에 대응해 어떤 경우에 기업을 인수할 것인지, 인수하는 것이 적당하지 않다면 무엇을 할 것인지에 대한 정교한 규칙을 추가할 수도 있었다. 하지만 이들은 인수 관련 규칙을 없애고 진출 대상 국가와 판매 대상 제품을 선택하는 데 초점을 맞추기로 결정했다. 물론 기업 인수를 진행하는 방법을 잊지는 않았다. 가장 중요한 단순한 규칙(그리고 주의력)에 집중하기 위해 그와 관련된 축적 지식을 잠시 접어두었을 뿐이다. 그때 이후 회사는 상대적으로 적은 숫자의 규칙을 유지하고, 추가 학습이 필요하거나 주의력의 초점을 이동해야 할 때마다 가끔씩 규칙을 갱신했다.

이처럼 기업에서 규칙을 개선하는 패턴은 개인이 자기 규칙을 개선해 브리지 게임이나 물리학, 화재 진압에 이르는 다양한 영역에서 전문가가 되는 방식과 유사하다.[6] 초보자는 피상적이고 배우기 쉬운 단순한 규칙을 사용하는 반면, 이 단계를 졸업한 전문가는 전략적이며 추상적인 규칙을 사용한다. 브리지 게임 전문가처럼 매번 사용한 카드의 수를 세는 작전은 승리와 전략적으로 관련 있다. 반면 초보자는 에이스의 수를 세는 경향이 있는데, 이는 성공과 비교적 거리가 멀다. 체스 전문가가 그렇듯 왕의 움직임을 추적하는 방법은 승리와 매우 밀접한 관계가 있지만, 이 규칙을 사용하는 초보자는 드물다.

또한 각각의 영역에서 초보자보다 이해가 깊은 전문가는 추상적인 단순한 규칙을 사용한다. 우수한 물리학자는 문제를 해결할 때 운동량 보존 법칙같이 여러 상황에 적용되는 추상적인 물리 규칙을 사용한다. 반면 초보자는 문제가 용수철과 관련됐는지 경사면과 관련됐는지 같은 표면적 특징과 관계된 규칙을 사용하기 때문에 상황의 외견이 바뀌면 당황하기 십상이다. 화재 전문가는 불길의 경로(어디에서 왔으며, 어디로 갈 것 같은지)에 주의를 집중하는 직관적이고 단순한 규칙을 사용한다. 이렇게 하기 위해선 시간이 지나면서 화재가 어떻게 진행될 것인가에 대한 추상적인 이해가 필요하다. 반면 불길의 색과 강도같이 초보 소방관이 고려하는 현상은 화재 진압을 성공으로 이끄는 요소와 비교적 거리가 있다.

전문가는 초보자에 비해 학습하기 힘든 규칙을 사용할 확률이 높다. 이런 규칙(우선순위, 시기 선택, 행동 조율) 모두는 여러 경험을 종합해야 얻을 수 있다. 이런 규칙을 만드는 사람은 여러 가지 자료를 이용하고, 관련 정보를 기억하며, 이들을 서로 연결해 인식한다. 따라서 이런 규칙을 배우려면 고도의 경험과 인지력을 갖춰야 한다. 특히 시간에 대한 지식을 얻고 활용하려면 충분히 긴 시간 동안 경험을 쌓아 행동 순서나 특정한 리듬을 깨달아야 하므로, 시기 선택 규칙은 더 나중에 배우게 될 가능성이 높다. 전문가는 관련 정보를 효율적으로 인식하기 때문에 이를 초보자보다 훨씬 큰 패턴이나 단위로 조직해내는 특징이 있다. 전문가는 정보를 패턴으로 조직화함으로써 초보자보다 더 많은 정보를 한 번에 다루고, 서로 다른 정보를 더 빠르게 연결할 수 있다. 다시 말해, 전문가는 초보자보다 시간 관련 문제를 더 잘 의식하고, 시기 선택 규칙을 암묵적으로 더 많이 사용한다. 예를 들어, 숙련된 소방관은 미래에 일어날 일을 예측하거나 이와 관련된 시기 선택 규칙을 만들어내는 데 신입보다 뛰어나다. 숙달된 축구선수는 경기가 어떻게 흘러갈지 예측하고 시기 선택 규칙을 이용해 가장 좋은 위치를 능동적으로 선점한다.

조직이 그렇듯 전문가도 단순화 주기와 비슷한 절차를 사용해 단순한 규칙의 개수를 적은 수로 유지한다. 규칙의 수를 적게 유지하는 것이 중요한 이유는, 그래야 뇌가 인식하고 조직하는 과정이 비교적 단순해지기 때문이다. 인식 체계가 몇 가지 패턴으로 간략하게 구분되면 새로운 정보를 얻고 기존 지식을 떠올리기가 쉽다. 그래서 전문가는 초보자에 비해 영역 특수 지식domain-specific knowledge(구체적 주제에 관한 지식 및 이에 적합한 행위-옮긴이)을 잘 배운다. 전문가는 단순화 주기와 비슷한 점진적 적응 절차를 거쳐 빈번하게 (그리고 많은 경우 기계적으로) 자기 정보를 재조직하고, 이 정보의 패턴을 더 추상화하고 정보처리 단위를 키워 규칙의 수를 적게 유지하고 정보를 간략하게 만든다.

돌이켜볼 시간

크리스와 캐슬린은 (브리검영대학 네이선 퍼Nathan Furr 교수와 함께) 그 다음 단계로 넘어가 국제화 과정을 밟던 이들 기업가의 성과 수치를 관찰하고 결론을 내렸다.[7] 그 내용은 바로, 숙달하기 힘든 단순한 규칙을 지닌 팀이 거둔 경제적 성과가 규칙을 거의 만들지 않고 같은 나라에 진출한 팀보다 확연히 컸다는 것이다. 다시 말해, 규칙 중에서도 특히 시기 선택, 우선순위, 중지 규칙 등을 지닌 팀에게 성공이 찾아왔다. 기업가들은 국제 경험을 갖추는 정도에 그치지 않고, 이 경험을 단순한 규칙으로 바꿀 줄 알아야 우수한 성과를 낼 수 있었다. 이 결론은 단순한 규칙의 신뢰도를 더욱 높였지만 규칙이 어떤 방법으로 개선됐는지 정확하게 설명하지는 못했다.

어떤 팀은 자기 규칙을 개선한 반면 어떤 팀은 거의 진전이 없었다는 데 크리스와 캐슬린은 흥미를 느꼈다. 사실 개선의 비결은 지극히 명백했다. 자기 규칙을 개선한 팀은 각국의 핵심 관리자와 정기적으로 계속(보통 매주) 만나며 진도를 확인했다.[8] 자기 나라에 대해 깊이 있는 지식을 갖춘 해당 국가의 임원과 여러 나라에 대해 개괄적 지식을 지닌 본사 임원이 모인 집단은 여러 주제에 다양한 관점으로 접근하며 토론할 수 있었다. 이들은 성공과 실패를 자세하게 논하다 보니 다 같이 (효과를 낸 것과 그렇지 못한 것의) 인과관계를 이해하게 되고, 그렇게 해서 효과적인 규칙을 만들어낼 수 있었다. 반면 집단 내 회의를 계속 끌어가지 못한 팀은 규칙을 개선하지 못했다. 물론 이들 팀에서도 개인들끼리는 만났고 국가별 관리자가 자체적으로 규칙을 만들어내기는 했지만, 본사 임원과 국가별 관리자가 다 같이 모이는 일은 거의 없었다.

국제화 기업의 사례를 보면 경험을 체계적으로 살피며 규칙을 개선하는 작업이 중요하다는 사실을 깨닫게 된다. 섀넌 털리가 자신이 떠올린 생각을 정기적으로 일지에 추가했듯, 이들 국제화 기업은 자기 회사의 여러 계층에서 선발한 사람들로 구성된 집단의 경험을 의식적으로, 주기적으로 돌이켜보며 규칙을 개선했다. 하지만 경험을 돌이켜보는 것만이 중요한 학습 과정은 아니다. 이제 더 깊이 파고들어 두 번째 핵심적인 학습 과정인 '또 다른 일을 하며 학습하기'를 살펴보자.

또 다른 일을 해 더 빠르게 학습하기

빅토리아 코런 미첼Victoria Coren Mitchell은 일요일이던 2014년 부활절에 유로피언 포커 챔피언십European Poker Championship에서 우승하며 대회 최초로 2회 우승자가 돼 이 경기의 새로운 역사를 썼다.[9] 영국에서 BBC 기자로 일하는 그녀는 2006년에도 여성 최초로 우승하는 역사적인 순간을 맞았다. 그리고 2014년에는 8위로 시작해 550명의 경쟁자들을 물리치고 50만 유로에 가까운 상금을 받았다. 미첼은 10대 때 남자아이들과 어울릴 기회를 얻으려고 오빠와 오빠 친구들과 함께 집 부엌에서 포커를 배웠다. 그녀는 이렇게 회상했다. "포커를 할 줄 알면 남자아이들과 같이 시간을 보내며 그 아이들이 뭘 좋아하는지 알 수 있게 될 거라고 생각했어요. 그러다 포커에 푹 빠져버린 거죠."[10] 영국 텔레비전에도 출연하는 유명인인 그녀는 포커업계가 진짜 직업으로 삼을 만큼 성숙하지 못했다고 지적하면서도 "도저히 (포커)판을 뜰 수 없었어요"라고 말했다.[11]

포커는 기술과 행운, 수학과 심리학, 이성과 직관의 게임이다.[12] 포커의 비결은 고도로 불확실한 상황에서 이 모든 요소를 조합하며 판을 운영해 나가는 데 있다. 단기적으로는 운이 좋은 선수가 이길 수도 있지만, 장기적으로는 실력이 우수한 선수가 이긴다. 특정한 판의 결과는 운에 따라 갈리기도 하지만, 여러 판을 거듭하다 보면 그 결과가 대부분 기술로 결정된다는 것을 알 수 있다.[13] 최고의 선수는 최고의 단순한 규칙을 학습한다. 미첼이 입문자에게 추천하는 제1규칙도 아주 단순하다.

'판돈이 마음 편히 감당할 수 없을 정도라면 판에 끼지 마라.' 물론 미첼 같은 선수는 포커계의 성층권에 존재하지만, 게임이 어떤 수준으로 벌어지든 상관없이 단순한 규칙은 학습되고 개선된다. 필자들은 근면한 학생이었다가 2년 만에 프로급 포커 선수가 된, 캐슬린의 대학원 학생 라구 슈클라(가명)의 놀라운 이야기에 특히 흥미를 느꼈다.

인도 첸나이에서 성장한 라구는 델리대학에 다니다가 서던캘리포니아대학에서 수학 학위를 받았다.[14] 그는 여러 친척들이 밟은 길을 따라 스탠퍼드 대학원에서 컴퓨터공학을 전공했다. 그는 매우 힘든 웹어플리케이션web-application 과제를 마친 어느 토요일 밤, 처음으로 다른 학생과 함께 포커를 했다. 하지만 자기만큼 똑똑한 친구들과 달리 라구의 포커 기술은 시간이 지나면서 엄청나게 발전했다.

여러 가지 포커 게임 중 대학원생들 사이에서 가장 인기 있는 것은 텍사스 홀덤Texas Hold'em이다.[15] 텍사스 홀덤은 참가자들이 각자 가려진 두 장의 카드를 받으며(이를 홀hole이라 한다) 시작된다. 그런 다음 탁자에 각각 세 장(플롭flop), 한 장(턴turn), 또 한 장(리버river) 등 총 다섯 장의 카드를 모든 참가자가 볼 수 있게 펼쳐 놓는다. 각 참가자는 이 일곱 장(즉, 모두가 공유하는 다섯 장과 각자 따로 가진 두 장) 가운데 다섯 장을 조합해 패를 만든다. 패에는 서열이 있으며, 가장 서열이 높은 패가 이긴다. 플러시가 스트레이트를, 에이스 네 장이 킹 네 장을 이기는 식이다. 판돈을 (홀, 플롭, 턴, 리버가 놓일 때마다) 네 번에 걸쳐 건 후 마지막에 패를 비교한다. 라운드마다 참가자는 폴드fold(기권 – 옮긴이), 레이즈raise(판돈을 상대방이 건 만큼 걸고 추가로 판돈을 거는 행위 – 옮긴이),

콜call(판돈을 상대방이 건 만큼 걸고 서로 패를 비교하는 행위–옮긴이)을 선택할 수 있다. 텍사스 홀덤은 배우기는 쉽지만 능숙해지기 어려운 게임이다.

처음에 라구는 겸손한 마음가짐으로 포커를 했다. 대학원생 친구들이 엄청나게 포커를 잘해서가 아니라, 그 정도로 그가 초보였다는 얘기다. 승리를 거두고 싶었던 그는《도일 브런슨의 슈퍼 시스템Doyle Brunson's Super System: A Course in Power Poker》, 액션 댄 해링턴Action Dan Harrington의《해링턴이 홀덤을 말하다Harrington on Hol''em》 같은 책을 읽기 시작했다. 이 책들은 무엇보다 게임의 근본 원리인 확률을 사용해 우위를 차지하는 데 도움을 주었다. 수학의 달인인 라구는 도박 이론을 빠르게 익혔다. 인터넷에서 포커 교육 과정을 듣고, 하루 중 언제든 가능할 때마다 수도 없이 (가끔은 지나치게 편리하게) 인터넷 포커를 했다. 동네 도박장에서 판돈이 얼마 되지 않는 작은 규모의 판을 쓸어오기도 했다. 카드 카운팅card counting(이전에 나온 카드를 암기하는 방법–옮긴이)과 확률에 대한 단순한 규칙을 알게 된 후 라구는 판돈 1~2달러짜리 포커판의 왕이 됐다.

그 후 라구가 돈이 조금 더 많고 게임에도 능한 사람들이 참여하는 판돈 5~10달러짜리 포커판으로 옮겨간 이유는 우리에게 말했듯 "잃을 돈조차 없는 사람을 이기기 싫었기 때문"이었다. 하지만 안타깝게도 판돈이 많이 걸린 판에서는 모든 사람이 그 같은 전략을 알았기 때문에 라구는 명백한 우위를 점할 수 없었다. 또한 대학원생인 자신의 주머니 사정을 생각하다 보니 판돈이 커지면 돈을 따거나 최소한 잃지는 말아야 한다는 압박도 받았다. 사실 라구는 의식하지 못하는 사이에 빅토리아 코런 미첼이 입문자에게 제시한 가장 중요한 규칙, '판돈이 마음 편히 감당할 수 없을 정도라면 판에 끼지 마라'를 배우고 있었던 것이다. 그녀가 제시한 규칙은 윤리뿐만 아니라 전략에도 근거를 둔다. 지나치게 많은 돈이 탁자에 쌓여 있어 압박감을 느끼면 경기를 제대로 하기 힘들다. 한번은 포커를 못하지만 운이 좋았던 참가자에게 진 후 감정이 격해지기도 했다. 짜증이 난 라구는 무분별하게 게임을 하다가 힘들여 번 대학원 조교 월급을 날려버렸다. 라구는 "월급날이 올 때까지 2주 동안 시리얼만 먹었는데, 대체 내가 뭘 하고 있는 것인지 생각해볼 동기가 부여되더군요"라고 말했다. 그는 (그와 게임 상대방의) 감정이 중요하다는 사실을 깨달았다. 지나치게 많은 돈을 걸었거나 불운이 계속되면 감정적으로 게임을 했던 것이다. 포커 용어를 빌리자면 '포커를 확률이 아니라 감정으로' 했다. 감정적으로 포커를 할 때마다 졌기 때문에 그는 감정을 배제하는 것이 성공의 열쇠라는 사실을 깨달았다.

감정을 배제하려고 노력한 결과, 라구는 두 가지 방법 규칙을 개발해냈다. 첫째, "도박할 때는 신용카드를 쓰지 않는다." 둘째, "도박장에는 잃어도 되는 만큼만 현금을 가져간다." 주머니에 넣어 온 돈을 다 잃으면 그날 게임은 끝냈다. 또한 그는 이기거나 지는 결과에 신경 쓰지 않고, 절차(판마다 확률에 따라 운영한다)에 집중하기 시작했다. 절차에 집중하기 위해 그는 섀넌 털리나 국제화에 성공한 기업가들이 그랬듯, 도박장에 갔다 올 때마다 (결과와 관계없이) 자기 경기를 분석해 일지에 기록하기 시작했다. 이와 관련해 '경기를 제대로 했다면 돈을 따지 못했어도 패스트푸드점에서 오레오 셰이크를 하나 사서 마실 수 있다. 하지만 경기를 제대로 하지 못했다면 돈을 땄어도 2주 동안 패스트푸드점에서 간식을 먹을 수 없다'는 규칙을 만들기도 했다. 필자들은 패스트푸드를 보상으로 쓰라고 추천하고 싶진 않지만, 어쨌든 라구의 규칙은 효과를 거두었다. 그는 자신의 감정을 계속 통제했고, 상대방이 감정을 이기지 못하는 모습을 보면 그 틈을 노렸다. 그렇게 하면서 라구는 경기를 더 잘 풀어 나가고, 더 많이 이겼다.

그다음 라구는 미국의 도박 수도 라스베이거스에서 자신의 포커 기술을 시험해본다는 목표를 세웠다. 포커 무대가 동네 도박장에서 라스베이거스로 옮겨간 것은 굉장한 발전의 결과였다. 라스베이거스 도박장에는 게임에 미숙한 사람도 많지만, 매우 뛰어난 사람도 많다. 이기려면 되도록 미숙한 사람과 경기를 많이 하고, 뛰어난 사람은 피할 방법을 반드시 알아내야겠다고 라구는 생각했다. 라구의 표현을 빌리자면 이렇다. "라스베이거스 포커는 상어와 물고기 사이에 벌어지는 게임입니다. 제가 상어라면 제가 이기죠. 하지만 포커판을 둘러봤는데 주변에 상어뿐이라면 아마 제가 물고기일 테니 떠나는 편이 낫습니다." 라구는 자기에게 알맞은 참가자가 있는 알맞은 포커판에 집중할 수 있도록 규칙을 수정했다. 그가 새로 만든 시기 선택 규칙 중 하나는 '포커판에 낀 뒤 한 시간 정도는 보수적으로 게임을 하며 계속 앉아 있어도 될 만큼 '물고기'가 많은지 판단한다'이다. 새로 만든 우선순위 규칙은 자신이 '물고기' 바로 다음 순서로 게임할 수 있는 자리를 선호한다는 것이다. 다시 말해, '물고기는 오른쪽에, 상어는 왼쪽에'다. 또한 그는 예상할 수 없는(즉 확률을 세심하게 뒤섞어 예상치 못한 위험을 감수하는) 방식으로 게임을 해서 상대방을 혼란에 빠뜨릴 시점을 결정하는 방법 규칙도 학습했다.[16] "상어와 있으면 실수하지 않으려고 보수적으로 게임을 합니다. 하지만 상대가 물고기라면 전략을 뒤섞어 혼란에 빠뜨리려고 하죠"라고 그는 말했다.

지금 라구는 인도에 있다. 아직은 포커계에서 빅토리아 코런 미첼만한 위치에 오르지 못했지만, 그래도 이제는 그와 비슷하게 똑똑한 친구들을 훨씬 뛰어넘는 프로급 도박사 수준이다. 라구의 발전은 해외에 진출한 기업가들에게서 발견한 규칙 개선 패턴을 닮았다. 유명한 포커 책같이 입수하기 편리하고 뻔한 원천을 통해 첫 규칙을 만든 후, 경험을 쌓아가며 이를 개선했다(다시 말해, 더 전략적으로 만들어 성공 확률을 높였다). 그는 경계선 규칙과 방법 규칙을 만든 이후에 시기 선택 규칙과 중지 규칙을 배웠고, 주안점을 처음에는 확률 중심 규칙에 두었다가 감정에 관한 규칙으로, 나중에는 상어 및 물고기와 게임을 벌이는 규칙으로 옮겼다. 그러면서도 규칙의 개수는 항상 소수로 제한했다.

라구의 이야기를 살펴보면 무엇보다도 그가 다양하면서도 서로 관계된 경험을 이용하는 중요한 학습법을 사용했다는 사실이 눈에 띈다. 그는 친구들과, 인터넷으로, 동네 도박장에서, 그리고 라스베이거스에서 포커를 했다. 자기네들끼리만 포커를 한 친구들은 라구처럼 발전하지 못했다. 라구의 경험은 미식축구, 야구, 레슬링, 배구, 그리고 다시 미식축구로 이동하면서 다양하고도 서로 관계된 경험을 했던 섀넌 털리의 여정과 매우 비슷하다. 이 두 사람 모두 뭔가 다른 것을 하면서 자신의 규칙을 개선했다.

뉴욕대학 교수 멜리사 실링Melissa Schilling은 보스턴대학 동료들과 함께 '뭔가 다른 것을 하면 학습 성과가 향상되는가'라는 주제로 연구를 수행했다.[17] 뛰어난 결과로 주목받은 이 연구에서는 세 가지 전략이 개선되는 정도를 비교했다. 첫째 전략인 '특화된 연습specialized practice'에서는 '연습하면 완벽해진다'는 속담을 따라 똑같은 행동을 되풀이했다. 둘째 전략으로, 서로 관계없는 경험을 이용하는 소위 '잡다한 연습massed practice'에 참여한 사람들은 주기적으로 학습을 멈추고 배우고자 했던 것과 완전히 다른 것을 배웠다. 이 전략을 적용할 때는 학습 대상을 전환하기 전에 지식을 확실히 다질 시간을 주었다. 셋째 전략은 '관계된 경험related experience'으로, 섀넌이 다양한 종목의 스포츠 선수를 지도하거나 라구가 여러 가지 방식으로 포커를 연습한 과정과 비슷하다.

멜리사 실링과 동료들은 바둑 실력을 향상시키는 것과 관련, 이 세 가지 전략의 효과를 비교했다. 바둑은 바둑판 위에 한번 돌을 놓으면 움직일 수 없는 공간 게임이다. 목표는 상대보다 집을 많이 얻는 데 있다. 바둑은 텍사스 홀덤과 마찬가지로 배우기는 쉽지만 숙달하기는 어렵다. 비교 결과는 필자들의 호기심을 끄는 정도를 넘어 놀랍기까지 했다. 예상했던 대로 특화된 연습을 한 (다시 말해, 바둑만 둔) 사람들은 실력이 향상됐다. 하지만 (공간적 기술이 필요하며 한 판으로 끝나는 보드게임인) 바둑과, 이와 완전히 무관한 게임인 크리비지cribbage(여러 판을 거듭해 점수를 내는 카드 게임이며 수학적 지식이 필요하다)를 번갈아 한 사람들도 그와 마찬가지로 빠르게 실력이 향상됐다. 가장 빨리 실력이 향상된 경우는 바둑과 리버시reversi(바둑과 비슷한 보드게임. 오셀로othello라고도 한다―옮긴이)를 병행한 사람들이었다. 다시 말해, 규칙을 개선하는 데 가장 적합한 전략은 주요 목표와 다르면서도 관계된 경험을 하는 것이다. 한 가지 작업에 시간과 힘을 집중하는 '매우 특화된 연습'은 가장 좋은 개선 효과를 낼 수 있는 전략처럼 보이지만, 이해를 풍부하게 하는 데 유용한 대조 과정이 빠져 있다. 주요 목표와 관계없는 행동은 휴식 시간을 주는 효과를 낼지 몰라도 학습하는 것과는 연관이 없다. 다양하면서도 서로 관계된 경험을 할 때 사람들은 가장 빨리 발전한다.

섀넌, 라구, 국제 진출 팀이 단순한 규칙을 개선할 때 서로 관련된 경험에서 배우고 과거의 경험을 떠올리며 배우는 과정은 뛰어난 효과를 내는 데 필수적인 역할을 했다. 이제 그 이후 단계를 설명하겠다. 개인과 조직은 이들 과정과 실험 및 시행착오 같은 또 다른 과정을 결합해 자기 규칙을 개선할 강력한 수단을 얻을 수 있다.

다중작업을 통한 학습

아마 한 번쯤 에어비앤비Airbnb라는 이름을 들어봤을 것이다. 에어비앤비 사이트를 이용해 다른 도시에 있는 빈 집이나 아파트를 빌려본 사람도 있을 것이다. 더 나아가 이 회사를 만든 사람들이 소위 공유경제shared economy계가 최초로 배출한 억만장자라는 사실을 아는지도 모르겠다.[18] 하지만 에어비앤비 창업자들이 부와 명성을 얻는 데 도움을 준 학습 과정에 주의를 기울인 사람은 드물 것이다.[19] 조 게비아Joe

Gebbia와 브라이언 체스키Brian Chesky는 로드아일랜드 디자인스쿨에서 산업디자인을 전공하던 시절에 만났다. 이들은 학창 시절 같이 창업하자는 얘기를 했지만 졸업 후에는 각자 다른 길을 갔다.[20] 브라이언은 로스앤젤레스로 가서 사이먼 코웰Simon Cowell이 진행하는 리얼리티 TV쇼 〈아메리칸 인벤터American Inventor〉의 제품 디자이너로 일했고(변기를 만들었다), 조는 샌프란시스코에 정착했다. 브라이언은 조에게 채근 받은 끝에 샌프란시스코로 왔다. 경제적으로 어려움을 겪던 두 친구는 마침 물가가 비싼 샌프란시스코에서 대규모 디자인 콘퍼런스가 열릴 예정이라는 얘기를 듣고 자기 아파트에서 합리적인 가격으로 숙박(에어매트리스와 아침식사)을 제공하기로 했다.[21] 이들은 값싼 숙소를 찾는 젊은이가 손님이 될 거라고 생각했다. 그런데 이들이 맞은 사람들은 유타 주에서 온 45세 남성, 보스턴에서 온 35세 여성, 인도 출신 30세 남성이었다. 브라이언과 조는 이 시장이 생각보다 클지도 모르겠다는 생각이 들었다. 이들은 곧 '에어 매트리스 침대와 아침식사Air Mattress Bed & Breakfast'를 창업하고, 이후 에어비앤비로 회사 이름을 바꿨다.

에어비앤비는 공유경제 회사 중 가장 성공한 축에 든다. 대부분의 전통적인 회사와 다르게 공유경제 회사에는 단일한 고객층이 존재하지 않는다. 교통수단이 필요한 승객과 차가 있는 운전자를 연결하는 교통 네트워크 회사 리프트Lyft, 처리해야 할 일이 있는 사람과 이 일을 할 '심부름꾼'을 연결하는 심부름 아웃소싱 회사 태스크래빗TaskRabbit에서도 볼 수 있듯, 공유경제 회사는 판매자(또는 공유할 대상을 갖춘 개인)와 구매자(제품이나 서비스에 돈을 지불할 의사가 있는 사람)를 연결하는 양면 시장을 제공한다. 에어비앤비는 집에 남는 공간이 있는 해당 지역 거주민과 묵을 곳이 필요한 여행객을 연결해준다. 공유경제 회사가 성장하려면 시장의 양쪽 모두, 즉 판매자와 구매자 모두를 만족시켜야 한다. 그리고 이들 회사는 소위 '네트워크 효과network effect'에 직면하기 때문에 성장이 중요하다. 즉, 구매자가 증가하면 판매자가 더 모이고, 이에 따라 다시 구매자가 증가하는 선순환이 발생하는 것이다. 네트워크 효과는 해당 시장 분야에 발을 들인 첫 번째 또는 두 번째 회사에 폭발적인 성장을 가져다줄 수 있지만, 또한 이후에 진입한 회사나 성장이 정체된 회사가 성장하지 못하게 만들기도 한다. 에어비앤비가 성공하려면 숙박객을 유인할 만한 좋은 집주인이 여럿 필요했고, 집주인이 좋아할 만한 좋은 숙박객이 여럿 필요했다. 문제는 이처럼 닭이 먼저냐, 달걀이 먼저냐 하는 네트워크 효과의 순환 과정을 어떻게 시작하느냐 하는 데 있었다.

조와 브라이언은 조와 예전에 방을 같이 썼던 네이트 블레차르지크Nate Blecharczyk를 기술 담당 창립자로 영입했다. 샌프란시스코에서 디자인 회의가 열릴 때 아파트를 빌려주면서 성공을 거두었던 이들은 이와 비슷한 행사에 예산이 빠듯한 참가자가 많이 모일 것이라는 근거를 들어 신규 사업의 초점을 회의나 축제가 열리는 도시에 맞췄다.[22] 또한 이들은 숙박비를 현지에서 신용카드로 결제하도록 결정했다. 이들은 텍사스주 오스틴에서 열리는 대규모 행사인 '사우스 바이 사우스웨스트South by Southwest, SXSW 미디어 콘퍼런스'를 목표로 잡은 후 해당 지역에서 방을 빌려줄 집주인으로 등록했다. 안타깝게도 방을 예약한 사람은 두 명뿐이었는데, 그중 한 명은 브라이언이었다. 이후 여름에 열린 민주당과 공화당 전당 대회에서는 조금 더 성공을 거두었다. 매출이 급증했지만, 문제는 매출 증가가 일시적이었다는 것이다. 조와 브라이언은 장난스럽게 포장한 아침용 시리얼을 팔며 에어비앤비를 홍보했다. 놀랍게도 '오바마 오스Obama O's'와 '캡틴 매케인Cap'n McCain' 시리얼은 이베이에서 수백 상자가 팔렸다(에어비앤비는 2008년 미국 대선 당시 양당 후보였던 버락 오바마와 존 매케인의 캐리커처가 포장지에 그려진 시리얼을 판매했다－옮긴이). 하지만 큰 그림을 보면 분명 허둥대고 있던 에어비앤비에는 첫 규칙을 개선하는 작업이 절실했다.

간절히 바라던 전환점은 에어비앤비가 와이컴비네이터Y Combinator에 합류하면서 찾아왔다. 초기 벤처기업들에 재정, 조언, 인맥을 제공하는 '시드 액셀러레이터seed accelerator(창업 초기 기업이 빠르게 정상 영업을 하도록 돕는 프로그램－옮긴이)'인 와이컴비네이터는 기업가를 매우 빠르게 발전시킨다는 사명을 필두로 내세우고 있었다.[23] 이 시점부터 에어비앤비는 여러 가지 학습 방식을 한 번에 적용하기 시작했다.[24]

그 원천 중 하나는 매주 화요일 저녁에 와이컴비네이터에서 열리는 저녁식사 자리였다. 이 자리에서는 매주 유명 창업자나 전문가가 공개되지 않은 이야기를 자세하게 들려주고 창업에 대한 조언을 제공했다. 다시 말해 이는 현실의 롤모델을 통해 간접적으로 배울 수 있는 기회였다. 다양한 회사에서 온 기업가들은 사람들과 교류하는 저녁식사 자리에서 서로 얘기를 나누며, 자기와 비슷한 사람들이 다양한 시장에서 무엇을 하고 있는지 듣고 조언을 주고받았다. 이 자리는 에어비앤비의 사업에 대해 설명한 뒤 다른 사람들의 의견과 통찰을 얻을 수 있는 또 다른 학습 원천이 됐다. 이런 자리는 매주 한 발짝 물러나 뒤돌아보고 의견과 좋은 생각을 얻은 후 다시 업무로 돌아가는, 쉴 틈 없는 주기의 한 부분이었다.

또 다른 학습 원천으로는 전문가가 제공하는 맞춤형 조언이 있다.[25] 에어비앤비 창업자들은 와이컴비네이터 공동설립자 폴 그레이엄Paul Graham에게서 두 가지 중요한 통찰을 얻은 후 사업 구상을 완전히 새로 짰다. 그의 조언 중 하나는 이들의 직관과 맞지 않았다. 에어비앤비를 성장시킨다는 목표는 잊고, 에어비앤비가 주는 경험을 완벽하게 하는 데 집중하라는 얘기였다. 그레이엄의 주장은 요약하면 "수백만 명이 좋아해주는 것보다는 수백 명이 사랑해주는 편이 낫다"는 것이었다. 두 번째 조언은 이제 콘퍼런스 등의 행사에는 그만 관심을 쏟고 도시로 들어가는 방향으로 사업을 조직하라는 것이었다. 브라이언은 "'뉴욕으로 가라.' 이것이 우리가 들은 최고의 조언이었습니다"라고 회상했다.[26] 이러한 조언을 바탕으로 에어비앤비의 사업 진행 방향을 바꾸게 된 순간을 '전환점tipping point'이라고 부르든, "아하"라는 감탄사가 나오는 순간이라 부르든 상관없다. 이들의 조언에 따라 행동 계획의 출발점이 확고하게 잡혔다. 1단계는 목표 도시에 있는 집주인이 숙박객에게 특별한 경험을 제공하게 만드는 것이었다.

세 번째 학습 원천은 잠재적 고객인 집주인과 숙박객을 현장에서 직접 만나는 것이었다. 창업자들은 매주 목요일이나 금요일에 뉴욕으로 떠나 주말 동안 그곳에 머물렀다. 이들은 그곳에서 사람들을 면담하고, 집을 한 곳 한 곳 방문해 거실에 묵어보고, 커피숍이나 기차역에서 광고

지를 돌리는 등 모든 행동을 실험해보면서 학습했다.[27] 에어비앤비는 이런 행동을 계획된 실험과 결합하는 방법으로 특정 행동을 학습했다. 한 예로 전문 사진사가 촬영한 숙박업소 사진이 손님을 끄는 데 효과가 있는지 실험하기도 했다.[28] 사진이 효과가 있다고 밝혀지자 창업자들은 이 사실을 집주인에게 알렸다. 또한 이들은 무엇이 에어비앤비에 도움이 될지 분석하고 가설을 세웠다.[29] 예를 들어, 처음에 이들은 전문 부동산 관리자가 에어비앤비 집주인으로 적당할 것이라고 생각했다. 하지만 별나고 개인적인 이 회사의 분위기에는 이전에 손님을 받아본 적은 없어도 자기 공간과 현지에 대한 지식을 공유할 열의가 있는 보통 사람들이 부동산 관리자보다 어울린다는 사실을 깨닫게 됐다.

이렇듯 다양한 실험과 학습을 거친 결과, 에어비앤비는 마침내 단순한 규칙을 개선했다.[30] 첫째, 전 세계 사람이 많이 방문하는 도시에 진출한다. 둘째, 우선 집주인을 모집하는 데 집중한다. 셋째, 전문 사진사가 찍은 사진을 사이트에 올리고 손님에게 새 비누를 제공하는 등 에어비앤비의 접객 원칙을 집주인과 공유한다. 콘퍼런스가 열리는 도시를 대상으로 한다는 에어비앤비의 첫 규칙은 합리적인 출발점이었지만, 다른 개인이나 조직들이 흔히 그렇듯 조와 브라이언도 현장에서 발품을 팔고 경험을 쌓는 과정을 통해 이를 더 효과적으로 개선하게 됐다.

에어비앤비 창업자들도 처음에 자기 아파트를 유료 숙박객에게 개방했을 때는 자기 회사가 앞으로 어떻게 될지 몰랐을 것이다. 이들은 에어비앤비의 매력이 낮은 가격에 있다고 생각했지만, 여행자들은 전통적인 주택과 아파트뿐만 아니라 성, 이글루, 나무 위 오두막집 등 다양한 숙박 장소가 제공하는 특별한 개성과 현지 분위기에 매혹됐다. 처음에 창업자들은 목표 고객을 젊고 가난한 남성으로 생각했지만 에어비앤비 이용자 중에는 18~25세가량의 젊은층보다는 55세 이상이 더 많고, 숙소 중에는 이탈리아의 저택이나 해변 별장처럼 숙박비가 싸지 않은 곳도 있다.[31]

여러 가지 학습 방법을 이용하면 창의력 넘치는 통찰을 얻을 가능성이 높아진다. 예를 들어, 에어비앤비 창업자들은 폴 그레이엄의 조언이 자신들의 단순한 규칙을 새롭게 만드는 데 그토록 중요할 거라고 생각하지 못했을 것이다. 하지만 여러 경로를 통해 학습함으로써 창업자들은 "아하"라는 감탄사가 나오는 순간을 경험할 확률을 높였다. 같은 대상을 여러 가지 방법으로 학습하면 학습 과정이 보강되고 더 능률적으로 익힐 수 있기 때문에 다중 학습 역시 효과가 있다. 필자들은 이를 강의 방법에 반영했다. 즉, 학생들이 논문을 읽고 동영상을 보며 강의실 안에서 토론하고 강연을 듣는 등 여러 가지 방법으로 배울 때 학습 효과가 가장 좋았다. 에어비앤비 창업자들 역시 이를 반영해, 뉴욕의 와이컴비네이터에서 열리는 저녁식사 자리에 참여하면서 발전해 나갔다. 여러 가지 학습 방법을 따름으로써 에어비앤비 창업자들은 자신들의 첫 단순한 규칙을 빠르게 개선했다. 현재 에어비앤비는 전 세계 200여 개국 3,400개 도시에서 영업하면서 하루에 5만~6만 명에 달하는 숙박객을 받는 것으로 추정되는, 세계적으로 손꼽히는 공유경제 회사가 됐다.[32]

사람들이 예측 가능한 패턴을 따라 단순한 규칙을 개선할 때는 학습 과정과 여러 절차를 조합해 그 속도를 높일 수 있다. 하지만 아주 새롭거나 수고를 많이 들여야 대응할 수 있는 상황이 닥칠 경우, 현 규칙을 단순히 개선하는 것 정도로는 충분하지 못할 때도 있다. 그런 경우에 처했다면 자기 행동을 완전히 새롭게 이해하고 단순한 규칙에 혁명을 일으켜야 한다. 다음 장에서는 규칙 파괴와 재창조를 다룬다.

Simple

Chapter 08

규칙
파괴하기

Chapter

08

2014년 3월 21일, 봄이 찾아오면서 캘리포니아 주 역사상 세 번째로 건조하던 겨울이 끝났다.[1] 그해 샌프란시스코 강수량은 평년치 516밀리미터나 1997~1998년에 쏟아진 1,200밀리미터에 훨씬 못 미치는 218밀리미터에 불과했다. 3년 연속 정상치 이하의 강수량을 기록한 캘리포니아 주는 수십 년 만에 가장 심하게 닥칠 가뭄을 걱정해야만 했다.[2] 제리 브라운Jerry Brown 주지사는 다가올 여름에 기업이나 가정, 농장에서 단수 사태가 벌어지지 않도록 캘리포니아 주 전역에서 자발적으로 수도 사용량을 20퍼센트 감축하자고 호소했다. 미국에서 손꼽히는 농업 중심지에서 산비탈이 말라붙고, 지하수층이 텅 비고, 산불 위험 수치가 치솟고, 식품 가격이 폭등할 가능성을 무시할 수 없었다. 주 인구가 증가하는 상황을 고려하면 급수 제한이 새로운 일상이 될 가능성도 있었다.

캘리포니아 지역은 대부분 푸른 하늘, 포근한 겨울, 긴 일조 기간 등 지중해성 기후를 자랑한다.[3] 벌레도 많지 않고 소풍을 갔다가 비를 만날 확률도 낮은 이 같은 온난한 기후는 캘리포니아, 오스트레일리아 남서부, 칠레 중부, 남아프리카공화국의 웨스턴케이프 주, 그리고 (당연히) 지중해 지역에서 공통으로 나타난다. 지중해성 기후의 계절은 온대 기후의 계절과 극과 극으로 다르다. 온대 기후에는 사계절이 있지만 지중해성 기후에는 두 계절밖에 없다. 하나는 눈이 거의 오지 않고 비와 서리가 내리는 습하고 추운 겨울이고, 하나는 비가 거의 내리지 않는 길고 무더운 여름이다. 강수량은 매년 큰 차이를 보이는 만큼 가뭄도 홍수도 일어날 수 있다. 칠레와 오스트레일리아에는 가끔 장맛비도 내린다. 하지만 지중해성 기후는 대부분 짧고 추우며 습한 겨울과 길고 더우며 건조한 여름으로 이루어진다.

캘리포니아 주민들은 대부분 자신이 지중해성 기후 지역에 산다는 사실을 알고 있지만, 그 의미까지 아는 사람은 드물다. 반면 캐슬린의 친구 에밀리처럼 지역 기후의 특성에 맞춰 정원 가꾸는 방식을 바꾼 사람도 있다. 최근 몇 년 동안 캘리포니아 주민들은 사계절이 뚜렷하고 1년 내내 비가 내리는 온대 기후에 사는 사람처럼 정원을 가꿔왔다. 이들이 완벽한 뒤뜰의 이상으로 치는 대상은 멋진 초록색 잔디밭을 무성하게 우거진 떨기나무가 둘러싼 영국식 정원이나, 동백나무와 철쭉, 단풍나무 사이로 구불구불한 길이 난 일본식 다도 정원이다. 특히 북유럽계나 동북아시아계 주민들 사이에는 이 같은 정원이 이상적인 전형으로 널리 퍼져 있다. 그래서 어딜 가나 비료를 듬뿍 줘서 무성한 잔디밭을 수

국이나 달리아처럼 키우는 데 물이 많이 필요한 꽃식물이 둘러싼 아름다운 광경이 보였다. 물이 풍부하던 시절, 캘리포니아에서는 아름다운 온대 기후식 정원을 가꿀 수 있었고, 에밀리의 뒤뜰 역시 화려했다.

하지만 수백만 명의 다른 정원 주인과 마찬가지로 에밀리도 캘리포니아 물 부족 사태에 대응해 정원 가꾸기 방식을 바꾸기로 했다. 일단 잔디를 덜 심고, 보도를 더 깔고, 가뭄에 강한 식물을 더 심는 방법이 떠올랐다. 이는 새롭게 맞닥뜨린 상황을 피상적으로 이해한 후 거의 본능적으로 보이는 반응이다.

바위와 선인장이 널려 있는 황량한 조경이 과연 유일한 해답일까? "절대 그렇지 않아요Au contraire"라고 에밀리는 프랑스어를 써가며 강조했다. 전 세계적으로 유명한 원예학자 크리스 우즈Chris Woods는 오히려 이렇게 주장했다. "가뭄이 들면 사람들은 정원을 어떻게 해야 할지 고심합니다. 저는 가뭄이 정원에 대해 다시 생각해볼 기회라고 생각합니다."[4] 캘리포니아에서 정원을 가꾸는 수많은 사람들이 깊이 생각해보지 않고 보도를 놓고 물이 많이 필요한 식물을 선인장으로 바꿀 때, 에밀리 같은 사람들은 다른 방향으로 생각했다. 이들은 크리스 우즈의 조언을 가슴 깊이 새기고 새로운 상황을 피상적인 수준 이상으로 이해해 확실히 적응해보려고 노력했다. 그런 후에는 마음을 다잡고 이상적인 지중해식 정원에 대해 새로 얻은 비전과 새로운 정원 관리 규칙을 조율했다.

에밀리는 그동안 자신이 품어온 이상적인 온대 기후식 정원에 대한 꿈을 포기하고, 지중해성 기후와 정원에 대해 적극적으로 배우기 시작했다. 지난 장에서 살펴본 에어비앤비 창업자들과 마찬가지로 에밀리는 학습 과정을 통합했다. 그녀는 지중해식 정원에 대한 책을 읽고, '토착 식물로 꾸민 정원 관람회Going Native Garden Tour'에 참여하며, 새로운 식물을 심는 실험을 했다.[5] 그러다 지구 곳곳에 서식하는 식물 중 가뭄에 강한 것은 대부분 지중해 생태계에서 생존할 수 있다는 사실을 깨달았다. 흙이 비옥할수록 좋을 거라는 직관과는 반대로, 지중해 지역의 식물은 대부분 척박한 토양에서도 잘 자란다는 사실에 놀라기도 했다.[6]

에밀리가 얻은 가장 중요한 통찰은 식물의 성장 시기와 관련 있었다.[7] 북유럽이나 일본 같은 온대 기후에서는 휴면기인 겨울이 지난 후 따뜻한 빗방울이 식물을 깨우는 봄부터가 생장기다. 그와 반대로 지중해성 기후 지역에서는 가을에 생장기가 시작된다. 휴면기인 여름이 지나고 습한 가을이 오면 비가 내리고 언덕 색이 우중충한 갈색에서 생기 넘치는 녹색으로 바뀐다. 온난한 겨울에는 비 내리는 날이 맑은 날보다 많으며, 가끔 밤에 서리가 내리기도 한다. 1월 하순이 되면 나무가 꽃을 피우기 시작한다. 봄이 오면 가을과 겨울에 내린 비 덕분에 화려하게 꽃이 피고, 그 후 길고 더운 여름이 오면 대부분의 식물이 휴면기에 들어간다. 지중해성 기후 지역에선 이런 주기가 반복된다.

지중해성 기후를 더 깊이 이해하게 된 에밀리는 정원을 꾸밀 때 '점적관개drip irrigation(작은 구멍을 여러 개 뚫은 관을 밭에 깔아 식물에 물을 주는 방식. 방울물주기라고도 한다—옮긴이)를 사용하라'나 '뿌리덮개는 많이 사용할수록 좋다' 등등 예전에 따랐던 지시와 다른 방법을 생각해보고, 새로 설정한 비전에 알맞은 새로운 규칙을 만들기 시작했다. 한 예로, 에밀리가 정원에 심을 식물을 결정하는 데 사용한 예전 경계선 규칙을 살펴보자. 물이 충분하다면 에밀리가 예전에 했던 방식대로 여러 달 동안 연이어 꽃이 피는(일부는 봄에, 일부는 여름에, 일부는 가을에 피는 식으로) 식물을 선택해도 된다. 이처럼 오랫동안 꽃이 만발하는 패턴을 따르면 멋진 결과를 얻을 수 있지만, 그러려면 특히 여름에 물이 많이 필요하다. 에밀리는 지중해성 기후 지역이 원산지인 식물은 대부분 봄에 꽃을 피운다는 사실을 알고 새로운 규칙을 채택했다. 지중해성 기후 지역에 사는 사람들은 1년 내내 집 밖에서 시간을 보내기 때문에 에밀리는 1년 내내 그 모습을 즐길 수 있는, 그리고 가능하면 잎 모양, 색, 질감이 호기심을 끄는 식물을 선택하는 데 중점을 두는 규칙을 만들었다. 에밀리가 새로 만든 규칙 중 하나는 (바람에 하늘거리는) 토착 풀과 (잎 모양과 전체 모습이 모두 독특한) 다육식물, 라벤더나 캥거루포kangaroo paw 같은 가뭄을 잘 견디는 꽃식물을 섞는 것이다. 물을 많이 쓰지 않고도 색채의 향연을 즐길 수 있도록 색이 화려한 다육식물을 심은 화분 다섯 개를 1년 내내 창틀에 올려놓는다는 규칙도 만들었다.[8]

물론 예전에 사용하던 시기 선택 규칙이 여러 해 동안 몸에 밴 탓에 이같이 바꾸는 게 쉽지는 않았다. 하지만 봄에 심고 여름에 꽃 피는 리듬에 따른 예전 규칙은 이제 버려야 했다. 그녀가 가을비를 활용하기 위해 새로 채택한 시기 선택 규칙은 '알뿌리식물은 10월에, 떨기식물은 11월에 심는다'였다. 또한 지중해성 기후의 리듬에 맞추려면 물 주는 시기 선택 규칙도 새로 만들어야 했다.[9] 예를 들어, 물을 주기에 중요한 시기가 여름이 아니라 4월인 이유는, 길고 더우며 건조한 여름이 오기 전인 4월에 물을 줘야 뿌리가 튼튼해지기 때문이다. 그래서 에밀리는 '4월에 비가 내리면 5월에 꽃이 핀다'는 옛 격언을 '4월에 비가 내리면 식물이 7월과 8월을 버틴다'로 바꾸고, 다음과 같은 시기 선택 규칙을 하나 더 했다. '4월 중 최소한 한 번은 물을 흠뻑 준다.' 또 한 가지 지중해성 기후 지역에 대해 알아낸 놀라운 통찰은, 건조한 여름철에 물을 공급받은 식물은 대부분 잘 자라지 못한다는 것이었다. 이런 식물이 휴면기인 여름철에 물과 뜨거운 햇볕을 한번에 받았다가는 숨이 막힐 수도 있었다.[10] 물을 주는 것은 언제든 좋다고 생각했던 에밀리는 이 사실을 알아낸 후 '여름에는 토착 식물에 물을 주지 않는다'는 규칙을 세웠다.

에밀리는 시간을 들여 지중해성 기후를 이해하고, 이상적인 정원에 대한 신선한 시각을 정립하고, 물주기와 식물 선택 등 핵심 활동과 관련된 단순한 규칙을 새로 만들어 정원 가꾸기에 대한 자신의 계기판을 움직일 수 있었다. 즉, 수도료를 훨씬 덜 내고도 멋진 풍경을 보게 된 것이다. 사람들은 가뭄에 대비해 정원에 보도를 놓고 선인장을 심는 등 파괴적 변화가 일어날 경우 당연해 보이는 대안을 선택했지만, 이는 새로운 상황을 피상적으로 이해하고 있다는 사실을 드러낼 뿐이며, 그 결과 역시 풍경이 칙칙하고 진부해지는 등 그다지 효과적이지 않았다. 이 경우, 새로운 상황을 적극적으로 조사하고 완전히 새로운 규칙을 활용해 비전을 새로 설정해야 한다.

에밀리의 정원 사례에서는 또 다른 교훈도 얻을 수 있다. 그녀가 상상하던 이상적인 정원의 모습을 예전과 달리 지중해식 정원으로 교체한 후 실제로 변화를 일으킬 때 선택할 수 있는 길은 두 가지였다. 한편으로는 벚나무나 철쭉같이 온대 기후 지역에서 많이 키우는 식물을 심고 잔디밭을 소규모로 유지하면서 가뭄에 강한 식물을 점진적으로 섞는 방법으로 천천히 변화를 받아들일 수 있었다. 또 한편으로는 옛 정원을 단번에 들어엎고 새것으로 바꿈으로써 변화를 빠르게 받아들일 수 있었다. 보통은 새로운 규칙을 가능한 한 빠르게 도입하는 편이 낫다.[11] 그러면 단기적으로는 성과가 줄어들지만 장기적으로는 더욱 빠르고 완전하게 새로운 현실로 전환하게 된다. 반면 천천히 변화하면 과거와 미래가 뒤엉켜 서로 잘 맞지 않고 성과도 좋지 않은 경우가 많다. 에밀리는 빠른 길을 택했다. 빠르게 움직인 그녀는 전환기 동안 을씨년스럽게 텅 빈 뒤뜰을 참아낸 끝에 멋진 새 정원을 얻어 사람들의 부러움을 샀다. 반면 천천히 적응한 이웃들은 두 가지 비전이 상충해 관리하기 어렵고 보기에도 덜 매력적인 정원을 돌보게 됐다. 여기에서 얻을 수 있는 교훈은 혼란이 대규모로 일어날 경우 규칙을 근본부터 바꿔야 하며, 이때는 모든 것을 단번에, 빠르게 바꾸는 방법이 가장 좋다는 것이다.

지난 장에서는 경험을 깊이 고려하고 단순한 규칙을 점진적으로 개선해 조금씩 변화하는 환경에 천천히 적응하는 방법에 초점을 맞췄다. 그리고 섀넌 털리나 라구 슈클라 같은 사람, 에어비앤비나 외국에 진출한 벤처기업 같은 조직이 처음 만들어낸 단순한 규칙을 개선하려고 사용한 다양한 학습 방법을 설명했다. 하지만 세상이 급격하게 변화하면서 각자 해야 할 일이 처음과 달라짐에 따라 단순한 규칙의 수명이 다하는 일이 가끔 일어나고 있다. 당뇨병 전조 증상이 나타나 운동 방식과 식이요법을 완전히 뜯어고쳐야 하는 경우도 있다. 아이가 태어나는 것 같은 인생의 중대사 때문에 잠을 충분히 자고 좋은 육아 방법을 찾는 일이 가장 중요해질 수도 있다. 또는 에밀리처럼 캘리포니아에 사는 정원 주인이 보여주듯, 주변에 큰 변화가 일어나 환경을 다시 생각해보고 규칙을 크게 바꿔야 하는 경우도 있다. 대규모 혼란은 자주 일어나지 않지만, 일단 일어나면 근본부터 변해야 대응할 수 있다. 이 장에서는 변화가 해일처럼 몰려올 때 게임이 어떻게 바뀌는지 파악하고 단순한 규칙을 다시 만들어내는 방법을 다룬다.

비전을 바꾸고, 규칙을 바꾸다

프로 스포츠 리그에는 대부분을 가진 팀과 가지지 못한 팀이 있다. 유럽 축구클럽에서 포뮬러 원Formula One 경주에 이르기까지 어디서나 최고의 선수를 거느릴 수 있는 팀은 부유한 팀뿐이며, 이들이 이길 확률은 심각할 정도로 높다. 가난한 팀은 이길 확률이 낮다. 특히 아무렇게나 돈을 써도 되는 팀을 무턱대고 따라 할 경우에는 더욱 그렇다. 가난한 팀이 이기려면 새로운 비전과 완전히 다른 규칙이 필요하다. 이런 이유에서 가난한 오클랜드 애슬레틱스Oakland Athletics 팀이 지구 우승과 아메리칸리그 기록인 20연승을 모두 거둔 2002년은 정말 엄청나게 놀라운 해였다.

이야기는 샌디 앨더슨Sandy Alderson에게서 시작된다. 야구 경험이 전혀 없는 전직 해병대원 앨더슨은 1983년 애슬레틱스 단장에 취임했다.[12] 앨더슨은 기존 시각과 다르게 야구는 선수들이 베이스를 줄지어 통과하는 공장이고, 득점은 결과가 아닌 절차라고 보았다. 이러한 시각 덕분에 앨더슨과 이후 그의 뒤를 이은 제자 빌리 빈Billy Beane은 대부분의 야구팀이 (안타만을 고려하는) 타율을 과대평가하고, 주자가 계속 움직이게 하는(즉, 안타와 사사구를 모두 고려하는) 출루율의 중요성을 놓친다는 통찰을 얻었다. 출루율이 높은 선수를 고른다는 경계선 규칙은 통찰력이 풍부한 다른 규칙이 그렇듯 미묘한 2, 3차 효과도 수반했다. 출루율이 높은 선수는 더 잘 훈련된 선수다(즉, 참을성이 많고 선구안이 좋다). 이들은 사사구를 더 잘 얻어내고 훈련이 잘되어 있다는 명성 덕분에 상대 투수가 스트라이크를 더 많이 던지게 만들며, 그래서 타격하기가 쉬워진다. 전반적으로 상대 투수가 공을 더 많이 던지게 해 지치게 만들기도 한다. 또한 잘 훈련된 타격 기술은 나이가 들어도 별로 퇴보하지 않는다. 작가 마이클 루이스Michael Lewis가 소위 '머니볼moneyball'이라고 표현한 개념의 핵심에는 이를 포함한 여러 통찰이 있다.[13]

책과 영화의 제목이기도 한 '머니볼'은 애슬레틱스가 신데렐라 역할을 맡은 궁극의 스포츠 동화다. 그러나 애슬레틱스는 신데렐라와 달리 영원히 행복하게 살지는 못했다. 머니볼의 단순한 규칙은 베끼기가 너무 쉬웠다. 2004년에는 내키는 대로 비용을 쓸 수 있는 팀인 보스턴 레드삭스Boston Red Sox가 애슬레틱스의 원칙을 적용해 1918년 이후 처음으로 월드시리즈에서 우승했다. 반면 애슬레틱스는 쇠퇴를 거듭해 2007년에는 패배를 승리보다 많이 기록했다. 이렇게 머니볼은 스트라이크 아웃당했다.

2009년부터 애슬레틱스의 야구운영이사director of baseball operations를

맡았고 2014년에는 부단장으로 임명된 파르한 자이디Farhan Zaidi(현재 로스앤젤레스 다저스 단장이다-옮긴이)를 살펴보자.[14] 자이디는 프로야구계에서는 매우 드문 이력의 소유자다. 그는 야구계에 몇 없는 이슬람교도고, 필리핀에서 자랐으며, 캐나다 국적이다. 또한 그는 행동경제학 박사 학위도 있다. 그렇다고 그가 그저 숫자광일 것이라고 지레짐작해선 안 된다. 그의 상사 빌리 빈은 "자이디는 야구뿐만 아니라 어떤 스포츠 팀이나 회사에 가더라도 무엇이든 해낼 수 있을 겁니다. 다른 팀보다는 애플이나 구글에 그를 뺏길까 봐 걱정이죠"라고 말했다.[15] 자이디의 계량 분석 기술은 애슬레틱스가 하향세를 뒤집으려고 노력할 때마다 중요하게 작용했다.

머니볼이 무너진 후 빈과 자이디 등 애슬레틱스 고위 경영진은 야구를 새로운 각도에서 생각하고 팀을 근본부터 바꿔야 했다.[16] 이들은 노장 선수를 내주고, 경험이 부족한 마이너리그 선수들을 잔뜩 데려왔으며, 감독을 해임했다. 자이디의 충고에 따라 아마추어 선수를 선발할 때 머니볼에서 경시하던 다섯 가지 능력5-tools(타격 정확도, 장타력, 수비 능력, 송구 능력, 주루 속도 등 보통 야구 선수를 평가할 때 중시하는 다섯 가지 운동 능력-옮긴이)에 다시 주의를 돌리는 방향으로 규칙을 바꾸고, 고등학교 졸업생을 선발하지 않는다는 머니볼 규칙을 없앴다.[17] 그동안 경기 성적과 관중 수는 계속 하향세를 보였다. 에밀리의 정원에서 그랬듯, 대규모 변화를 일으키자 단기적으로 하락세가 나타난 것이다. 2012년 시즌이 시작됐을 때, 비용을 아낌없이 써서 화려한 선수진을 갖춘 텍사스 레인저스Texas Rangers와 에인절스 오브 애너하임Angels of Anaheim을 상대로 애슬레틱스가 지구 우승을 거둘 거라고 예측한 사람은 없었다. 하지만 애슬레틱스는 유명한 선수 없이도 결국 1위로 결승선을 통과했다.

애슬레틱스 경영진은 어마어마한 분석 기술을 이용해 새롭게 무장한 사고방식에 따라 야구를 마치 차익거래arbitrage(동일한 물건 가격이 시장마다 다를 경우 싼 시장에서 사서 비싼 시장에서 팔아 이익을 얻는 방식-옮긴이) 기회가 가득하고 여기에 대응할 단순한 규칙이 셀 수 없이 많은 금융시장처럼 취급했다. 방법 규칙 하나는 장단점이 확연한 선수를 활용할 때 사용됐다.[18] 장단점이 확연한 선수란 쉽게 말해 겉보기에 비슷한 두 상황에서 크게 다른 성적을 내는 사람이다. 흔한 예로 오른손잡이 투수를 상대로는 굉장히 잘 치지만 왼손잡이 투수에게는 맥을 못 추거나 또는 그 반대인 타자가 있다. 장단점이 확연한 선수가 모든 경기를 뛴다면 성적도 고만고만하고 연봉도 낮을 것이다. 반면 슈퍼스타급 선수는 대부분 상황과 관계없이 좋은 성적을 내고, 이런 유연함 덕분에 연봉도 많이 받는다. 애슬레틱스의 통찰은 한 상황에 적합한 선수 하나와 반대 상황에 적합한 선수 하나를 합치면 두 상황에 모두 적합하면서도 싸게 먹히는 선수 하나를 데리고 있는 것과 마찬가지라는 것이었다. 그래서 애슬레틱스는 장단점이 확연한 선수를 선발한다는 경계선 규칙과, 이들 선수를 플래툰platooning(상대 투수가 오른손잡이인지 왼손잡이인지에 따라 같은 위치에 다른 선수를 기용해 각 선수의 특성을 활용하는 작전) 방식으로 활용한다는 방법 규칙을 사용하기 시작했다. 2012년 애슬레틱스의 1루수를 생각해보자. 네이트 프라이먼Nate Freiman은 좌완투수를 상대로 타율 0.306을 기록했고, 브랜든 모스Brandon Moss는 우완투수를 상대로 타율 0.270을 기록했다. 이 둘을 합치면 성적은 올스타급이지만 연봉은 올스타 선수 한 명보다 대폭 낮다.[19]

확연한 장단점을 활용하는 규칙은 그다지 비밀스러운 것도 아니다. 그러나 이를 제일 성공적으로 사용한 팀은 애슬레틱스다. 통찰력 넘치는 단순한 규칙이 대부분 그렇듯, 잘 쓰는 손 방향 관련 규칙은 미묘한 전략적 효과도 냈다. 예를 들어, 이처럼 확연한 장단점을 이용하면 한 선수가 시즌 내내 162번 정도 벌어지는 경기에 모두 나갈 필요가 없으므로 건강한 상태를 유지할 수 있다. 또한 모든 선수가 역할을 맡아 경기에 자주 나가게 되므로 동기부여도 된다. 선수들끼리 서로 자리를 채울 수 있으므로 부상자가 발생해도 팀을 융통성 있게 운영할 수 있다. 결국 잘 쓰는 손 방향을 활용하는 방식은 탁월한 효과를 냈다. 애슬레틱스는 팀 연봉총액이 낮고 올스타에 선정된 선수가 없는데도 2012년 아메리칸리그에서 최다 득점을 기록했다.

애슬레틱스는 2012년 성공을 거둔 후 자신이 일군 영예에 안주할 수도 있었지만 그러지 않았다. 프로 야구팀끼리 벌이는 경쟁에서 성공을 거둔 단순한 규칙을 다른 팀이 쉽게 베낄 수도 있다는 사실을 고려할 때, 애슬레틱스는 계속 규칙을 바꿔야 정상에 머무를 수 있었다. 2013년이 되자 이들은 선수 선택에 대한 경계선 규칙을 새로 도입했다. 바로 뜬공을 많이 치는 선수, 즉 (내야 땅볼이 아니라) 외야로 높이 공을 쳐내는 선수를 선택하라는 것이었다.[20] 2013년 애슬레틱스 타석 중 '뜬공 타자' 비율은 60퍼센트로, 이전 10년 동안 메이저리그 야구팀 가운데 가장 높았고, 애슬레틱스가 기록한 뜬공 대 땅볼 비율은 현재까지 1위를 유지하고 있다. 왜 뜬공 타자일까? 뜬공 열 번 중 한 번은 홈런이기 때문에 뜬공 타자는 홈런을 더 많이 치며, 이는 승리하는 데 있어 중요한 요소가 된다. 또한 뜬공 타자는 땅볼을 쳐서 병살을 만드는 경우가 적으므로 접전이 벌어지는 상황에 찬물을 끼얹는 일도 드물다. 특히 이들은 공 아래쪽을 치는 경향이 있으므로 공을 낮게 던져 땅볼을 유도하는 투수를 상대할 때 더욱 효과적이다. 사실 2013년 애슬레틱스는 뜬공 타자들이 땅볼 투수를 상대로 낸 0.302라는 올스타 선수급 타율을 앞세워 메이저리그 야구팀 가운데 연봉총액이 네 번째로 낮은데도 2년 연속 지구 우승을 달성했다.[21]

애슬레틱스는 연봉총액이 낮기 때문에 다른 팀과 다른 사고방식을 지녀야 경기에 이길 수 있었다. 다른 팀이 애슬레틱스를 베끼기 전에는 머니볼이 바로 그 방법이었다. 애슬레틱스 경영진은 경쟁자가 쉽게 자신을 따라 할 수 있다면 끊임없이 규칙을 개선해야 한다는 사실을 인식하고, 금융 차익거래라는 새로운 사고방식으로 무장했다. 이들은 단순한 규칙을 계속 바꿔서 혼란을 피하고 흉내쟁이 경쟁자보다 한 발짝 앞서갔다. 언론인 팀 가와카미Tim Kawakami가 썼듯, 애슬레틱스는 "안주할 수 없고, 그렇기 때문에 안주하지 않는 데 전문가가 됐고, 그렇기 때문에 안주하지 않을 것이다."[22]

대규모 혼란이 발생하면 새로운 상황을 피상적인 수준 이상으로 깊이 이해하고 단순한 규칙을 완전히 새롭게 만들며, 새로운 방법을 생각해내야 한다. 바로 캘리포니아 정원 주인들이 지중해식 조경을 받아들인 일이나, 오클랜드 애슬레틱스가 머니볼이 붕괴된 후 했던 일처럼 말이다. 그런데 바꿔야 할 필요성이 무척 당연해 보이는 상황에서조차 이 같은 근본적 조정을 실행하지 않는 사람이 있다. 사람은 때로 교착 상태에 빠진다. 타성에 젖은 대가가 얼마나 큰지 다음 예에서 살펴보자.

옛 규칙에 사로잡힐 경우의 문제

남극은 20세기 초입까지 탐사되지 않은 상태로 남은 마지막 거대한 변경이었다.[23] 해안에 발을 들인 사람이 거의 없었기 때문에 남극이 섬의 집합이 아니라 대륙이라는 사실도 그제야 점점 확실해지고 있었다. 탐험가들은 크기가 엄청난 빙상氷床, 용암호, 화산 등 인상 깊은 자연 현상을 탐험하기 시작했다. 아직 대륙 깊숙이 파고들어간 사람이 없었기 때문에 남극점은 육지 탐험가들이 노리는 궁극의 포상이 됐다. 1911년에서 1912년 사이 남극에 여름이 왔을 때 로버트 스콧Robert Scott은 영국의 테라 노바Terra Nova 탐험대를 이끌고 로알 아문센Roald Amundsen이 이끄는 노르웨이 팀에 맞서 남극점을 최초로 정복하기 위해 전설적인 경주를 펼쳤다.

스콧과 아문센은 첫 번째 정복자가 되기 위해 눈과 얼음이 가득한 무자비한 환경을 헤치고 2,400킬로미터가 넘는 거리를 움직였다.[24] 도박사라면 스콧이 이길 거라는 데 돈을 걸었을 것이다. 스콧은 아문센보다 돈이 많고, 탐험에 개, 조랑말, 스키뿐만 아니라 당시 최첨단이던 설상차까지 확보하고 탐험에 나섰다. 게다가 탐험 경로 중 일부를 이미 밟아

본 경험까지 있었다. 하지만 스콧은 승리와 목숨 모두를 잃었다. 그와 탐험대원들은 아문센의 팀이 남극점에 도달한 지 몇 주가 지난 후에야 목표 지점에 도착했고, 돌아오는 길에 사망했다. 역사를 새로 쓴 아문센과 비극적으로 사망한 스콧 사이에 이처럼 예상치 못한 차이를 만든 것은 무엇일까? 남겨진 기록만으로 판단한다면 두 사람 모두 경기에서 이기고 살아남을 확률이 충분했던 것처럼 보인다.

아문센이 지닌 최대 이점은 바다에서 쌓은 경험에 기초한 사고방식을 육지에 적합하게 바꾸고, 육상 극지 탐험에 대해 배우며, 단순한 규칙을 새로 만들려고 한 의지였다. 아문센은 프리드쇼프 난센Fridtjof Nansen이 그린란드를 횡단한 역사적 탐험에서 사용한 단순한 규칙(스키를 사용하고, 탐험대는 소규모로 조직하며, 개썰매를 활용한다)을 이해하는 데서부터 남극점 탐험을 준비하기 시작했다. 아문센은 극지 원주민을 관찰하고 육상 극지 탐험을 계속 심도 있게 학습하며 지식을 습득한 결과, '괴혈병을 피하려면 신선한 고기를 먹어라'같이 영양 섭취를 관장하거나 '개가 따라갈 수 있도록 한 명이 스키를 타고 앞장 선다'같이 개를 다루는 등의 방법 규칙을 만들었다. 남극점까지 가는 길이 어떨지 예측할 수 없었기 때문에 전진과 휴식 사이에 균형을 잡기 위해 하루 전진 거리를 일정하게 설정하거나, 개가 기력을 유지할 수 있도록 매 시간 쉰다는 등 시기 선택 규칙도 추가했다.[25]

반면 스콧은 단순한 규칙을 새로 만들어 적절한 비전을 제시하는 데 실패했다. 그는 확실한 이유 없이 놀라울 정도로 널리 퍼져 있던 잘못된 사고방식과 효과 없는 규칙에 사로잡혀 있었다. 우선 스콧은 영국 해군의 사고방식에서 빠져나오지 못했다.[26] 어뢰정을 탔던 직업군인인 스콧은 참전할 만한 전쟁이 드물던 당시, 극지 탐험가가 되어 자신을 차별화하려고 했다. 영국 해군의 운영 규칙에는 상의하달, 상사에 대한 맹목적 복종, 장교와 병사 사이의 엄격한 구분 등이 명시돼 있다. 스콧은 말 그대로 명령에 대한 복종과 계급에 대한 무조건적 경의의 기본이 되는 위계질서에 익숙했다. 이러한 규칙은 배 위에서는 합리적일지 몰라도 소규모 팀을 이뤄 구성원끼리 서로 친밀하게 일하고 정보를 교환하면서 새로운 환경에 부딪혀야 하는 남극 탐험에는 도움이 되지 않았다. 또한 스콧은 영국 선원은 무슨 일이든 할 수 있다는 영국 해군 정신에 사로잡혀 있었다. 이러한 허세를 지닌 사람답게 스콧은 세심한 준비를 무시하고 즉흥적으로 일을 처리하는 경향이 있었다. 스콧과 팀원들은 눈 위에서 탐험에 대비한 연습을 할 만한 시간이 충분했던 겨울 한 철 내내 축구나 과학에 대해 토론하고 남극 신문을 만드느라 바빴다.

영국 해군뿐만 아니라 영국 사회가 전반적으로 그랬듯, 스콧도 영웅의 조건은 역경이나 자기희생과 밀접하게 결부되어 있다고 생각했다. 이러한 견해를 고수한 탓에 스콧은 식량과 장비를 가득 실어 무거운 썰매를 개 같은 동물이 아니라 사람이 직접 끌고 눈을 밟으며 걸어가는 고된 노동을 찬미했다. 스콧의 생각은 한 인용문에 분명하게 드러난다. "개를 데리고 가기보다는 사람만으로 집단을 구성하고 출발해, 그 외의 다른 사람에게 아무런 도움도 받지 않고 고난, 위험, 어려움에 맞서며, 며칠 혹은 몇 주에 걸쳐 육체적으로 고되게 노력한 끝에 엄청난 미지의 문제를 해결하는 데 성공하는 탐험이 훨씬 고고한 이상을 보여준다고 나는 생각한다."[27] 계속 자기 관점에서만 시간과 장소를 바라본 스콧은 아문센같이 성공을 거둔 극지 탐험가들과 달리, 개썰매에 의지하기보다는 인력을 이용해 극도의 육체적 고난을 감수하는 편이 훨씬 용기 있는 행동이라고 믿고 이를 감행했다. 그런 탓에 몸이 힘들어지고 이동 속도가 지나치게 느려졌으며, 결국 패배를 자초했다.

게다가 스콧은 자신이 얻은 결과가 어떤 원인 때문에 빚어졌는지 정확하게 파악하지 못했다. 대부분의 사람은 성공을 거두면 환경의 덕보다 자기 덕을 실제보다 더 크게 평가하고, 반대로 실패하면 자기 탓을 실제보다 적게 생각한다. 낡은 규칙에서 벗어나는 방법의 핵심은 자기 탓을 하지 않으려는 경향을 극복하는 데 있다.[28] 스콧에게는 지난번 남극 탐험에서 거둔 결과를 이용해 육상 극지 탐험에 알맞게 자신의 단순한 규칙을 조정할 수 있는 기회가 충분했다. 당시 탐험에서는 크로지어 곶에서 황제펭귄 군락을 찾아내는 등 과학적 성과를 거두기도 했지만, 장비가 고장 나고 팀원들이 괴혈병에 걸리고 썰매개가 죽는 등 실패도 많이 겪었다. 스콧은 여기서 교훈을 얻었어야 했다.

하지만 스콧은 영국으로 돌아온 후 집필한 책에서 의기양양한 어조로 탐험의 성공은 자신의 숙련된 리더십과 영국인들의 용감한 행동 덕분으로, 실패는 불운과 남극의 위험한 환경 탓으로 돌렸다.[29] 예를 들어, 그는 영양실조란 극지 탐험을 할 때 불가피한 일이기 때문에 대원들 각자 스스로 극복해내야 하는 문제라고 했다. 하지만 대원들의 개인 일지에 적혀 있듯, 재난의 원인이 식량 배급의 실패 때문이라는 사실은 언급하지 않았다. 스콧은 남극점으로 더 전진하지 못했던 이유가 대원 중 한 명인 어니스트 섀클턴Ernest Shackleton이 병에 걸려서라고 했지만, 섀클턴이 괴혈병에 걸린 이유가 자신의 무계획 때문이라고는 생각하지 않았다. 그는 개가 원래 극지 탐험에 어울리지 않기 때문에 좋은 성과를 내지 못했다고 했지만, 자신이 썰매개 다루는 법을 이해하지 못한 것은 책에서 빼놓았다. 원인을 제대로 파악해야 경험으로부터 많은 것을 배울 수 있다. 특히 실패를 겪었을 때는 더욱 그렇다.[30] 스콧은 실패를 성공으로 둔갑시키고 실패의 원인을 잘못 파악했기 때문에 새로운 규칙을 찾기 힘들었다.

또한 스콧은 스스로 정보를 차단했다. 그는 영국 해군 장교답게 고고한 태도를 유지했다. 그는 속마음을 털어놓는 법이 거의 없었고, 장교와 병사를 철저히 구분했다. 자신의 경험을 일상에서 토론해야 문제의 원인을 정확하게 파악할 가능성이 높아지는데, 외톨이였던 스콧은 그럴 능력이 떨어졌다.[31] 다른 방면에서도 그는 자기 주변에 벽을 쌓았다. 그가 자유 토론에 참여했다거나 자신을 돌이켜봤다는 증거는 없다. 한 문헌에 적혀 있듯 "그(스콧)는 해군에서 훈련받으면서 건강한 신체, 규칙적인 생활, 규율, 복종심뿐만 아니라 경직된 사고방식까지 갖게 됐다. 그에겐 경험에서 배울 능력이 없었다."[32] 아문센은 극지 원주민이 생활하는 방식에 흥미가 있었지만, 스콧은 원주민이 미개하기 때문에 유용한 정보원이 될 수 없다고 무시했다. 혹시 그가 자기 규칙을 더하거나 바꿀 마음이 들었더라도 통찰력이 부족해서 별다른 성과가 없었을 것이다.

남극점을 향한 선구적인 탐험을 하려면 이에 관한 단순한 규칙을 새로운 시각에서 이해해야 했다. 아문센은 열심히 조사하고, 해상에서 형성된 사고방식을 육지 탐험에 적합하게 바꿨으며, 개 관리와 식량 배분 등 중요한 병목을 발견하고 규칙을 만들었다. 하지만 스콧이 갇혀 있던 영국 해군식 사고방식은 아무리 생각해도 탐험과는 거리가 멀었다. 실패의 원인을 제대로 파악하지 못한 스콧은 변화할 동기를 얻지 못했고, 어디를 어떻게 바꿔야 할지 알려주는 정보도 단편적으로밖에 구하지 못했다. 사람들은 이런 식의 보편적 이유 때문에 변해야 할 필요가 극도로 명백할 때조차 자기 상황과 단순한 규칙을 새로운 시각에서 바라볼 생각을 하지 못한다.

스콧은 잘못 행동했다. 앞으로 계속될지도 모르는 물 부족 사태나 가로질러 가야 할 낯선 지형같이 대규모 혼란에 직면할 경우, 핵심은 변화가 일어났다는 사실을 인식하고, 피상적인 수준을 넘어 그 의미를 훨씬 깊게 탐구하며, 옛 규칙을 버리고 새로운 규칙으로 빠르게 옮겨 타는 데 있다. 그런데 큰 변화가 다가올 때 수동적으로 기다리는 것이 그다지 현명하지 못한 경우도 있다. 이런 경우에는 스스로 혼란이 되어, 앞장서서 병목을 옮겨 성공을 거두고 다른 모든 사람의 규칙을 파괴하는 편이 낫다.

병목을 바꾸고 규칙을 다시 쓴다

한때 〈치어스Cheers〉라는 유쾌한 드라마가 텔레비전을 지배했다. "모두가 당신 이름을 아는" 보스턴의 한 술집에서 벌어지는 일을 그린 〈치어스〉는 1982년 9월 처음 방영된 후 평론가들의 호평을 이끌어냈다. 하지만 시청자들에게는 그다지 인기를 끌지 못해 시청률이 밑바닥까지 떨어졌다.[33] 그러나 NBC는 단념하지 않고 버텨낸 끝에 결국 신뢰의 대가를 보상받았다. 〈치어스〉는 〈코스비 쇼The Cosby Show〉나 〈패밀리 타이스Family Ties〉 등과 함께 큰 인기를 끌며 NBC의 목요일 저녁 프로그램의 중심이 됐다. 〈치어스〉는 11시즌 동안 황금시간대에 방영됐으며, 마지막 회 시청자는 4,000만 명에 이른다.

훌륭한 각본은 인기 있는 TV 프로그램을 만드는 데 중요한 병목으로, 〈치어스〉가 성공을 거두는 데도 마찬가지로 필수적이었다. 기억에 남는 등장인물들이 주고받는 재치 넘치는 대사는 시청자들을 사로잡았다. 술집 주인 샘 말론Sam Malone은 그다지 똑똑하지 않은 여자들에게 연이어 구애하는 뻔뻔한 바람둥이다. 샘을 돋보이게 하는 인물은 다이앤 체임버스Diane Chambers라는 웨이트리스로, 약혼자가 도망가는 바람에 이 술집에 발이 묶이게 된 유식한 속물이다. 서로 어울릴 것 같지 않으면서도 잘 어울리는 샘과 다이앤의 관계는 이 희극의 주요한 로맨틱한 긴장관계로 자리 잡아 시청자가 '이 둘이 사귀게 될까, 아닐까?' 궁금해하며 매번 안달 나게 만들었다. 촌철살인 웨이트리스 칼라Carla, 뚱뚱한 보통 남자 놈Norm, 수다스러운 우체국 직원 클리프Cliff같이 다채로운 등장인물들이 이루는 조화로운 관계는 오랜 방영 기간 내내 크게 변하지 않았다.

〈치어스〉 각본가들은 몇 가지 단순한 방법 규칙을 사용했다.[34] 하나는 등장인물의 성격을 명확하게 구별하는 것이다. 목적은 시청자가 등장인물 하나하나를 어느 정도 예측 가능하고 친숙하게 느끼게 하는 데 있었다. 각본가들은 가끔 특별한 상황을 만든 후 등장인물이 어떻게 반응할지 구상했다. 방영 기간 후반이 되자 각본가들은 시청자를 놀라게 할 의도로 가끔 등장인물이 사람들이 기대하는 방향과 정반대로 행동하게 만들었다. 이 규칙 덕분에 등장인물은 개성이 희석되지 않고도 다양한 성격을 얻을 수 있었다. 등장인물을 더욱 차별화하려고 사용한 더 어려운 규칙도 있다. '라디오처럼 각본을 써라'라는 규칙의 목표는 각각의 등장인물이 말하는 방식을 독특하게 함으로써 보지 않고 듣기만 해도 누구 대사인지 시청자가 알게 하는 데 있었다. 또한 규칙 중에는 각각의 에피소드는 서로 독립되어 시청자가 언제 어느 순서로 보더라도 해당 에피소드를 그 자체로 이해할 수 있어야 한다는 것도 있었다. 다시 말해, 각본가는 매 회 기승전결이 완벽한 이야기를 만들어야 했다.

각본가실에 모여 서로의 경험을 공유하던 〈치어스〉 각본가들은 당황, 기쁨, 경악 같은 공통된 감정을 불러일으키는 주제를 찾고 싶어 했다. 이와 관련해 '많은 사람들에게 공감을 얻은 긴장관계는 한 에피소드의 소재로 사용하기에 적당하다'는 규칙이 탄생했다. 또한 이들 각본가는 실용적이고 빠른 행동으로 초고를 빠르게 대충 써낸 후에 여유를 가지고 이를 다듬었다. 각본가들은 이런 규칙을 지키며 모든 주제(심지어 상충되는 것까지)를 탐색할 수 있는 폭넓은 융통성을 얻었다. 〈치어스〉는 가벼운 코미디 드라마이지만 페미니즘, 동성애, 마약 중독 등을 처음으로 다룬 텔레비전 프로그램이기도 하다.

〈치어스〉는 1993년 5월 막을 내릴 때까지 텔레비전 드라마를 통틀어 손꼽힐 만큼 오랜 방영 기간을 자랑했다. 각본가들은 단순한 규칙 덕분에 생생한 등장인물, 재치 넘치는 대화, 창의적인 이야기 등 이 프로그램이 그토록 오랫동안 큰 성공을 거두게 한 요소를 갖게 되었다. 〈치어스〉는 길었던 방영 기간 동안 에미상Emmy Award 후보에 117번 올라 그 중 26번 수상했다.[35] 2013년 〈TV 가이드TV Guide〉는 역사상 최고의 프로그램 순위를 발표하면서 치어스를 〈스타트렉Star Trek〉, 〈새터데이 나이트 라이브Saturday Night Live〉, 〈매드 멘Mad Men〉보다 높은 11위에 올렸다.

〈치어스〉는 시청자가 방송을 몇 번 놓친 후 아무 때나 다시 보기 시작해도 어색하지 않은 프로그램이란 어떤 것인지 보여주는 대표적인 예다. 각본 제작과 관련된 단순한 규칙은 다음과 같은 약속에 적합하게 만들어졌다. '공감을 불러일으키는 (그리고 예측 가능한) 등장인물의 성격은 큰 틀에서 보면 에피소드가 달라져도 변하지 않는다. 매 회는 완결된 이야기를 담는다. 각 회를 복잡한 줄거리에 맞출 필요가 없으므로 각본은 빠른 리듬으로 쓴다.' DVR이 없어 시청하지 못한 이야기를 따라잡을 방법이 없던 시절에는 이처럼 어떤 에피소드부터 봐도 바로 익숙하게 느낄 수 있다는 사실이 매우 중요했다. 이러한 에피소드식 구성에 대한 단순한 규칙은 〈치어스〉 같은 시트콤 드라마(또는 〈프렌즈Friends〉나 〈내가 그녀를 만났을 때How I Met Your Mother〉같이 〈치어스〉에 영향을 받은 수많은 코미디 드라마)에 적용되는 데 그치지 않는다. 이는 〈CSI〉에서 사건을 수사하거나 〈하우스House〉에서 병을 진단하는 장면에서 보듯 친숙한 등장인물이 모든 회에서 같은 일을 반복하는 다양한 종류의 텔레비전 프로그램에도 적용된다.

2011년 3월, 넷플릭스Netflix 경영진은 새로운 텔레비전 세계를 살펴보고 있었다.[36] 이 새로운 세상이 탄생하는 데는 넷플릭스도 한몫했다. 2010년대의 텔레비전 세계는 〈치어스〉의 전성기 때와 매우 달랐는데, 이처럼 텔레비전을 다시 정의한 작업의 최전선에는 바로 넷플릭스가 있었다. 넷플릭스는 업계의 선발주자 블록버스터를 무너뜨린 후 축적한 자본을 가지고 프로그램 제작에 뛰어들어 방송 채널 없이 텔레비전 프로그램을 제공하려고 했다. 역사적인 한 걸음이었지만 동시에 커다란 위험이 될 수도 있었다. 넷플릭스에는 고만고만한 경쟁자를 누르고 두각을 나타낼 히트작이 필요했다. 문제는 '그것을 어떻게 만들어내느냐?'였다.

출발점은 당연히 각본 제작이었다. DVR이나 HBO 같은 케이블 방송국이 출현한 이후 텔레비전은 TV 비평가 브렛 마틴Brett Martin의 표현대로 "제3의 황금기"에 돌입했다.[37] 이 시기에 방영된 〈소프라노스The Sopranos〉는 에피소드식이 아니라 연속극이었다. 〈치어스〉는 어떤 회부터 봐도 내용이 어떻게 돌아가는지 대충 알 수 있었지만, 〈소프라노스〉를 시즌 중간부터 본다면 "무슨 일이 벌어지는 거야? 저 남자는 또 누구지?" 하는 질문을 계속 하게 된다. 〈소프라노스〉는 어두운 분위기와 아슬아슬한 이야기로 공중파 드라마보다 높은 위험을 감수하면서도 폭넓은 시청자를 얻었다. 〈소프라노스〉, 〈와이어The Wire〉, 〈브레이킹 배드Breaking Bad〉, 〈매드 멘〉 등이 인기를 끈 후, 시청자들은 심각한 주제를 다루는 연속극에 익숙해졌다. 이들 드라마도 〈치어스〉와 마찬가지로 훌륭한 각본에 근거를 두었지만, 〈치어스〉와는 다른 규칙을 사용해 성공을 거두었다.

물론 넷플릭스도 텔레비전에서 큰 인기를 끄는 여러 프로그램이 여전히 그렇듯 〈치어스〉를 따라 단순한 규칙을 채택할 수 있었다. 〈NCIS〉 같은 수사물이나 〈두 남자와 1/2 Two and a Half Men〉, 〈빅뱅 이론 The Big Bang Theory〉 같은 시트콤은 에피소드식 각본을 만드는 단순한 규칙을 답습해 비평가들로부터 틀에 박혔다는 비판을 들으면서도 텔레비전을 지배했다.[38] 하지만 넷플릭스 경영진은 옛 규칙을 그대로 따르는 정도로는 고만고만한 무리에서 두각을 나타내기 힘들다고 판단했다. 혁명을 일으키려면 혁명적인 수단이 필요하다. 텔레비전 세계를 바꾸고 최고의 케이블 방송국 자리에 오르기 위해 넷플릭스는 게임의 틀 자체를 바꿔야 했다. 넷플릭스는 텔레비전 "제3의 전성기"라는 혁명에 합류한 후, 혁명을 한 단계 더 끌어올려야 했다.

2013년 2월, 넷플릭스가 승부를 건 작품이 막을 올렸다. 드라마 〈하우스 오브 카드 House of Cards〉의 주연, 사우스캐롤라이나 농촌 출신의 음험한 정치가 프랭크 언더우드 Frank Underwood 역은 오스카상을 두 번이나 수상한 케빈 스페이시 Kevin Spacey가 맡았다. 첫 회에서 프랭크는 내정됐던 국무장관직에서 밀려난 후 권력과 복수를 향한 길을 걷기 시작한다.[39] 〈하우스 오브 카드〉 각본가들은 연속극 형식을 채택해 프랭크의 이야기를 풀어 나갔다. 이들은 이야기에 복선을 깔고 등장인물을 자유자재로 넣었다 뺐다. 한 등장인물이 2화에 나왔다가 사라진 후 8회에 다시 나오는 식이었다(〈치어스〉에 등장하는 샘이라면 상상할 수 없는 일이다). 〈하우스 오브 카드〉의 등장인물은 일상적인 상황 속에서 예상 가능한 반응을 보여주는 방식이 아니라, 부도덕한 하원의원이 자녀와 함께 시간을 보내는 모습을 보여주는 등 장황한 부속 장면을 통해 묘사됐다.

〈하우스 오브 카드〉에 관해 주목할 만한 것에는 물론 훌륭한 각본도 포함되지만, 그보다는 넷플릭스 자체와 넷플릭스가 새롭게 상정한 텔레비전의 모습이 더 중요하다. 앞 장에서 필자들은 병목이란 가치 창출을 막는 판단이나 행동이라고 정의했다. 다른 이들이 기정사실로 받아들인 중요 병목을 넷플릭스가 공격했다는 데 문제의 본질이 있다. 넷플릭스와 사업 파트너 미디어 라이츠 캐피털Media Rights Capital은 시청자들이 선택할 수 있는 수많은 대안을 누르고 〈하우스 오브 카드〉가 눈에 띌 수 있도록 세계적인 감독을 고용하는 전략적 도박을 했다. 〈하우스 오브 카드〉는 시청자들의 눈에 띄기 위해 그때까지 텔레비전에서는 보기 힘든 결단을 내렸다. 할리우드에서도 일류로 꼽히는 감독을 영입한 것이다. 그 감독은 바로 〈소셜 네트워크The Social Network〉, 〈벤자민 버튼의 인생은 거꾸로 간다The Curious Life of Benjamin Button〉, 〈밀레니엄: 여자를 증오한 남자들The Girl with the Dragon Tattoo〉 등 인기작을 감독하고 오스카상 후보에 두 번이나 오른 데이비드 핀처David Fincher다. 소문에 따르면 핀처는 새로운 일을 물색하던 중 영국 정치 스릴러 〈하우스 오브 카드〉를 리메이크한다는 소식을 들었다. 드라마 저작권을 소유한 미디어 라이츠 캐피털은 미국 리메이크판 감독으로 핀처를 점찍었다. BBC 원작판을 사랑했던 핀처는 "구성 방식이 정말 영리했습니다. 그(이언 리처드슨Ian Richardson이 연기한 주인공)가 바닥까지 떨어진 후 힘을 내는 모습은 마치 체스판 위에 놓인 말 모두를 움직이는 듯했죠"라고 말했다.[40]

넷플릭스와 사업 파트너들은 핀처에게 텔레비전 세계보다 유연한 영화계 수준의 감독권을 주었다.[41] 이로써 넷플릭스와 26회짜리 드라마 감독 계약을 한 핀처는 감독이 창의적 절차를 편하게 확립할 수 있는 수준의 자유를 얻었다. 그는 찰스 맥두걸Charles McDougall(〈위기의 주부들Desperate Houswives〉·〈오피스The Office〉 감독)과 앨런 쿨터Allen Coulter(〈소프라노스〉 감독) 같은 최고의 감독 다섯 명과 계약해 각자 자기가 맡은 에피소드를 감독하도록 했다. 핀처는 처음 두 에피소드를 감독해 흐름을 설정하고, 감독 자리에서 물러났다. 규칙에 따라 감독은 연속한 2회 방영분과 이를 촬영할 20일 동안을 책임졌다. 감독들은 드라마의 느낌을 파악하기 위해 핀처가 감독한 처음 두 에피소드를 보고, 자신이 감독할 부분에 앞서 제작된 에피소드 대본을 읽어야 했다. 핀처는 고정된 카메라를 많이 사용하는 고전적 영화 촬영 기법을 써서 구도, 조명, 연기를 흥미롭게 하도록 감독들에게 강력히 권장했다. 그러고 나서는 감독들을 내버려뒀다. 이야기가 연속선상에 있는 한, 감독은 원하는 등장인물을 등장시키고 최종 편집권을 행사하며 자기가 담당한 에피소드를 마음대로 찍을 수 있었다. 그 산물이 바로 에미상 수상에 빛나는 명작 드라마 〈하우스 오브 카드〉다.

이제까지 경시됐지만 넷플릭스가 새롭게 씨름한 병목은 감독 선정뿐만이 아니다. 바로 프로그램 편성이다. 재미없는 프로그램은 시청자들에게 쉽게 외면당하기 때문에 인기가 있을 만한 프로그램을 고르는 일은 미디어 회사의 성공에 있어 중요한 병목이다. 하지만 인기가 있을 만한 프로그램을 가려내는 일은 텔레비전 역사가 시작되었을 때부터 과학이라기보다는 짐작과 행운에 의지하는 예술에 속했다. 그래서 미디어 회사는 '우선 1회 시험방송pilot, 그다음에는 몇 편, 그러고 나서 한 시즌 편성'이라는 닳고 닳은 단계별 규칙에 의지해 프로그램을 제작하고 편성한다. 넷플릭스는 〈치어스〉 시절에는 없었던 기술을 활용해 이런 규칙을 깼다. 넷플릭스는 시험방송 단계를 밟지 않은 채 두 시즌을 모두 제작했다. 왜 그랬을까? 한 전문가는 이렇게 주장했다. "넷플릭스는 시청자가 〈하우스 오브 카드〉를 좋아할 것이라는 사실을 제작 전부터 알았던 겁니다."[42] 이 말은 넷플릭스가 큰돈을 들여 새 프로그램을 제작할 때 부담한 매우 현실적인 위험을 경시한 것이기는 해도 상당 부분 진실을 담고 있다. 넷플릭스는 약 3,000만 명의 유료회원을 확보했기 때문에 회원들이 어떤 프로그램을 즐겨 보는지 잘 알았다. 그것도 다른 미디어 회사 경영진이 부러워할 정도로 자세히 알았다. 예를 들어, 넷플릭스 분석 담당자들은 영국판 〈하우스 오브 카드〉가 성공했다는 사실, 데이비드 핀처와 케빈 스페이시의 영화가 넷플릭스에서 인기를 끈다는 사실을 알았다.[43] 넷플릭스는 시청자 반응을 보지 않고 드라마 방영권을 따낸다는 혁신적이고 새로운 편성 규칙을 적용한 덕분에 다른 원매자가 손을 뻗치기 전에 〈하우스 오브 카드〉 방영권을 가져오고 드라마를 제작할 수 있었다. 또한 넷플릭스는 자사 특유의 '빅데이터' 처리 능력 덕분에 기존 텔레비전 방송사보다 위험을 덜 부담하면서 규칙을 활용해 한층 더 매력적인 결과를 얻을 수 있었다. 특유의 능력을 활용해 넷플릭스는 프로그램 편성에 대한 경계선 규칙을 한 발 앞서 다시 정의했다.

또한 넷플릭스는 기존 편성 규칙을 다시 깨뜨리고, 〈오렌지 이즈 더

뉴 블랙Orange Is the New Black〉 같은 프로그램에서 그랬듯 한 시즌 전체를 단번에 시청할 수 있도록 전 에피소드를 한꺼번에 내놓는 혁신적인 규칙을 도입했다. 그러나 당시만 해도 이 규칙은 매우 위험해 보였다. 그동안 시청자들은 새로운 에피소드가 방영되기 전에 휴식기를 갖고 다음 이야기를 예측하며 기대를 키웠다. 한 시즌 이야기를 한꺼번에 풀어놓았다가는 그처럼 낭만적인 관계를 망칠 수도 있었다. 하지만 이번에도 넷플릭스는 특유의 전문 기술을 활용해 성과를 거두었다. 회사는 수없이 축적된 탐색, 일시정지, 되감기, 빨리감기 기록을 토대로, 이미 많은 사람들이 한자리에서 여러 편을 연이어 본다는 사실을 알았다.[44] 다시 말해 넷플릭스는 엄청난 자료를 확보해 다수의 시청자가 이미 '드라마 몰아보기'를 하고 있다는 사실을 알았던 것이다. 이 '동시 출시 규칙' 역시 넷플릭스가 딱 원하던 대로 〈하우스 오브 카드〉가 경쟁자들을 제치고 미디어업계에서 두각을 나타내는 데 도움을 주었다는 사실도 주목할 만하다.

넷플릭스는 두 가지 병목 규칙을 부순 정도로는 업계에 충분히 충격을 주지 못했다는 듯이 세 번째 새로운 병목, 바로 '채용'을 공격했다. 물론 〈치어스〉같이 성공을 거둔 프로그램의 제작자가 재능 있는 사람에게 관심을 쏟았듯, 성공하려면 반드시 적절한 사람을 채용해야 한다. 하지만 넷플릭스는 텔레비전 드라마를 제작할 일류 영화감독 핀처, 텔레비전 드라마에 출연한 일류 배우 중에서도 최고격인 케빈 스페이시와 계약하면서 인재를 구하는 규칙을 바꿔놓았다. 비교적 신예라고 할 만한 제작자 보 윌리먼Beau Willimon조차도 조지 클루니George Clooney가 출연한 〈킹메이커The Ides of March〉 각본으로 오스카상 후보에 올랐을 정도다. 외부에서는 이 같은 방법으로 우수한 인재를 채용하는 규칙이 위험하다고 보았다. 하지만 넷플릭스는 기존 사업에서 분석한 채용 관련 병목에 오래 집중한 결과를 토대로 이미 익숙해진 경계선 규칙 및 방법 규칙인 '최고를 채용하고' '가장 많은 돈을 준 후' '내버려둔다'를 이용했을 뿐이다.[45] 넷플릭스는 이런 규칙을 〈하우스 오브 카드〉에 적용했다. 인재들은 넷플릭스 경영진이 딱 원했던 그대로 언론의 관심을 광범위하게 끌어냈다.

〈하우스 오브 카드〉에 적용된 규칙을 하나하나 뜯어보면 거의 모두 선례가 있다. 연속극 각본 작성 규칙은 정교하고 아슬아슬한 이야기가 있는 다른 드라마의 규칙과 비슷하다. 스타급 감독이 감독한 드라마는 드물기는 해도, 〈하우스 오브 카드〉 이전에 이미 1990년대 초반 데이비드 린치David Lynch가 ABC 방송사의 〈트윈 픽스Twin Peaks〉를 감독한 사례가 있다. 그렇다고는 해도 〈하우스 오브 카드〉는 전반적으로 볼 때 독특한 편성 규칙 및 인재 관련 규칙을 활용해 텔레비전 역사상 보기 드문 성취를 이뤘다. 〈하우스 오브 카드〉는 기존 '텔레비전'에서 방영되지 않은 프로그램으로는 최초로 에미상 12개 부문 후보에 올라 세 개 부문을 수상하는 놀라운 성과를 거뒀다. 또한 골든글로브상Golden Globe 네 개 부문 후보에 올라 로빈 라이트Robin Wright가 여우주연상을 수상하기도 했다. 넷플릭스는 이 드라마를 통해 원하던 대로 계기판을 움직였다. 즉, 양질의 창의적 콘텐츠를 생산하는 경쟁에서 앞서갔을 뿐만 아니라 회원층을 확대했다.

물 부족 사태를 앞두고 정원의 이상적인 모습을 다시 생각해본 사례처럼, 변화가 극적으로 다가올 때 여기에 적응하는 정도로 대처하는 방법이 충분한 경우도 있다. 하지만 한 발 앞서 변화를 모색해야 하는 상황도 있다. 오클랜드 애슬레틱스가 처음에는 머니볼 규칙을 가지고 야구에 대한 비전을 바꿨다가 이것이 흔들리자 다시 자신의 비전과 규칙을 바꿨던 것처럼, 〈하우스 오브 카드〉는 한 발 앞서 텔레비전의 지형을 바꾸려고 했다. 〈치어스〉는 오늘날에도 쓰이는 에피소드식 각본 작성 원칙을 확립했다. 반면 넷플릭스는 그때까지 경시돼온 병목, 즉 감독·편성·인재 확보에 초점을 맞춰 기존 업계의 전통을 깨뜨렸다. 이 회사는 병목을 바꾸려는 의지와 적응력을 갖춘 덕분에 규칙을 스스로 재창조할 자유를 얻었다.

결론

2014년 2월, 재닛 옐런Janet Yellen은 전 세계적으로 힘들기로 손꼽히는 직책인 미국 연방준비제도이사회 의장으로 취임했다. 연방준비제도이사회의 임무는 미국 경제를 순조롭게 이끌어 나가는 것이다. 최적의 조건에서도 매우 힘든 일일 텐데, 옐런이 취임했을 당시 미국 경제는 세계 대공황 이래 가장 심각한 불황에서 겨우 빠져나오고 있는 중이었다. 기준금리를 올리느냐 내리느냐 하는 이사회의 결정은 미국인의 일상적인 생활과 매우 동떨어진 것으로 보이지만, 이는 사실 엄청난 영향을 끼치는 일이다. 이 밖에 고용 극대화는 물가상승률 통제와 함께 연방준비제도이사회가 맡은 주요 임무로, 실업자가 1,000만 명이 넘던 당시 미국의 상황으로 볼 때 매우 중요한 쟁점이었다.[1] 옐런은 연방준비제도이사회 의장으로서 실업이 어떤 인적 손실을 야기하는지 잘 알았다. 그녀는

2013년 연설에서 이렇게 말했다. "장기 실업은 노동자와 그의 가족들에게 큰 손실을 줍니다. 이에 따른 비용은 노동자의 정신적·육체적 건강, 결혼생활, 자녀에게 끔찍한 부담이 됩니다."[2]

수백 개의 정부기관, 수천 개의 은행, 수천만 개의 회사, 1억 가구가 넘는 가정이 매일 상호작용하고 있는 미국 경제는 지극히 복잡하기 때문에 단순한 규칙을 적용하기에는 부적합한 체계의 대표로 꼽힌다. 그래도 옐런은 취임 3개월 만에 기준금리를 결정하는 기본 틀(블룸버그닷컴Bloomberg.com의 표현에 따르면, 열차와 승강장 사이를 주의하라는 의미를 가진 '마인드 더 갭mind the gap' 규칙)을 만들어냈다.[3] 이 시기 선택 규칙의 본질은 경제가 고용 및 물가상승률 목표치에 도달할 때까지 연방준비제도이사회가 기준금리를 올리지 않는다는 것이다. 옐런의 '마인드 더 갭' 규칙은 1992년 스탠퍼드대학 경제학 교수 존 테일러John Taylor가 통화정책을 인도할 실용적인 도구로 만든 규칙을 변형한 것이다. 테일러의 규칙은 몇 년 지나지 않아 다른 주먹구구 방식과 함께 연방준비제도이사회뿐만 아니라 전 세계 중앙은행에서 정책 결정을 이끌고 평가하는 방법으로 쓰이게 됐다.[4]

단순한 규칙이 경제적 복잡성을 관리하는 역할을 해온 지는 오래됐다. 15세기 유럽에서는 500개가 넘는 조폐소가 거의 100종에 달하는 화폐를 공급했다.[5] 중세의 통치자들은 자신이 발행하는 동전의 금·은 함량을 빈번하게 낮추고, 이렇게 가치가 떨어진 화폐를 피지배자에게 떠넘겨서 물가 상승을 부채질했다. 그러다가 상인들이 가치가 낮은 화폐를 거부해 압박을 받은 지배자가 화폐발행권을 자주적 기구에 넘기기도 했다.[6] 이것이 현대 중앙은행의 기원이다. 물론 이 중에는 단순한 규칙에 의거해 화폐 제도를 운영한 곳도 있었다. 시간이 흐르면서 통화정책을 관리하는 규칙은 점점 정교해졌다. 아이작 뉴턴Sir Isaac Newton은 영국 조폐국장England's master of the mint을 역임한 1717년, 지폐는 가치가 동일한 금과 태환 가능해야 한다는 '황금률golden rule'을 발표했다.[7] 80년 후 영국은 나폴레옹 전쟁 자금을 충당하기 위해 뉴턴의 황금률을 버리고 파운드화를 찍어냈다. 이로 인해 금융 혼란이 발생하자 영국 은행들은 경제를 안정시키기 위해 다음과 같은 새로운 규칙을 만들었다.[8] 첫째, 지폐의 양을 제한한다. 둘째, 통화량을 절대 줄이지 말고 '한도 내에서 가감한다.' 셋째, 무역량이 늘면 통화량도 늘린다. 넷째, 비상시에는 일시적으로 통화량 증가를 허용한다.

장벽을 넘어 단순함으로

중앙은행장이 사용하는 단순한 규칙을 보면, 이 책의 맨 앞으로 돌아간 것 같은 기분이 든다. 전선의 의무병들이 그렇듯 중앙은행장도 압도적인 복잡성에 직면한 상태에서 중요한 결정을 내릴 때는 단순한 규칙을 사용한다. 엄청나게 복잡한 상황에서 상당히 큰 손익이 걸려 있을 때(예를 들어, 수백만 개의 일자리나 삶과 죽음을 가르는 문제) 단순한 규칙은 그 위력을 드러낸다. 이런 규칙은 중요한 의문을 제기한다. '단순한 규칙이 그토록 다양한 상황에서 그렇게 좋은 효과를 낸다면, 어째서 복잡한 해결책이 여전히 널리 이용되고 있는 것인가?' 규제 담당자는 유례 없이 상세한 규칙을 만들어내고, 인사 담당 부서는 두꺼운 정책 규정집을 발표하며, 자칭 라이프스타일 전문가들은 복잡하기 짝이 없는 식이요법과 운동법을 추천한다. 하지만 사람들은 단순성을 열망한다. 이 책 전체를 통해 설명했듯 단순한 규칙은 복잡한 해결책보다 좋은 성과를 낼 때가 많다. 그런데 단순한 규칙이 어째서 더 널리 쓰이지 않는 걸까? 개인생활, 기업, 사회를 단순하게 만드는 데 있어 장애물은 무엇인가? 그리고 가장 중요한 질문으로, 이러한 장애물을 넘어 단순성을 달성할 수 있는 방법은 무엇일까?

첫 번째 장애물은 단순한 규칙을 만드는 데 드는 노력이다. 가치 있는 시도가 늘 그렇듯 제대로 된 단순한 규칙을 만들려면 시간과 노력이 든다. 단순한 규칙을 만드는 절차에는 가차 없는 우선순위 확립이, 즉 핵심에 집중하고 곁가지를 쳐내는 행동이 필요하다. 수많은 목표 중 무엇이 계기판을 움직일지 알아내고, 중요한 병목을 나타내는 특정 행동이나 판단을 찾아내며, 수십 개의 규칙 후보를 단 몇 개로 줄여야 한다. 단계마다 힘들게 균형을 잡고 어려운 질문에 답해야 한다. 단순한 규칙을 만드느라 들어가는 비용을 고려할 때는 이를 이용하지 않을 때 발생할 비용(예를 들어, 복잡한 방법을 사용할 때 소모되는 힘, 매년 겪게 되는 목적 달성 실패 등)을 무시해서는 안 된다. 스티브 잡스는 파산 직전에 몰렸던 애플을 부활시킨 비결이 무엇이냐는 질문에 이렇게 말했다. "자신의 사고를 명료하게 다듬어 단순하게 만들도록 노력해야 합니다. 일단 그것을 해내면 산이라도 움직일 수 있습니다. 노력할 만한 가치가 충분하죠."[9] 단순화에 성공한 대가는 들인 비용이 우스워 보일 정도로 크다.

단순함으로 가는 길을 막는 두 번째 장애물은 복잡성 덕분에 이익을 보는 사람들이다. 복잡한 해결책으로 인해 발생하는 비용은 많은 사람들이 함께 부담하지만, 복잡성 덕분에 발생하는 이익은 소수에게 집중되는 경향이 있다. 당연히 이들 수혜자에게는 단순화에 저항할 강한 유인이 존재한다. 예를 들어, 미국 세법이 복잡한 채로 유지되는 이유는 이익집단들이 소수에게 이익이 되는 세금 우대 조치(예컨대 경주용 말을 소유하거나 경마장을 건설하는 데 드는 비용을 공제해주는 등)를 옹호하기 때문이다.[10] 이들 이익집단뿐만 아니라, 이런 사안을 입법자에게 관철시키는 로비스트와 입법자 자신 역시 이런 복잡성에서 이익을 본다. 규제 담당자와 정치인들은 규정을 미로처럼 만든 후 회전문을 밀고 나가 이전에 자기가 감독했던 회사에 들어간다. 민간 부문에 들어간 이들은 자신을 새로 고용한 회사를 이끌어 자신이 제정하는 데 일조한 미로 같은 규정을 빠져나갈 수 있게 해준다. 규제가 복잡해질수록 정부와 기업 사이에 있는 이런 회전문은 더욱 빨리 돈다. 최근 연구에 따르면 규제당국에서 금융 서비스 회사로 자리를 옮긴 사람 수는 2001년에서 2013년 사이에 55퍼센트나 증가했다.[11]

단순화를 막는 세 번째 장애물은 '복잡한 문제를 해결하려면 복잡한 해결책이 필요하다'라는 오해, 소위 '복잡성이 필요하다는 미신'이다. 비행기 조종사나 외과 의사가 사용하는 자세한 체크리스트를 떠올리면 알 수 있듯, 당연히 복잡한 해결책이 필요한 상황도 존재한다. 하지만 자세한 규칙과 규정이 복잡성을 해결할 수 있는 유일한 방법은 아니다.

미국 하원은 2008년 금융위기를 맞아 금융서비스 조직에 대한 수만 페이지짜리 상세한 규정을 만들어냈다. 이것이 미래에 다가올 위기를 방지하기에 가장 좋은 방법일지도 모르지만 유일한 방법은 분명 아니다. 〈타임The Time〉지가 선정한 세계에서 가장 영향력 있는 사람 중 잉글랜드 은행Bank of England 수석 이코노미스트인 앤디 홀데인Andy Haldane이 있다.[12] 홀데인은 최근 전 세계 중앙은행장들이 모인 회의에서, 미래에 발생 가능한 금융위기를 방지하는 데는 방대한 규정보다 단순한 규칙이 더욱 효과적일 것이라고 주장했다.[13] 홀데인의 말이 맞을 수도 있고 틀릴 수도 있지만, 확실히 논의해볼 만한 가치는 있다. 복잡한 해결책은 고려 대상 중 하나이지, 규제당국이 기계적으로 선택해야만 하는 유일무이한 결론은 아니다.

단순한 규칙과 상세한 규정 중 무엇이 효과적이냐는 물음에 답하려면, 결국 무엇이 현실에서 더 좋은 효과를 내는지 실험하고 실증 결과에 따라 결론을 내려야 한다. 그러나 그런 연구는 드물고, 그나마 현재까지 나온 소수의 연구는 '규칙은 많을수록 좋다'는 가정이 야기하는 위험을 과소평가했다. 전 세계 사법 체계를 분석한 최근 연구 결과를 생각해보자. 연구자들은 세계 109개국의 사법 체계가 흔하게 벌어지는 두 가지 법적 분쟁, 즉 임차료를 연체한 세입자를 퇴거시키는 사안과 미납 할부금을 회수하는 사안을 얼마나 잘 처리하는지 비교했다.[14] 연구 결과, 판사의 재량권을 제한하는 규칙의 숫자와 규정이 가득한 법 체계를 이용해 사법조치를 실행하는 데 걸리는 시일은 나라마다 굉장히 다양하게 나타났다. 집주인이 임차료를 연체한 세입자를 퇴거시키는 데 미국에서는 두 달이 채 걸리지 않았지만 오스트리아에서는 18개월이 걸렸다. 연구자들은 시민들이 자국의 사법 체계를 공평성, 부패, 소요 비용, 일관성 등 여러 차원에서 어떻게 평가하는지 측정했다. 그 결과, 규칙의 수는 사법 체계의 척도 모두와 부정적 상관관계를 보였다. 연구자들이 자료를 어떻게 가공하든 결과는 같았다. '규칙이 많으면 정의는 적다.'

복잡한 규칙과 규정은 인간 본성을 불신하기 때문에 나타나는 경우가 많다. 사람들이 올바르게 행동할 것이라고 신뢰하지 못할 경우 상세한 규정을 갖춰 잘못된 행동을 막으려 한다. 예를 들어, 대부분의 회사는 직원들이 재량을 남용하지 못하도록 두꺼운 규정집으로 관리한다. 하지만 전체 직원 중 썩은 사과는 일부에 불과하다. 넷플릭스 경영진은 자사 인사 규정을 분석한 결과, 자사 직원 중 97퍼센트가 믿을 만하다고 판단했다.[15] 회사가 상세한 인사 규정을 만들고 관찰하며 강제하는 데 드는 시간은 대부분 나머지 3퍼센트 때문에 쓰인 것이다. 이런 이유로 넷플릭스 경영진은 더 이상 상세한 규정 묶음을 만들지 않기로 했다. 그 대신 문제를 일으킬 만한 사람을 채용하지 않고, 채용 절차에 실수가 있었다면 해당 인원을 빨리 제거하는 데 집중하기로 결정했다. 이 같은 변화 덕분에 넷플릭스는 두꺼운 규정집을 단순한 규칙으로 교체할 수 있었다. 예를 들어, 회사의 비용, 출장, 선물, 개인 용무 관련 정책을 다루는 규칙은 네 가지로 줄었다. 개인적으로 하지 않았을 법한 지출이라면 회사 비용으로 처리한다. 자기 돈을 쓴다는 생각으로 출장을 다녀온다. 거래처가 큰 선물을 주면 신고한다. 직장에서 개인용무를 볼 때 효율이 높아진다면 그렇게 해도 좋다.

자유를 선사하는 규칙

규칙이란 자신의 선택지를 제한하고 원하는 것을 하지 못하게 하는 제약이라고 생각하는 사람이 많다. 하지만 규칙은 제한할 뿐만 아니라 가능하게 하는 것이다. 부모나 투자자는 단순한 규칙을 사용해 단기적 유혹을 이겨내고 장기적 목표를 달성할 수 있다. 기업가와 관리자는 단순한 규칙을 사용해 전체 전략을 잊지 않고 사업을 키울 수 있는 기회를 잡는다. 규칙은 정보가 제한된 상황에서 임기응변으로 더 좋은 판단을 내리게 도와준다. 엘모어 레너드Elmore Leonard나 클로드 모네Claude Monet 같은 예술가는 몇 가지 규칙을 따름으로써 자신의 창의력을 해방시킬 수 있었다. 조직, 공동체, 사회의 일원인 우리는 서로의 행동을 조율하면서 개인의 목표를 추구할 수 있다. 모든 사람이 우측통행 규칙을 지키면 사고가 날 확률을 최소화하면서 빠른 시간 내 목적지에 도착할 수 있다.

이 책 전체에서 살펴보았듯 단순한 규칙은 체계를 최소한으로 제공하면서 재량을 행사할 여지를 충분히 남기기 때문에 좋은 효과를 낸다. 반면 복잡한 규칙은 모든 사태를 예측하고 각각의 상황에서 무엇을 어떻게 할지 지시하므로 사람들을 들은 대로만 행동하는 로봇으로 만든다. 인간의 재량은 제거해야 할 결함이 아니라, 복잡성을 상대할 때 가장 큰 기대를 걸 만한 희망이다. 현장 상황과 밀접한 개인은 자신의 판단과 창의력에 의지해 위험을 관리하고 예상치 못한 기회를 잡을 수 있다. 단순한 규칙은 재량을 행사할 자유를 주기 때문에 효율적일 뿐만 아니라 매력적이기도 하다. 사람들은 매일 마주치는 상황에서 자신의 판단과 창의력을 적용할 기회가 생길 때 성장한다. 그리고 단순한 규칙을 통해 이익을 보고 나면, 그저 이를 사용하는 정도에 그치지 않고 더욱 효과적으로 사용할 가능성도 높아진다.

단순한 해법을 갈망하지만 복잡한 해결책을 쓸 수밖에 없을 듯한 상황에 맞닥뜨려 내키지 않는 결정을 내려야 하는 경우는 직장과 개인생활을 가릴 것 없이 다양한 영역에서 흔히 볼 수 있다. 사실 대부분의 경우에는 그런 고민을 할 필요가 없다. 중요한 행동과 판단을 할 때 단순한 규칙은 복잡한 해결책보다 바람직한 것은 물론 효과적이다. 필자들은 독자들이 복잡성을 단순함으로 해결할 수 있는 엄청난 가능성에 눈뜨게 하고, 이런 기회를 잡을 구체적인 지침을 제공하고자 이 책을 썼다. 단순한 규칙의 힘을 사용할 수 있는 사람에게 복잡성은 더 이상 숙명이 아니다.

감사의 말

연구하고 책을 쓰는 기쁨은 많은 사람들과 같이 일하고 이들로부터 배우는 기회를 얻는 데서 비롯된다. 필자들은 이 책을 쓰기 위해 여러 동료, 학생, 기업가, 경영진, 친구 들과 협력하며 많은 빚을 졌다.

우선 필자들은 흥미로운 발상을 온전한 제안서로 바꿔 이 책을 쓰기 위한 이정표를 세우는 데 도움을 준 뛰어난 대리인 래리 와이스먼Larry Weissman에게 감사를 전하고 싶다. 하우턴 미플린 하코트Houghton Mifflin Harcourt 출판사의 커트니 영Courtney Young은 이 책의 편집자 역할을 맡아 두 번에 걸쳐 상세한 조언을 제공해, 이 책의 내용을 본질부터 향상시키는 데 도움을 주었다. 커트니에게서 고삐를 넘겨받은 릭 볼프Rick Wolff는 자신의 풍부한 경험과 열정을 활용해 제작에서 마케팅에 이르기까지 이 책을 이끌어주었다. 필자들은 커트니와 릭이 준 무한한 도움에 감사한다. 또한 타린 뢰더Taryn Roeder, 카트리나 크루제Katrina Kruse, 로리 글레이저Lori Glazer가 이끈 하우톤 미플린 하코트 홍보마케팅팀에게도 이 책을 폭넓은 독자층에게 알려준 것에 대해 감사한다. 교열과 최종 원고 관련 사실을 확인하는 데 전문가답게 세심한 노력을 기울여준 멜리사 돕슨Melissa Dobson에게도 감사한다. 단순한 규칙에 대한 두 편의 논문에 대해 〈하버드 비즈니스 리뷰〉에서 편집을 담당한 세라 클리프Sarah Cliffe는 이 개념을 처음 떠올리는 데 도움이 되었을 뿐 아니라 매우 유용하고 요긴한 조언을 주었다.

필자들에게는 공동 필자로서뿐만 아니라 개인으로서도 특별히 감사해야 할 공동 연구자와 동료들이 있다. 도널드는 우선 아들 찰리Charlie가 〈하버드 램푼〉 전임 편집장으로서, 그리고 〈뉴욕 타임스〉 선정 베스트셀러에 선정된 패러디물의 공동 저자로서 쌓은 경험을 제공해 연구와 집필에 도움을 준 데 감사한다. 아버지로서 자랑스러운 마음을 젖혀놓고 말하더라도 찰리가 이 책에 나오는 생생한 사례와 기억에 남는 문장을 제공해주었다고 분명히 말할 수 있다. 특정 문장이 당신의 눈길을 끌었거나 특정 사례가 기억에 남는다면 이는 찰리가 쓴 부분일 가능성이 매우 높다.

5장에 나오는 행동연구 프로젝트는 2010년에 랜 섀런Ran Sharon이 런던경영대학원에 있는 도널드의 교수실 문을 두드린 후, 기존 최고경영자 교육 내용을 전복할 만한 프로그램을 만드는 데 도움을 주겠다고 동의하기 전까지는 자리에서 일어나지 않겠다고 협박하면서 시작됐다. 단순한 규칙 프로그램(정식 명칭은 능동적 학습 프로그램Active Learning Program

이다)은 YPO에 처음 적용됐으며, 모든 혁신이 그렇듯 어느 정도 차질과 충격을 불러일으켰다. 랜뿐만 아니라 알레산드로 디 피오레Alessandro Di Fiore, 외르크 폰 바일러Joerg von Weiler, 파올로 칼라우Paolo Kalaw 같은 열정적 참여자가 보여준 시간과 에너지가 아니었다면 이 계획은 아예 시작하지도 못했거나 성공을 거두지 못했을 것이다. 이들 모두는 회사를 운영하느라 바쁜 와중에도 시간을 쪼개 동료 YPO 회원들을 모으고, 관련 절차를 관리하고, 제대로 돌아가는 것과 돌아가지 않는 것을 돌이켜보며 단순한 규칙 프로그램을 계속 개선해 나갔다. 도널드의 학생이었다가 동료가 된 스테파노 투르코니Stefano Turconi는 단순한 규칙 프로그램이 시작될 때부터 참여해 단순한 규칙을 매우 능숙하게 적용하는 조력자가 됐다.

단순한 규칙 프로그램에 참여한 YPO 회원들은 상당한 시간과 에너지를 투입해 이를 제대로 작동하게 만들었다. 필자들은 파드레이그 오시디Padraig O Ceidigh, 제러미 콜러Jeremy Coller, 코비 태드머Kobi Tadmor, 마틴 오트Martin Ott, 이타마르 레비Itamar Levy, 질베르트 프리츠베르크Gilbert Frizberg, 프르제멕 가체크Przemek Gacek, 슈테판 폰 바일러Stefan von Weiler, 마르틴 프리츠Martin Friz, 아나르 알리굴로프Anar Aligulov, 구미 팔마손Gummi Palmason, 빈첸트 로치체로Vincent Lo Cicero, 알렉산더 트렘멜Alexander Tremmel, 프란츠요제프 밀러Franz-Joseph Miller, 에두아르도 아지즈 나데르Eduardo Aziz Nader, 루트거 클라이볼트Ludger Kleyboldt, 요헨 베르츠Jochen Werz, 야니스 오슬레이스Janis Oslejs, 요니 아시아Yoni Assia, 페데리코 바우소네Federico Bausone, 게오르그 콘스탄티니디스George Konstantinidis,

가가이 바렐Gaggai Barel, 프랑수아 모로 드 생마르탱Francois Moreau de Saint Martin, 리처드 토리아니Richard Torriani, 산지브 수리Sanjiv Suri, 수닐 랄바니 Sunil Lalvani, 데이비드 벡David Beck, 캐런 플라벨Karen Flavelle, 제프 풀러Jeff Fuller, 데이비드 헤퍼넌David Heffernan, 랜디 프랫Randy Pratt, 닐레시 베드Nilesh Ved, 투샤르 베드Tushar Ved, 비비언 잘코Vivian Zalkow에게 감사한다.

단순한 규칙 프로그램의 특징은 YPO 회원이 자기 회사 경영진을 참여시켜 조직 안에 변화가 뿌리내리게 하는 데서도 찾아볼 수 있다. 도널드는 랄프 벤젤Ralf Wenzel, 폴 슈츠Paul Shutz, 찰스 힙슬리Charles Hippsley, 그라치안 피에도로비치Gracjan Fiedorowicz, 안드레아스 맥Andreas Mac, 자비르 줌슈도프Jabir Jumshudov, 안드레아스 토어셴Andreas Toerschen, 크리스토프 트레멜Christoph Tremmel, 아르네 슐케Arne Schulke, 네이 트레마린Nei Tremarin, 얀 오벤브링크Jan Obenbrink, 옌스안드레 바르네케Jens-André Warnecke, 마리테 세이테Marite Seite, 기 벤 요세프Guy Ben Yossef, 재클린 파월Jacqueline Powell, 이반 곤살레스Ivan Gonzalez, 사울 구스만Saul Guzman, 미하엘 멜라크리니디스Michael Melachrinidis, 에마노일 마르가리티스Emmanouil Margaritis, 니코스 람브로Nikos Lambrou, 로니 지한Rony Gihan, 데이비드 레포리니David Leporini, 드리스 와레인Dris Warreyn, 이도이아 로데스 토론테기Idoia Rodes Torrontegui, 오스카르 세레살레스Oscar Cerezales, 페트라 칸데르토바Petra Kandertova, 레나타 루카소바Renata Lukasova, 리보르 파브리체크Libor Pavlicek, 캐슬린 챈Kathleen Chan, 존 맥그래스John McGrath, 로버트 왓킨스Robert Watkins, 스티브 파블리치Steve Pavelich, 그랜트 베츠워스Grant Bettesworth, 던컨 존스턴Duncan Johnston, 피터 히긴스Petter Higgins,

크리스턴 딘Kriston Dean, 타이슨 라이드아웃Tyson Rideout, 레인 크리엔케Layne Krienke, 알 제사Al Jessa, 브릿 아인스Britt Innes, 글렌 그린Glenn Green, 제프 보이드Geoff Boyd, 캐서린 앵거스Katherine Angus, 마르첼로 로치체로Marcello Lo Cicero, 빌 다우닝Bill Downing, 니라즈 텍찬다니Neeraj Teckchandani, 마노즈 나크라Manoj Nakra, 아짐 모하메드Azim Mohammed, 카말 코탁Kamal Kotak, 시다르트 딕싯Siddharth Dixit, 지텐드라 불라니Jitendra Bulani, 사친 바노드카르Sachin Banodkar, 아룬 파가라니Arun Pagarani, 산토시 바티아Santosh Bhatia, 로스 몬쿠어Ross Moncur, 라비 라오Ravi Rao, 고사 비스와짓Ghosa Biswajeet, 팻 윌킨슨Pat Wilkinson, 로렌 워커Lauren Walker, 피터 톰슨Peter Thomson, 넬슨 노갤러스Nelson Nogales, 덕 맥린Doug McLean 등 단순한 규칙 프로그램에 그토록 많은 통찰과 열정을 전달해준 경영진에게 감사한다.

교수가 되면 끊임없이 줄지어 들어오는 재능 있고 열정적인 학생들과 함께 일하고 이들로부터 배울 기회를 얻는다는 큰 이점이 있다. 도널드는 런던경영대학원에서 YPO 연구 또는 다른 단순한 규칙 프로젝트에 참여한 대니얼 새커도티Daniel Sacerdoti, 사이먼 윈텔스Simon Wintels, 이도 호크만Ido Hochman, 아사프 슐류시Assaf Shlush, 아비나시 삼타니Avinash Samtani, 캐슬린 파머Kathryn Farmer, 마멜로 셀라몰레라Mamello Selamolela, 알리네 호크만Aline Hochman, 모신 드라부Mohsin Drabu, 유리 자하비Uri Zahavi, 토르스텐 볼터Torsten Wolter, 쿠말 샤Kunal Shah, 다니엘라 스쿠르Daniela Scur, 시바니 파르마Shivani Parmar, 파얄 파텔Payal Patel, 유리 메이로비치Uri Meirovich, 요나탄 푸테르만Yonatan Puterman, 펠리페 코에칠

린Felipe Koechlin, 제임스 샘워스James Samworth 등 학생들에게 감사의 말을 전한다. MIT 슬론Sloan 경영대학원에서는 라일라 즈레익Leila Zreik, 데이비드 호임David Hoyme, 에스테반 루벤스키Esteban Lubensky, 예니 라리오스 베를린Jenny Larios Berlin과 함께 일하는 영광을 누렸다. 도널드는 또한 런던경영대학원과 MIT 슬론 경영대학원에서 훌륭한 질문을 던지고, 놀라운 통찰을 제공하며, 단순한 규칙을 실행했을 때 예기치 못하게 나타난 사례를 제공한 학생들에게 감사한다.

도널드는 런던경영대학원 교수로 재임할 때 이 책에 나오는 대부분의 연구를 마쳤다. 이 책에는 동료들과 수많은 토론을 거쳐 상당히 다듬어진 발상을 실었다. 특히 도널드는 줄리언 버킨쇼Julian Birkinshaw, 케빈 부드로Kevin Boudreau, 도널 크라일리Donal Crilly, 댄 골드스타인Dan Goldstein, 벤 핼런Ben Hallen, 도미닉 홀더Dominic Houlder, 이오아니스 이아노Ioannis Ioannou, 마이클 재커바이즈Michael Jacobides, 코스타스 마르키데스Costas Markides, 요르고스 밀로나이즈Yiorgos Mylonaids, 프레이크 페르묄런Freek Vermeulen 등 런던경영대학원에서 같이 일했던 전·현 동료들에게 특히 감사한다. 도널드의 런던경영대학원 동료 레베카 홈크스Rebecca Homkes는 앞장서서 몇몇 YPO 기업에 단순한 규칙을 적용하는 데 큰 힘을 보탰다. 런던경영대학원 최고경영자 교육과정Executive Education 리더십 팀, 그중에서도 특히 자비네 핀크Sabine Vinck와 서맨사 바운Samantha Bown은 단순한 규칙을 적용해 조직을 운영하는 데 엄청난 열의를 보여주었다. 또한 도널드는 '전략적 민첩성 획득Achieving Strategic Agility'과 '결과를 내기 위한 전략 실행Executing Strategy for Results' 과정에 참여한 경영자 수백 명에게도 감사한다. 수가 너무 많아 이름을 일일이 언급할 순 없지만, 이들 리더는 단순한 규칙을 자기 회사에 적용한 결과를 바탕으로 현실에서 유용한 실용적 조언을 여럿 제공했다.

예전 및 현재 학생, 친구, 가족 들은 바쁜 일정에도 시간을 쪼개 초기 원고를 읽어주었다. 도널드는 특히 신물 날 정도로 '그 책'에 대해 토론한 후 이루 말할 수 없이 귀중한 조언을 준 어머니 캐슬린 설Kathleen Sull, 형제 마크 설Mark Sull, 아내 테리사 설Theresa Sull에게 감사를 표했다. 초고를 읽고 커다란 도움되는 통찰을 준 알레한드로 루엘라스 고시Alejandro Ruelas Gossi, 빌 보르자Bill Borgia, 토미 네블Tommy Nebl, 켈리 배스너Kelly Basner, 마크 맥도널드Mark McDonald, 템플 페널Temple Fennell 및 위에서 언급한 수많은 YPO 회원과 학생을 포함한 다른 독자들에게도 깊은 감사를 표한다.

캐슬린은 이 책을 만드는 데 도움을 준 친구, 가족, 학생, 동료에게 감사를 표했다. 박사 과정을 밟던 학생들은 단순한 규칙이라는 개념에 독특하고 필수적인 공헌을 더했다. 단순한 규칙을 찾는 캐슬린의 여정은 쇼나 브라운Shona Brown이 논문을 준비할 때 두 사람이 같이 기술 기반 기업의 전략을 연구하면서 시작됐다. 두 사람은 기존 전략과 조직 이론의 낡은 패러다임에서 벗어나 신선한 사고를 탐색하는 중이었다. 이들은 복잡성 이론에 나오는 '혼돈의 가장자리' 개념에서 이러한 발상을 찾아내고 《가장자리에서 벌어지는 경쟁: 체계화한 혼돈 전략Competing on the Edge: Strategy as Structured Chaos》(국내 미출간)을 집필했다. 이 프로젝트는 단순한 규칙 연구의 시발점이 됐다. 또한 캐슬린은 박사 과정을 밟던 또 다른 학생, 노스캐롤라이나대학 크리스 빙엄 교수에게도 신세를 졌다. 크리스는 연구에 완벽한 동반자 역할을 했다. 이들은 단순한 규칙이 학습되는 과정과 뛰어난 효과를 내는 이유를 파악하기 위해 다함께 통찰을 진전시켰다. 현재 브리검영 대학 교수인 네이선 퍼Nathan Furr는 단순한 규칙을 학습할 때 어떤 힘을 얻는지 보여주는 거듭된 실험과 세심한 분석 과정에 참여했다. 또 다른 전 박사 과정 학생인 INSEAD의 제이슨 데이비스Jason Davis 교수는 추수감사절 연휴 동안 시뮬레이션 프로그램을 작성해 단순한 규칙의 기본 개념을 더욱 높은 지적 차원으로 끌어올렸다. 그 결과, 다채롭고 놀라운 사실을 깨닫게 됐다. 비록 시뮬레이션 자체는 이 책의 목적과 어울릴 것 같아 보이지 않는 전문적인 기술이지만, 단순한 규칙의 개념적 근거를 얻는 데 핵심적인 역할을 했다. 헤라르도 오쿠이센 교수의 논문은 예상과 달리, 규칙 개선이 왜 중요한가를 명확하게 보여주는 데 유용하다는 사실이 밝혀졌다. 현재 캘리포니아대학 어바인 캠퍼스 교수인 헤라르도의 실험 연구는 규칙의 수준을 확인하는 데 이상적인 환경을 제공한다. 캐슬린은 이런 결과가 통계 분석 없이 그래프로만 나타내도 이해할 수 있을 정도로 굉장히 강력했다는 사실을 잊지 않을 것이다. 현재 박사 과정 학생인 마이크 레더비Mike Leatherbee는 칠레에서 기업가 정신에 불을 붙이기 위해 시작돼 엄청난 성공을 거둔 국가적 실험 프로젝트 '스타트업 칠레'에서 단순한 규칙을 탐구하고 있다. 캐슬린은 정부 정책과 관련해 단순한 규칙이 작동하고 진화하는 과정을 명확히 보여줘 도움을 준 마이크에게 감사의 뜻을 전한다.

또한 캐슬린은 관대하게 시간을 내 개인사를 들려주며 도와준 여러 사람에게도 고마움을 표한다. NOAA의 린 바Lynne Barre는 NOAA가 북서태평양의 문화적 상징이자 위기에 빠진 남부범고래를 보호하는 단순한 규칙을 개발한 세심한 절차를 공유해주었다. 스탠퍼드대학의 섀넌 털리는 자원봉사를 하던 대학생 시절부터 단순한 규칙을 개선하기 시작해 미식축구 체력 담당 코치가 되어 경력의 정점에 도달하는 자신의 여정을 보여주었다. 스탠퍼드대학에 다녔던 라구 슈클라는 자신이 더 좋은 단순한 규칙을 배우면서 최상급 포커 선수가 된 과정을 친절하게 (채팅을 통해) 알려주었다. 셰리 스타인켈너Cheri Steinkellner는 자신이 〈치어스Cheers〉 각본가로서 사용한 단순한 규칙을 들려줬으며, 에밀리는 캘리포니아 가뭄 사태 때 자기 정원을 다시 만든 이야기를 해주었다. 이 외에도 단순한 규칙 사례를 풍부하게 뒷받침해주었지만 주목을 피하고 싶어 한 사람이 많다. 친절을 베푼 이들 모두에게 캐슬린은 깊이 감사한다.

캐슬린은 또한 스탠퍼드 공대의 뛰어난 학부·석사과정 학생에게 신세를 졌다. 앤드루 스터츠Andrew Stutz는 캐슬린이 미식축구에 대해 감을 잡고 섀넌 털리 이야기를 알게 될 때까지 도움을 멈추지 않았다. 닉 마누소스Nick Manousos는 캐슬린에게 영화와 텔레비전 각본에 대해 빠르게 가르쳐주었으며 셰리 스타인켈너와 연결해주었다. 애니 케이스Annie Case는 인디고고Indiegogo와 킥스타터Kickstarter에서 벌어지는 크라우드펀딩에 관한 단순한 규칙을 열심히 연구했으며, 로린 아이스퍼드Lauryn Isford와 플로렌스 코스카스Florence Koskas는 단순한 규칙이 공유경제 기업에서 효과를 내는 방식을 명확하게 보여주었다. 루크 파파스Luke Pappas는 야구에 대한 흥미로운 통찰을 주었다. 비록 마지막에 이 책의 내용에서 제외됐으나 앤드리아 시Andrea Sy가 위키백과를, 미하엘 하인리히Michael Heinrich가 린 스타트업Lean Startup(제품 제작, 성과 측정, 학습 및 반영을 반복하는 경영 방법론 – 옮긴이)을 연구하는 데 들인 엄청난 노력에 대해 캐슬린은 감사했다. 이들의 업적은 어디에서든 얼마 지나지 않아 곧 빛나게 될 것이다. 마지막으로, 캐슬린이 담당하는 '기술 기반 기업의 전략Strategy in Technology-based Companies, MS&E 270' 과정을 듣는 석사과정 학생들은 단순한 규칙의 개념 기반에 문제를 제기해 이를 다듬는 데 이루 헤아리기 힘들 정도로 도움을 주었다.

캐슬린의 경우, 가족·친구·동료가 도와주지 않았다면 이 책을 쓰지 못했을 것이다. 캐슬린은 짐 콜튼Jim Colton(골프), 밥 에버하트Bob Eberhart(포커), 루스 새터스웨이트Ruth Satterthwaite와 로이스 린Lois Lin(음악), 어시니 아이젠하트Athene Eisenhardt(정원과 소방), 에릭 아이젠하트Eric Eisenhardt(물고기와 범고래)가 준 통찰에 감사한다. 캐슬린이 참여하는 멋진 독서 그룹의 오랜 친구들(셰릴 카셀라Sheryl Cassella, 매리 조 콜튼Mary Jo Colton, 로이스 린, 낸시 매젠Nancy Madsen, 루스 새터스웨이트, 마거릿 주아니치Margaret Zuanich)은 원고를 작성하는 동안 솔직하게 비평해주었다. 모든 사람이 토론 대상 서적이 아니라 거의 완성된 이 책의 초안을 열심히 읽는 바람에 8월에 있었던 모임에서 단순한 규칙에 대한 토론만 한 적도 있다. 물론 그 과정은 이 책에 큰 도움이 됐다. 이 외에 이웃들(딕 칼슨Dick Carlson, 팻 칼슨Pat Carlson, 헬렌 그라콘Helen Gracon, 스티브 매젠Steve

Madsen, 섀넌 메젠Shannon Medsen, 에드 새터스웨이트Ed Satterthwaite, 딕 주아니치Dick Zuanich)' 및 마거릿 앤Margaret Ann과 던 피들러Don Fidler는 무엇이 효과를 내고 무엇이 효과를 내지 못하는지에 대해 통찰력 넘치는 생각을 제공해주었다. 캐틀린의 자매 베스 페이Beth Fahey는 여유 시간이 거의 없는데도 현명하게 논평하며 대화에 참여했다. 논평해준 그녀에게 매우 감사한다. 캐슬린의 동료이기도 한 다양한 기업의 경영자들은 컨설팅 수행, 이사회 회의, 최고경영자 교육 과정 등을 통해 여러 해 동안 자신들의 통찰과 조언을 제공했다. 도널드가 말했듯 찰리 설은 정말 특별한 도움을 주었다. 캐슬린은 이들의 통찰에 깊이 감사한다.

때로 집필 장소는 책에 영향을 주기도 한다. 캐슬린은 이 책을 쓰기 시작했을 때, 워싱턴대학 프라이데이 하버 연구소Friday Harbor Laboratories, FHL의 헬렌 R. 와이틀리 센터Helen R. Whiteley Center가 창의력을 끌어올리기에 이상적인 장소임을 깨달았다. 캐슬린은 FHL의 캐시 코웰Kathy Cowell 및 여러 사람이 보여준 호의 덕분에 이곳에 머무르는 동안 큰 성과를 낼 수 있었던 데 감사했다. 또한 캐슬린은 INSEAD를 방문했을 때 퐁텐블로Fontainebleau 숲에서 영감을 얻었으며, 프랑스와 싱가포르에 있는 이 학교의 방문교수가 된 것을 기쁘게 생각한다. 타호 호수Lake Tahoe, 팰로앨토, 로스웰에 있는 동생 빌Bill과 올케 콜레트 케네디Colette Kennedy의 집 베란다에서도 생각이 잘 떠올랐다. 캐슬린은 교수로 재직 중인 스탠퍼드 공대에 감사를 표한다. 특히 캐슬린은 연구, 강의, 그리고 이 책에 상당한 도움을 준 데 대해 자신이 공동이사로 있는 스탠퍼드 테크놀로지 벤처스 프로그램Stanford Technology Ventures Program에 신세를 졌다. 특히 티나 실리그Tina Seelig, 맷 하비Matt Harvey, 조시 테네포스Josh Tennefoss는 시간을 내어 원고에 훌륭한 논평을 제공했다. 마이크 페나Mike Pena는 전문가답게 의사소통에 도움을 주었고, 밥 서튼Bob Sutton은 자신이 늘 하듯 훌륭한 책을 만드는 데 여러 가지 조언을 해주었다.

캐슬린은 밝은 미래를 약속하는 듯 빛나는 리브Liv, 기븐 아이젠하트Given Eisenhardt와, 언제나 자기 자리를 지켜주는 어시니와 에릭에게 특히 깊은 감사를 표한다. 캐슬린은 부모님인 빌Bill과 마리 케네디Marie Kennedy에게 평생 사랑이 넘치는 도움을 받은 것을 행운으로 생각한다. 캐슬린이 이 책을 쓰는 동안 이들은 자기 인생의 마지막 장을 썼다. 아버지는 이 책을 좋아했을 것이고, 어머니는 딸이 이 책을 썼다는 사실을 좋아했을 거라고 캐슬린은 확신한다.

주

들어가는 글

1 Christine Hauser, "At U.S. Hospital, Reflections on 11 Hours and 91 Casualties", 〈New York Times〉, 2004. 12. 29; Dave Hnida, 《Paradise General: Riding the Surge at a Combat Hospital in Iraq》 (New York: Simon & Schuster, 2010); Roosevelt J. Mitchell, "The Deployment of Bravo Company 21st Combat Support Hospital", U.S. Army Sergeant Majors Academy Digital Library, Personal Experience Papers, 2006. 10. 5, http://cgsc.contentdm.oclc.org/cdm/singleitem/collection/p15040coll2/id/635/rec/14.

2 폭발 당시 급식 텐트에 있던 미군 의무부사관 에드워드 몬토야 주니어(Edward Montoya Jr.) 상사의 블로그. http://gene-afterthemilitary.blogspot.com/2011/12/day-of-hell-on-fob-marezby-sgt-edward.html.

3 Atul Gawande, "Casualties of War — Military Care for the Wounded from Iraq and Afghanistan", 〈New England Journal of Medicine〉 351 (2004): 2471-2475.

4 상동.

5 M. M. Manring et al., "Treatment of War Wounds: A Historic Review", 〈Clinical Orthopaedics and Related Research〉 467, no. 8 (2004): 2168-2191.

6 전 세계에서 공통으로 인정하는 치료 우선순위 결정 기준은 없지만 보통 수축기 혈압, 맥박 수, 호흡, 지시에 반응하는 능력, 글래스고 코마 스케일(Glasgow Coma Scale)에 따른 운동반응점수 등을 사용한다. Brian J. Eastridge et al., "Field Triage

Score (FTS) in Battlefield Casualties: Validation of a Novel Triage Technique in a Combat Environment", 〈American Journal of Surgery〉 200, no. 6 (2010): 724-727.

7 Deborah Kotz, "Injury Toll from Marathon Bombings Rises", 〈Boston Globe〉, 2013. 4. 23.

8 복잡성이라는 용어는 어떤 물체를 표현하는 데 필요한 계산량(컴퓨터공학에서 말하는 콜모고로프 복잡도Kolmogorov complexity)이나 물질 1g당 이동하는 초당 에너지양(물리학에서 말하는 에너지 밀도) 등 다양한 분야에서 여러 가지 방식으로 정의된다. 필자들은 복잡성이란 예상할 수 없는 방식으로 서로 상호작용하는 여러 부분으로 구성된 체계가 나타내는 성질이라고 정의한다. 체계의 복잡성에 대한 더 자세한 논의는 Jan W. Rivkin, "Imitation of Complex Strategies", 〈Management Science〉 46, no. 6 (2000)를 참조하라.

9 가구당 평균 리모컨 숫자는 다음을 참조했다. William Grimes, "Pushing All Our Buttons", 〈New York Times〉, 2012. 5. 30.

10 Google Books Ngram viewer, 2012년 10월 12일 확인, http://books.google.com/ngrams.

11 Warren Weaver, "Science and Complexity", 〈American Scientist〉 36, no. 4 (1948): 536-544.

12 워런 위버의 생애와 경력에 대한 정보는 다음을 참조했다. Warren Weaver, 《Scene of Change: A Lifetime in American Science》 (New York: Charles Scribner's Sons, 1970); Lily E. Kay, 《The Molecular Vision of Life: Caltech, the Rockefeller Foundation, and the Rise of the New Biology》 (New York: Oxford University Press, 1996); Raymond Fosdick, 《The Story of the Rockefeller Foundation》 (New York: Harper & Brothers, 1952); Linus Pauling, "How My Interest in Proteins Developed", 〈Protein Science〉 2 (1993): 1060-1063; Barbara Marianacci, 《Linus Pauling in His Own Words》 (New York: Simon & Schuster, 1995).

13 Fosdick, 《The Story of the Rockefeller Foundation》, 159.

14 Weaver, 《Scene of Change》, 73.

15 Warren Weaver, "Translation" (미출간 보고서, Rockefeller Foundation, 1949. 7. 15.), Machine Translation Archive에서 열람 가능, http://www.mt-archive.info/Weaver-1949.pdf; Matt Novak, "The Cold War Origins of Google Translate", 〈BBC Online〉, 2012. 5. 30, http://www.bbc.com/future/story/20120529-a-cold-war-

google-translate. 위버는 인터넷을 포함한 현대 통신망을 만드는 데 필요한 원리를 제시한 《The Mathematical Theory of Communication》 (Champaign: University of Illinois Press, 1949)를 클로드 섀넌(Claude E. Shannon)과 공저하기도 했다.

16 Justin Gillis, "Norman Borlaug, Plant Scientist Who Fought Famine, Dies at 95", 〈New York Times〉, 2009. 9. 13.

17 Weaver, "Science and Complexity", 536-44. 위버는 필자들이 '불확실'하다고 표현한 문제를 '비유기적 복합체(disorganized complexity)'라는 용어로, 필자들이 '복잡'하다고 표현한 문제를 '유기적 복합체(organized complexity)'라는 용어로 불렀다. 위버의 분류는 훌륭하지만 이 같은 용어는 약간 혼란스럽다. 명확성을 더하기 위해 필자들은 위버가 제시한 세 가지 범주를 설명할 때 비교적 이해하기 쉬운 용어(단순한·불확실한·복잡한)를 사용했다.

18 불확실한 문제와 복잡한 문제를 구분하는 기준은 체계 안에 존재하는 요소의 숫자 자체가 아니라, 이들 요소 사이에 존재하는 상호의존 관계의 수다. 위버의 말을 빌리면 "변수의 개수가 무척 많고, (중략) 각 변수의 움직임이 서로 독립적이며 불규칙하거나 아예 알려져 있지 않으며, (중략) 모든 개별 변수의 움직임이 이처럼 뒤죽박죽이거나 알려져 있지 않은데도 전체 체계에는 일정한 수준의 질서와 분석 가능한 평균적 특징이 있는" 경우에는 불확실한 문제가 존재한다(상동, 538). 반면 복잡한 문제는 무작위가 아니라 체계 안의 다른 부분에서 영향을 받아 움직이는 요소가 모여 발생한다.

19 국가간 무역협정 수는 아래를 참조했다. Karen J. Alter and Sophie Meunier, "The Politics of International Regime Complexity", 〈Perspectives on Politics〉 7, no. 1 (2009): 13. 24; World Trade Organization, "Regional Trade Agreements" 2014. 6. 15, http://www.wto.org/english/tratop_e/region_e/region_e.htm.

20 World Bank, "Data: Air Transport, PassengersCarried", 2013년 1월 5일 확인, http://data.worldbank.org/indicator/IS.AIR.PSGR/countries/1W?page=4&display=default.

21 48개국 주식시장의 수익률과 해외 대출액 사이의 상관관계는 다음을 참조했다. Kristin J. Forbes, "The 'Big C': Identifying and Mitigating Contagion" (MIT Sloan Research Paper no. 4970-12, 2012), http://papers.ssrn.com/sol3/papers.cfm?abstract_id=2149908.

22 World Bank, "Data: Internet Users (Per 100 People)", 2012년 1월 5일 확인, http://

data.worldbank.org/indicator/IT.NET.USER.P2.

23 Barry Eichengreen et al., “How the Subprime Crisis Went Global: Evidence from Bank Credit Default Swaps”, 〈Journal of International Money and Finance〉 31 (2012): 1299-1318.

24 Andrew G. Haldane and Vasileios Madouros, “The Dog and the Frisbee” (2012. 8. 31, 와이오밍 주 잭슨홀(Jackson Hole)에서 열린 캔자스시티 연방준비은행 연례 경제정책 심포지엄 연설), www.kansascityfed.org/publicat/sympos/2012/ah.pdf.

25 상동, 8.

26 Arthur B. Laffer, Wayne H. Weingarden, and John Childs, 《The Economic Burden Caused by Tax Code Complexity》 (Austin, TX: Laffer Center, 2011), 8. 책 한 권이 250페이지고 한 페이지당 단어 250개가 있다고 가정해 계산함.

27 Teresa Tritch, “Why Your Tax Return Could Cost You a Bundle: We Asked 45 Tax Preparers to Fill Out One Hypothetical Family's Tax Return-And We Got 45 Different Answers”, 〈Money〉, 1997. 3. 1, 〈Interesting Texts Preserved for Prosperity〉에서 열람 가능, http://textosdeinteresse.blogspot.com/2008/05/45-tax-preparers-filledout-for.html.

28 Gordon C. Milbourn, “Customer Service at the Taxpayer Assistance Centers Is Improving but Is Still Not Meeting Expectations” (미국 재무부 임금·투자국(Wage and Investment Division), 위원장용 보고서, 2004. 12. 28), http://www.treasury.gov/tigta/auditreports/2005reports/200540021fr.pdf.

29 “Complex U.S. Tax Code Spawns an Industry: More Than a Million Tax Preparers Now Make Their Living Navigating a Complex U.S. Tax Code”, 〈Face the Facts USA〉, George Washington University, 2013. 3. 22, http://www.facethefactsusa.org/facts/when-tax-complexity-puts-dinner-on-the-table/.

30 표준 레고 블록은 돌기가 가로로 둘, 세로로 넷이며, 단색이다. 다음을 참조하라. Bergfinnur Durhuus and Soren Eilers, “On the Entropy of LEGO”, 〈Journal of Applied Mathematics and Computing〉 45 (2014): 1-16.

31 Grant Richardson, “Determinants of Tax Evasion: A Cross-Country Investigation”, 〈Journal of International Accounting, Auditing, and Taxation〉 15, no. 2 (2006): 150-169.

32 "Retirement Savings Assessment 2013" Fidelity, 2014년 1월 23일 확인, http://www.fidelity.com/inside-fidelity/individual-investing/fidelity-unveils-new-retirement-preparedness-measure.

33 Sheena S. Iyengar and Emir Kamenica, "Choice Proliferation, Simplicity Seeking, and Asset Allocation", 〈Journal of Public Economics〉 94, no. 7. 8 (2010): 530-539. 관계 문헌에 대한 더욱 폭넓은 검토는 다음을 참조하라. Roy Yong-Joo Chua and Sheena S. Iyengar, "Empowerment Through Choice? A Critical Analysis of the Effects of Choice in Organizations", 〈Research in Organizational Behavior〉 27 (2006): 41-79.

34 선택의 복잡성에 대한 인식은 선택지의 수뿐만 아니라, 선택지가 분류된 방식, 각 선택지가 띠는 특성의 가짓수, 선택지 사이 비교의 용이성 등 다른 요소에도 영향을 받는다. 다음을 참조하라. Benjamin Scheibehenne, Rainer Greifeneder, and Peter M. Todd, "Can There Ever Be Too Many Options?: A Meta-Analytic Review of Choice Overload", 〈Journal of Consumer Research〉 37 (2010): 409-425.

35 복잡계 연구에 초점을 맞춘 과학지 중 일부를 들면 다음과 같다. 〈Complexity〉, 〈Journal of Complexity〉, 〈Journal of Systems Science and Complexity〉, 〈International Journal of Complexity in Applied Science and Engineering〉, 〈Complex Systems〉, 〈International Journal of Computational Complexity and Intelligent Algorithms〉, 〈Emergence: Complexity & Organization〉, 〈Chaos and Complexity Letters〉, 〈International Journal of Complexity in Leadership and Management〉, 〈Journal of Complex Networks〉, 〈Computational Complexity〉, 〈Journal on Policy and Complex Systems〉. 복잡계를 연구하는 연구소 목록은 위키백과의 복잡계 항목을 참조하라. http://en.wikipedia.org/wiki/Complex_systems, 2014. 6. 30.

36 Shona L. Brown and Kathleen M. Eisenhardt, 《Competing on the Edge: Strategy as Structured Chaos》 (Boston: Harvard Business Review Press, 1998).

37 Kathleen M. Eisenhardt and Donald Sull, "Strategy as Simple Rules", 〈Harvard Business Review〉, 2001. 1, 107-116.

38 2005년 〈네이처〉의 연구에 따르면 위키백과에 실린 과학 관련 항목의 정확도는 브리태니커 백과사전과 유사하다. Jim Giles, "Internet Encyclopedias Go Head to Head", 〈Nature〉 438 (2005): 900-901. 주제별·언어별 위키백과와 백과사전 비교 연구 검토는 다음을 참조하라. Imogen Casebourne et al., 《Assessing the Accuracy and

Quality of Wikipedia Entries Compared to Popular Online Encyclopaedias》 (Brighton, UK: EPIC/University of Oxford, 2012), https://commons.wikimedia.org/wiki/File:EPIC_Oxford_report.pdf.

1장 왜 단순한 규칙이 효과적일까?

1 마이클 폴란은 저서《마이클 폴란의 행복한 밥상》(2009, 다른세상) (《In Defense of Food: An Eater's Manifesto》(New York: Penguin Press, 2008))에서 건강한 식습관에 대한 단순한 규칙을 처음으로 소개했다.

2 폴란은 후속작《Food Rules: An Eater's Manual》(New York: Penguin Press, 2009) (국내 미출간)에서 자신이 만든 세 가지 단순한 규칙을 변형한 64가지 규칙을 소개했다.

3 David L. Katz and Stephanie Meller, "Can We Say What Diet Is Best for Health?", 〈Annual Review of Public Health〉 35 (2014): 83-103

4 Nelson Cowan, 'The Magical Number 4 in Short-Term Memory: A Reconsideration of Mental Storage Capacity', 〈Behavioral and Brain Science〉 24 no.1(2001): 87-119

5 Committee on Quality of Health Care in America, 《Crossing the Quality Chasm: A New Healthcare System for the 21st Century》(Washington, DC: National Academy Press, 2001). 의료 절차를 재설계하기 위한 규칙은 8-9에 나열되어 있다.

6 메디케어와 메디케이드(Medicare와 Medicaid, 각각 미국 노인층 및 저소득층 등에 주로 적용되는 의료보험-옮긴이)를 적용받는 환자를 치료한 의사가 의료보험금을 지급받으려면 진찰에서 독감 예방주사 접종과 심장 절개 수술에 이르기까지 모든 조치에 번호를 부여해야 한다. 현재 국제질병분류체계(International Classification of Deseases)에는 약 6,800개 번호가 나열되어 있다. 이 엄청난 숫자에 외래환자 치료나 필수 행정절차는 포함되지 않는다. "ICD-10 Changes from ICD-9", Medicaid.gov, 2014년 1월 23일 확인, http://www.medicaid.gov/Medicaid-CHIP-Program-Information/By-Topics/Data-and-Systems/ICD-Coding/ICD-10-Changes-from-ICD-9.html.

7 Peter Hamish Wilson, 《The Thirty Years' War: Europe's Tragedy》 (London: Penguin,

2009), 4.
8 Eltjo Buringh and Jan Luiten van Zanden, "Charting the 'Rise of the West': Manuscripts and Printed Books in Europe, a Long-term Perspective from the Sixth Through Eighteenth Centuries", 〈Journal of Economic History〉 69, no. 2 (2009): 409-445.
9 John W. O'Malley, 《The First Jesuits》 (Cambridge, MA: Harvard University Press, 1993), 35.
10 John W. Padberg, "Development of the Ratio Studiorum", 《The Jesuit Ratio Studiorum of 1599: 400th Anniversary Perspectives》 edited by Vincent J. Duminunco (New York: Fordham University Press, 1990), 80.
11 Society of Jesus 〈Summary of Statistics 2012〉 (Rome: Secretariat for Secondary and Pre-Secondary Education, 2012).
12 James van Dyke, 《Ignatius Loyola: The Founder of the Jesuits》 (New York: Charles Scribner's Sons, 1927); James Brodrick, 《The Origin of the Jesuits》 (1940; repr., Chicago: Loyola University Press, 1997); Michael Foss, 《The Founding of the Jesuits》 (New York: Weybright and Talley, 1969); John Olin, ed., 《The Autobiography of St. Ignatius Loyola》 (New York: Fordham University Press, 1992); John W. O'Malley, 《The First Jesuits》 (Cambridge, MA: Harvard University Press, 1993); Victor Hoagland, 《The Book of Saints》 (New York: Regina Press, 1986).
13 Order of Saint Benedict, "The Rule of Benedict", 2014년 4월 11일 확인, http://www.osb.org/rb/text/toc.html#toc.
14 Order of Preachers, "The Primitive Constitutions of the Order of Friars Preachers", 2014년 2월 1일 확인, http://www.op.org/sites/www.op.org/files/public/documents/fichier/primitive_consti_en.pdf.
15 Antonio M. de Aldama, 《The Formula of the Institute: Notes for a Commentary》, translated by Ignacio Echaniz (Rome: Centrum Ignatianum Spiritualitatis, 1990).
16 상동, 8.
17 John Patrick Donnelly, trans., 《Year by Year with the Early Jesuits》 (1537-1556): 《Selections from the "Chronicon" of Juan de Polanco, S.J.》 (St. Louis: Institute of Jesuit Studies, 2004).

18 O'Malley, 《The First Jesuits》, 81, 85.

19 상동, 82.

20 Jason P. Davis, Kathleen M. Eisenhardt, and Christopher B. Bingham, "Optimal Structure, Market Dynamism, and the Strategy of Simple Rules", 〈Administrative Science Quarterly〉 54, no. 3 (2009): 413-452.

21 아툴 가완디(Atul Gawande), 《체크! 체크리스트》(2010, 21세기북스) (《The Checklist Manifesto: How to Get Things Right》(New York: Metropolitan, 2009)).

22 맥도날드는 미국 소비자만족지수(American Customer Satisfaction Index)에서 지난 18년 중 17년 동안 최하위를 기록했다. American Customer Satisfaction Index, "Benchmarks by Industry: Limited-Service Restaurants", http://www.theacsi.org/index.php?option=com_content&view=article&id=147&catid=&Itemid=212&i=Limited-Service+Restaurants. 2013년 골드만삭스(Goldman Sachs)가 소비자 2,000명을 대상으로 조사한 결과에 따르면 맥도날드는 음식의 질, 건강, 소비자의 추가 지불 의사 등 항목에서 23개 패스트푸드 체인 중 최하위를 차지했다. Julie Jargon, "Losing the Taste for McDonald's", 〈Wall Street Journal〉의 블로그 〈Corporate Intelligence〉, 2013. 10. 15, http://blogs.wsj.com/corporate-intelligence/2013/10/15/losingthe-taste-for-mcdonalds/. 이와 별개로 소비자 2,800명을 온라인으로 조사한 결과, 맥도날드는 패스트푸드 체인 18개 중 최하위를 기록했다. "Our Readers Reveal: Best Burgers", 〈Consumer Reports〉, 2010. 10. 31.

23 Mona Chalabi and John Burn-Murdoch, "McDonalds 34,492 Restaurants: Where Are They", 〈Guardian〉 Datablog, 2013. 7. 17, http://www.theguardian.com/news/datablog/2013/jul/17/mcdonalds-restaurants-where-are-they.

24 Josh Sanborn, "Fast Food Strikes: Unable to Unionize, Workers Borrow Tactics from 'Occupy'", 〈Time〉, 2013. 7. 30, http://business.time.com/2013/07/30/fast-food-strikes-unable-tounionize-workers-borrow-tactics-from-occupy/.

25 Brent Snook, Paul J. Taylor, and Craig Bennell, "Geographic Profiling: The Fast, Frugal, and Accurate Way", 〈Applied Cognitive Psychology〉 18, no. 1 (2004): 105-121.

26 Markus Wuebben and Florian von Wangenheim, "Instant Customer Base Analysis: Managerial Heuristics Often Get It Right", 〈Journal of Marketing〉 72, no. 3 (2008): 82-93.

27 L. Green and D. R. Mehr, "What Alters Physicians' Decisions to Admit to the Coronary Care Unit?", 〈Journal of Family Practice〉 45, no. 3 (1997): 219-226; Rocio Garcia-Retamero and Mandeep K. Dhami, "Take-the-Best in Expert-Novice Decision Strategies for Residential Burglary", 〈Psychonomic Bulletin & Review〉 16, no. 1 (2009): 163-169.

28 '자료에 과적합'하다는 표현은 무작위로 발생하는 잡음이 신호라고 잘못 간주해 분산이 크게 나타나는 모형에 적용된다. 변수들 사이에 존재하는 인과관계가 잘 알려져 있지 않거나 시간이 흐르면서 인과관계가 예상치 못한 방향으로 변화하는 상황에서, 전체 유권자 중 일부를 대상으로 조사하는 등 큰 모집단에서 상대적으로 작은 표본을 선정해 예측할 때는 분산이 높아질 위험이 커진다. 복잡계에서는 인과관계가 시간이 흐르면서 변하거나 제대로 알려져 있지 않은 경우가 흔하다. 다음을 참조하라. Stuart Geman, Elie Bienenstock, and Rene Doursat, "Neural Networks and the Bias/Variance Dilemma", 〈Neural Computation〉 4, no. 1 (1992): 1-58.

29 IBM, "IBM Social Media Analysis Points to Lower Heels, Bucking Economic Trend", 언론 발표, 2011. 11. 17, http://www-03.ibm.com/press/us/en/pressrelease/35985.wss.

30 Brian J. Eastridge et al., "Field Triage Scores(FTS) in Battlefield Casualties: Validation of a Novel Triage Technique in a Combat Environment", 〈American Journal of Surgery〉 200, no. 6 (2010): 724-727. 응급실 치료 우선순위는 민간 병원에서도 유용함이 입증됐다. 다음을 참조하라. Jolande Elshove-Bolk et al., "Validation of the Emergency Severity Index (ESI) in Self-Referred Patients in a European Emergency Department", 〈Emergency Medicine Journal 24〉, no. 3 (2007): 170-174.

31 와튼 경영대학원(Wharton School) 스콧 암스트롱(Scott Armstrong) 교수는 경제·경영 결과를 예측하는 단순한 모형과 복잡한 통계 모형을 비교하는 연구 결과 33건을 검토했다. 그 결과, 21건에서는 예측 정확도에 차이가 없었다. 나머지 중 다섯 건에서는 정교한 모형이, 일곱 건에서는 단순한 모형이 더 좋은 성과를 냈다. 다음을 참조하라. J. Scott Armstrong, "Forecasting by Extrapolation: Conclusions from 25 Years of Research", 〈Interfaces〉 14 (1984): 52-66. 스피로스 마크리다키스(Spyros Makridakis)는 20년 동안 통계 모형 사이에 경쟁을 붙인 결과, 복잡한 모형이 단순한 모형을 넘어서지 못했다는 결론을 일관되게 얻었다. 해당 경쟁의 간추린 역사

는 다음을 참조하라. Spyros Makridakis and Michele Hibon, "The M3-Competition: Results, Conclusions, and Implications", 〈International Journal of Forecasting〉 16, no. 4 (2000): 451-476.

32 관찰된 자료를 생성하는 숨은 함수를 비슷하게 나타내는 모형을 통계학에는 편향(bias)이 적다고 표현한다. 복잡한 모형은 단순한 모형에 비해 편향을 최소화하는 데 더 낫다. 또한 복잡한 모형은 잡음을 신호로 취급하기 때문에 분산이 높을 가능성이 크다. 근본 인과관계가 알려지지 않은 복잡계를 나타내는 모형은 언제나 편향와 분산 사이에서 상충 관계에 빠지게 된다. 다음을 참조하라. Geman et al., "Neural Networks and the Bias/Variance Dilemma".

33 Christopher B. Bingham and Kathleen M. Eisenhardt, "Rational Heuristics: The 'Simple Rules' That Strategists Learn from Process Experience", 〈Strategic Management Journal〉 32, no. 13 (2011): 1437-1464.

34 Timothy D. Wilson and Jonathan W. Schooler, "Thinking Too Much: Introspection Can Reduce the Quality of Preferences and Decisions", 〈Journal of Personality and Social Psychology〉 60, no. 2 (1991): 181-192.

35 Alejandro Drexler, Greg Fischer, and Antoinette Schoar, "Keeping It Simple: Financial Literacy and Rules of Thumb", 〈American Economic Journal: Applied Economics〉 6, no. 2 (2014): 1-31.

36 Jutta Mata, Peter M. Todd, and Sonia Lippke, "When Weight Management Lasts: Lower Perceived Rule Complexity Increases Adherence", 〈Appetite〉 54, no. 1 (2010): 37-43.

37 로이 F. 바우마이스터(Roy F. Baumeister), 존 티어니(John Tierney), 《의지력의 재발견: 자기 절제와 인내심을 키우는 가장 확실한 방법》(에코리브르, 2012) (《Willpower: Rediscovering the Greatest Human Strength》(New York: Penguin, 2012)).

38 Stefanie J. Salmon et al., "Health on Impulse: When Low Self-Control Promotes Healthy Food Choices" 〈Health Psychology〉 33, no. 2 (2013): 103-109, http://www.medscape.com/medline/abstract/2347758.

39 Brian Wansink, David R. Rust, and Collin R. Payne, "Mindless Eating and Healthy Heuristics for the Irrational", 〈American Economic Review: Papers and Proceedings〉 99, no. 2 (2009): 165-169.

40 네이트 실버(Nate Silver), 《신호와 소음: 미래는 어떻게 당신 손에 잡히는가》(더퀘스트, 2014) (《The Signal and the Noise》(New York: Penguin, 2012)), 126-127.

41 Atsushi Ugajin et al., "Detection of Neural Activity in the Brains of Japanese Honeybee Workers During the Formation of a 'Hot Defensive Bee Ball'", 〈PLoS One〉 7, no. 3 (2012), 미국 생물정보국가센터(National Center for Biotechnology Information)에서 열람 가능, http://www.ncbi.nlm.nih.gov/pmc/articles/PMC3303784/.

42 필자들은 벌이 새 집을 지을 장소를 선택하는 방법에 대해 토머스 실리(Thomas Seeley)의 연구 결과를 참조했다. 특히 다음을 참조하라. 토머스 실리, 《꿀벌의 민주주의》(에코리브르, 2012) (《Honeybee Democracy》(Princeton, NJ: Princeton University Press, 2010)), Seeley et al., "Stop Signals Provide Cross Inhibition in Collective Decision-Making by Honeybee Swarms" 〈Science〉 6, 2012. 1, 108-111.

43 에이비스 버짓(Avis Budget)이 집카를 인수한 후 회사의 여섯 가지 단순한 규칙은 '요금 기준, 청구, 기타 비용', '보험 및 차량 사고', '수동 운전기록 확인' 등 열 가지 범주로 구분되는 51개 주요 질의응답에 통합됐다. 이제 집카의 규칙은 단순하지 않다. "금연한다"는 단어 26개짜리 문장(참고사항도 추가됨)으로, "애완동물은 전용 케이지에 넣는다"는 단어 73개짜리 문장으로, "시간에 맞춰 반납한다"는 단어 142개짜리 문장으로 늘어났다. 2014년 1월 28일 확인. http://www.zipcar.com/how#faqs.

44 집카 이용 사례의 출처는 회사 웹사이트다. http://www.zipcar.com/?redirect_p=0, 2014년 8월 4일 접속.

45 Emmanuelle Fauchart and Eric von Hippel, "Norms-Based Intellectual Property Systems: The Case of French Chefs", 〈Organization Science 19〉, no. 2 (2008): 187-201.

46 상동, 193.

47 상동, 198.

48 Rich Parris, "Online T&Cs Longer Than Shakespeare Plays . Who Reads Them?", 〈Which?〉, 2012. 3. 23, http://conversation.which.co.uk/technology/length-of-website-terms-andconditions/. 수정 조항을 포함한 미국 헌법은 약 7,600개 단어로 구성돼 있다.

49 이 규칙은 소위 '하늘까지(ad coelum)' 소유 규칙으로 불린다.

50 Thomas W. Merrill and Henry E. Smith, "What Happened to Property in Law and Economics", 〈Yale Law Journal〉 111 (2001): 357-398.

2장 결정을 더 잘 하려면

1 David Berry, 《The Socioeconomic Impact of Pretrial Detention》 (New York: Open Society Foundation, 2011).

2 HM Chief Inspector of Prisons, 《Unjust Deserts: A Thematic Review by HM Chief Inspector of Prisons of the Treatment and Conditions for Unsentenced Prisoners in England and Wales》 (London: HM Inspectorate of Prisons for England and Wales, 2000).

3 Barry Holman and Jason Ziedenberg, 《The Dangers of Detention: The Impact of Incarcerating Youth in Detention and Other Secure Facilities》 (Washington, DC: Justice Policy Institute, 2006).

4 Laura and John Arnold Foundation, 《Pretrial Criminal Justice Research》 (Houston, TX: Laura and John Arnold Foundation, November 2013), http://www.arnoldfoundation.org/sites/default/files/pdf/LJAF-Pretrial-CJ-Research-brief_FNL.pdf; C. Davies, "Pre-Trial Imprisonment: A Liverpool Study", 〈British Journal of Criminology〉 11, no. 1 (1971): 32-48.

5 Marie Van Nostrand and Christopher T. Lowenkamp 《Assessing Pretrial Risk Without a Defendant Interview》 (Houston, TX: Laura and John Arnold Foundation, November 2013), http://www.arnoldfoundation.org/sites/default/files/pdf/LJAF_Report_nointerview_FNL.pdf.

6 Mandeep K. Dhami, "Psychological Models of Professional Decision Making", 〈Psychological Science in the Public Interest〉 14, no. 2 (2003): 175-180.

7 Thorsten Pachur and Gianmarco Marinello, "Expert Intuitions: How to Model the Decision Strategies of Airport Customs Officers", 〈Acta Psychologica〉 144, no. 1 (2013): 97-103; Brent Snook and Jamison C. Mercer, "Modeling Police Officers' Judgements of the Veracity of Suicide Notes", 〈Canadian Journal of Criminology and Criminal

Justice〉 52, no. 1 (2010): 79-95.

8 Paul Cromwell and James N. Olson, "The Reasoning Burglar: Motives and Decision-Making Strategies"《In Their Own Words: Criminals on Crime》, edited by Paul Cromwell (New York: Oxford University Press, 2009), http://cooley.libarts.wsu.edu/soc3611/Documents/The_Reasoning_Burglar.pdf.

9 Brent Snook, Mandeep K. Dhami, and Jennifer M. Kavanagh, "Simply Criminal: Predicting Burglars' Occupancy Decisions with a Simple Heuristic", 〈Law and Human Behavior〉 35, no. 4 (2011): 316-326.

10 One Shot XG: DARPA, Adaptive Execution Office, "One Shot XG", 2014년 7월 접속, http://www.darpa.mil/Our_Work/AEO/Programs/One_Shot_XG.aspx; Guinness World Records, "Longest Confirmed Sniper Kill", 2014년 3월 14일. 접속, http://www.guinnessworldrecords.com/world-records/12000/longest-confirmedsniper-kill. Z-Man: DARPA, Defense Sciences Office, "Z-Man", 2014년 7월 접속, http://www.darpa.mil/Our_Work/DSO/Programs/Z_Man.aspx. Brain-controlled prosthetics: DARPA, Biological Technologies Office, "Revolutionizing Prosthetics", http://www.darpa.mil/Our_Work/BTO/Programs/Revolutionizing_Prosthetics.aspx. Robotic horse: DARPA, Tactical Technology Office, "Legged Squad Support System (LS3)", http://www.darpa.mil/Our_Work/TTO/Programs/Legged_Squad_Support_System_(LS3).aspx. Plan X: DARPA, Information Innovation Office, "Plan X", 2014년 7월 접속, http://www.darpa.mil/Our_Work/I2O/Programs/Plan_X.aspx.

11 Sharon Weinberger, "Ten Extraordinary Pentagon Mind Experiments", BBC, 2013. 3. 12, http://www.bbc.com/future/story/20130311-ten-military-mind-experiments; DARPA, "DARPA's Cheetah Robot Bolts Past the Competition", 보도자료, 2012. 9. 5, http://www.darpa.mil/NewsEvents/Releases/2012/09/05.aspx.

12 Regina E. Dugan and Kaigham J. Gabriel, "'Special Forces' Innovation: How DARPA Attacks Problems", 〈Harvard Business Review〉, 2013. 10, 2-11; U.S. Department of Defense, "Pentagon Tours", 2014년 1월 27일. 접속, https://pentagontours.osd.mil/facts.jsp.

13 Adam L Penenberg, "Siri-ously DARPA", 〈Fast-Company〉, 2011. 10. 5, http://www.fastcompany.com/1785221/siri-ously-darpa.

14 Dugan and Gabriel, "'Special Forces' Innovation."

15 상동.

16 게르트 기거렌처(Gerd Gigerenzer), 《숫자에 속아 위험한 선택을 하는 사람들: 심리학의 눈으로 본 위험 계산법》(살림출판사, 2013) (《Calculated Risks: How to Know When Numbers Deceive You》 (New York: Simon & Schuster, 2002)).

17 Jorge C. Kattah et al., "HINTS to Diagnose Stroke in the Acute Vestibular Syndrome: Three-Step Bedside Oculomotor Examination More Sensitive Than Early MRI Diffusion-Weighted Imaging", 〈Stroke〉 40, no. 11 (2009): 3504-3510.

18 World Health Organization, "Media Center: Fact Sheets: Depression", 2012. 10, http://www.who.int/mediacentre/factsheets/fs369/en/.

19 WebMD, "Symptoms of Depression", 2014년 3월 12일 접속, http://www.webmd.com/depression/guide/detecting-depression.

20 Mirjam A. Jenny et al., "Simple Rules for Detecting Depression", 〈Journal of Applied Research in Memory and Cognition〉 2 (2013): 149-157.

21 G. Gigerenzer et al., "Helping Doctors and Patients Make Sense of Health Statistics", 〈Psychological Science in the Public Interest〉 8 (2007): 53-96.

22 왜 그런 결과가 나오는지 알아보기 위해 1,000명을 진단했다고 가정해보자. 이 중 실제 유방암 환자는 1퍼센트인 10명이다. 유방조영술의 민감도는 90퍼센트이므로 이 중 9명이 올바르게 발견된다. 유방조영술이 잘못 양성 판정하는 비율은 9퍼센트이므로 유방암에 걸리지 않은 여성 990명 중 89명이 유방암 양성 판정을 받는다. 종합하면 모두 98명이 유방암 양성 반응을 나타내지만 이 중 9명만이 실제 유방암 환자다. 따라서 유방암 양성 판정을 받은 여성 중 실제 유방암에 걸린 환자는 9퍼센트(98명 중 9명)에 불과하다. 양성 판정을 받은 사람이 들으면 크게 안도할 것이다.

23 "Out of the Shadows", 〈Economist〉, June 1, 2013, http://www.economist.com/news/united-states/21578689-barack-obamas-rulesdrones-could-shape-new-global-laws-war-out-shadows?frsc=dg|c.

24 "Report: Sharp Decline in Confirmed Civilian Casualties by Drone Strikes", 〈Voice of America〉, 2014. 1. 21, http://www.voanews.com/content/report-sharp-decline-in-confirmed-civiliancasualties-by-drone-strikes/1834807.html.

25 Sarah Kreps and Micah Zenko, "The Next Drone Wars: Preparing for Proliferation", 〈Foreign Affairs〉 93 (2014).

26 Donald Sull, Fernando Martins, and Andre Delben Silva, "America Latina Logistica" (Harvard Business School Case, Cambridge, MA, 2003); Sergio de Azevedo Marques, 《Privatização do Sistema Ferroviário Brasileiro》 (Sao Paulo: IPEA, 1996).

27 John F. Matthews, 《Laying Down the Law: A Study of the Theodosian Code》 (New Haven: Yale University Press, 2000): 10-30; James A. Brundage, 《The Medieval Origins of the Legal Profession: Canonists, Civilians, and Court》 (Chicago: University of Chicago Press, 2010).

28 Alan Watson, 《Roman Law & Comparative Law》 (Athens: University of Georgia Press, 1991), 82-83.

29 역사가 에드워드 기번(Edward Gibbon)에 따르면 파피니아누스는 "공정의 계략과 국정의 습성, 공직자들의 술수 등에 전혀 오염되지 않고 순수하게 남아 있던 대담한 용기와 미덕"을 갖춘 전설적인 법학자였다. 덕을 갖췄지만 참수당한 파피니아누스는 시신이 로마 거리를 끌려 다니는 수모를 겪었다. 에드워드 기번, 《로마제국 쇠망사》(민음사, 2010) (《The History of the Decline and Fall of the Roman Empire》(London: John Murray, 1862).

30 Alan Watson, 《Law out of Context》 (Athens: University of Georgia Press, 2000), 14. 보통 서로마제국이 멸망한 시기로 생각되는 476년 이후에도 법 체계를 비롯한 로마제국의 제도는 계속 효력을 발휘했으며, 인용법은 최소한 비잔티움 제국 유스티니아누스 황제(재위 서기 527-565년) 시대까지 유효했다.

31 Harry Markowitz, "Portfolio Selection", 〈Journal of Finance〉 7, no. 1 (1952): 77-91, http://www.math.ust.hk/~maykwok/courses/ma362/07F/markowitz_JF.pdf.

32 "This Year's Laureates Are Pioneers in the Theory of Financial Economics and Corporate Finance", NobelPrize.org, 보도자료, 1990. 10. 16, http://www.nobelprize.org/nobel_prizes/economic-sciences/laureates/1990/press.html.

33 Ran Duchin and Haim Levy, "Markowitz Versus the Talmudic Portfolio Diversification Strategies", 〈Journal of Portfolio Management〉 35, no. 2 (2009): 71-74.

34 Jun Tu and Guofu Zhou, "Markowitz Meets Talmud: A Combination of Sophisticated and Naive Diversification Strategies", 〈Journal of Financial Economics〉 99, no. 1 (2011):

204-215. 실제 자료를 적용해 규칙들을 시험한 결과는 〈표 6〉을 참조하라.

35 상동. 20년치 자료를 적용했을 경우 금융 모형이 보인 성적은 조금 더 나아졌지만 그래도 1/N 규칙을 이긴 비율은 3분의 1을 약간 넘는 정도에 그쳤다.

36 Victor DeMiguel, Lorenzo Garlappi, and Raman Uppal, "Optimal Versus Naive Diversification: How Inefficient Is the 1/N Portfolio Strategy", 〈Review of Financial Studies〉 22, no. 5 (2007): 1915-1953; Victor DeMiguel et al., "A Generalized Approach to Portfolio Optimization: Improving Performance by Constraining Portfolio Norms", 〈Management Science〉 55, no. 5 (2009): 798-812; Michael Gallmeyer and Marcel Marekwica, "Heuristic Portfolio Trading Rules with Capital Gains Tax", 〈Social Science Research Network〉, 2013. 5. 18, http://ssrn.com/abstract=2172396.

37 Jason Zweig, "Investing Experts Urge 'Do as I Say, Not as I Do'", 〈Wall Street Journal〉, 2009. 1. 3.

38 Oliver M. Beckers and William E. Wagner Jr., "Mate Sampling Strategy in a Field Cricket: Evidence for a Fixed Threshold Strategy with Last Chance Option", 〈Animal Behavior〉 81, no. 3 (2011): 519-527.

39 William E. Wagner Jr. and Christopher J. Harper, "Female Life Span and Fertility are Increased by the Ejaculates of Preferred Males", 〈Evolution〉 57, no. 9 (2009): 2054-2066.

40 Patricia J. Moore and Allen J. Moore, "Reproductive Aging and Mating: The Ticking of the Biological Clock in Female Cockroaches", 〈Proceedings of the Natural Academy of Sciences〉 98 (2001): 9171-9176. 다른 종이 덜 까다로워지는 사례는 위 논문의 주석 15-17을 참조하라.

41 Herbert A. Simon, 《Administrative Behavior: A Study of Decision-Making Processes in Administrative Organizations》 (New York: Macmillan, 1947).

42 William Samuelson and Richard Zeckhauser, "Status Quo Bias in Decision Making", 〈Journal of Risk and Uncertainty〉 1, no. 1 (1988): 7-59.

43 Brigitte C. Madrian and Dennis F. Shea, "The Power of Suggestion: Inertia in 401(k) Participation and Savings Behavior", 〈Quarterly Journal of Economics〉 116, no. 4 (2001): 1149-1187; Alexander Kempf and Stefan Ruenzi, "Status Quo Bias and the Number of Alternatives: An Empirical Illustration from the Mutual Fund Industry",

〈Journal of Behavioral Finance〉 7, no. 4 (2006): 204-213.

44 Nina Rastogi, "Wall Street Suicides", 〈Slate〉, 2008. 9. 22, http://www.slate.com/articles/news_and_politics/explainer/2008/09/wall_street_suicides.html.

45 Peter Krass, ed. 《The Book of Investing Wisdom: Classic Writings by Great Stock-Pickers and Legends of Wall Street》 (New York: John Wiley & Sons, 1999), http://books.google.com/books?id=b5GhHdVEoosC&q=Loeb.

46 상동.

47 제럴드 로브(Gerald M. Loeb), 《목숨을 걸고 투자하라》(굿모닝북스, 2008), 117-118 (《The Battle for Investment Survival》 (Burlington, VT: Fraser, 1995), 91-92).

48 Caroline Nye Stevens, "Plan of Chicago: Paris on the Prairie", 〈Blueprint Chicago〉, 2009. 12. 22, http://www.blueprintchicago.org/2009/12/22/plan-of-chicago-paris-on-the-prairie/.

49 World Health Organization, "Global Database on Body Mass Index", 2014년 2월 18일 접속, http://apps.who.int/bmi/index.jsp.

50 Brian Wansink, Collin R. Payne, and Pierre Chandon, "Internal and External Cues of Meal Cessation: The French Paradox Redux", 〈Obesity〉 15, no. 12 (2006): 2920-2924.

51 실패를 야기한 행동 방침에 투입을 늘리는 오류에 대한 최근 연구 결과는 다음을 참조하라. Dustin J. Sleesman et al., "Cleaning Up the Big Muddy: A Meta-Analytic Review of the Determinants of Escalation of Commitment", 〈Academy of Management Journal〉 55, no. 3 (2012): 541-562. NBA 선수에게 적용된 예는 다음을 참조하라. Barry M. Staw and Ha Hoang, "Sunk Costs in the NBA: Why Draft Order Affects Playing Time and Survival in Professional Basketball", 〈Administrative Science Quarterly〉 40, no. 3 (1995): 474-494.

52 Michael A. Roberto and Gina M. Carioggia, "Mount Everest . 1996" (Harvard Business School Case, Cambridge, MA, 2002), 4.

53 존 크라카우어(Jon Krakauer), 《희박한 공기 속으로》(황금가지, 2007) (《Into Thin Air》(New York: Anchor Books, 1998)); Broughton Coburn, 《Everest: Mountain Without Mercy》 (Des Moines, IA: National Geographic, 1997); Anatoli Boukreev Sull and G. Weston DeWalt, 《The Climb: Tragic Ambitions on Everest》 (New York: St.

Martin's Griffin, 1997); Harsimran Julka, "Everyone Has His Own Everest to Climb: Jamling Norway", 〈Economic Times〉, 2012. 4. 10, http://articles.economictimes.indiatimes.com/2012-04-10/news/31318771_1_jamling-tenzing-norgay-climber-beck-weathers.

3장 일을 더 잘하려면

1 Kurt Badenhausen, "Why ESPN Is Worth $40 Billion as the World's Most Valuable Media Property", 〈Forbes〉, 2012. 11. 9, http://www.forbes.com/sites/kurtbadenhausen/2012/11/09/why-espn-is-the-worlds-most-valuable-media-property-and-worth-40-billion/. 세계에서 가장 비싼 스포츠 팀은 다음을 참고했다. Kurt Badenhausen, "Real Madrid Tops the World's Most Valuable Sports Teams", 〈Forbes〉, 2013. 7. 15, http://www.forbes.com/sites/kurtbadenhausen/2013/07/15/real-madrid-tops-the-worlds-most-valuable-sports-teams.

2 Richard Haynes, "'Lobby' and the Formative Years of Radio Sports Commentary, 1935-1952", 〈Sport in History〉 29, no. 1 (2009): 25-48. BBC 스포츠 중계의 역사에 얽힌 배경은 다음을 참조했다. "History of the BBC", 2014년 2월 25일 접속, http://www.bbc.co.uk/historyofthebbc/resources/index.shtml.

3 Norman Maclean, 《Young Men and Fire》 (Chicago: University of Chicago, 1992).

4 Karl E. Weick, "The Collapse of Sensemaking in Organizations: The Mann Gulch Disaster", 〈Administrative Science Quarterly〉 38, no. 4 (1993): 629-652.

5 Weihua Niu and Dan Liu, "Enhancing Creativity: A Comparison Between Effects of an Indicative Instruction 'To Be Creative' and a More Elaborate Heuristic Instruction on Chinese Student Creativity", 〈Psychology of Aesthetics, Creativity, and the Arts〉 3, no. 2 (2009): 93-98.

6 Patricia D. Stokes, 《Creativity from Constraints: The Psychology of Breakthrough》 (New York: Springer, 2006).

7 Andrew Perry, "What's Eating Jack?", 〈Guardian〉, 2014. 11. 13, http://www.theguardian.com/music/2004/nov/14/popandrock.thewhitestripes. 〈롤링스톤(Rolling Stone)〉은

2000년대 100대 명반 중 〈화이트 블러드 셀(White Blood Cells)〉을 19위에, 〈엘리펀트(Elephant)〉를 5위에 올렸다. http://www.rollingstone.com/music/lists/100-best-albums-of-the-2000s-20110718/the-white-stripes-elephant-20110707). 〈피치포크(Pitchfork)〉가 약 28,000명의 투표 결과를 바탕으로 발표한 '피플스 리스트(People's List) 1996-2011'에서 〈화이트 블러드 셀〉은 22위에, 〈엘리펀트〉는 21위에 올랐다.

8 David Fricke, "The Mysterious Case of the White Stripes: Jack White Comes Clean", 〈Rolling Stone〉, 2005. 9. 8, http://www.rollingstone.com/music/news/white-on-white-20050908.

9 Jennifer Maerz, "Sister Lover? An Interview with the White Stripes", 〈Spin〉, 2001. 6. 5, 2014년 2월 26일 접속, http://www.whitestripes.net/articles-show.php?id=04.

10 Josh Eells, "Jack Outside the Box", 〈New York Times〉, 2012. 4. 5, http://www.nytimes.com/2012/04/08/magazine/jack-white-isthe-savviest-rock-star-of-our-time.html?pagewanted=all&_r=0.

11 Marilyn Stasio, "A Novelist Who Made Crime an Art, and His Bad Guys 'Fun'", 〈New York Times〉, 2013. 8. 20, http://www.nytimes.com/2013/08/21/books/elmore-leonard-masterof-crime-fiction-dies-at-87.html?pagewanted=all. Also available at http://www.elmoreleonard.com.

12 Elmore Leonard, "Easy on the Adverbs, Exclamation Points, and Especially Hooptedoodle", 〈New York Times〉, 2001. 7. 16, http://www.nytimes.com/2001/07/16/arts/writers-writing-easy-adverbsexclamation-points-especially-hooptedoodle.html.

13 Brown and Eisenhardt, 《Competing on the Edge》.

14 Jason P. Davis, Kathleen M. Eisenhardt, and Christopher B. Bingham, "Optimal Structure, Market Dynamism, and the Strategy of Simple Rules", 〈Administrative Science Quarterly〉 54, no. 3 (2009): 413-452.

15 Eisenhardt and Sull, "Strategy as Simple Rules".

16 Adam Lashinsky, "Chaos by Design: The Inside Story of Disorder, Disarray and Uncertainty at Google. And Why It's All Part of the Plan. (They Hope)", 〈Fortune〉, 2006. 10. 2.

17 10년 동안 구글에 재직한 사업 담당 이사 쇼나 브라운(Shona L. Brown)의 인터뷰

내용, 2014. 6. 5.

18 Richard Holmes, 《Coleridge: Early Visions, 1772-1804》 (New York: Pantheon Books, 1989), 253.

19 K. E. L. Simmons, "Edmund Selous (1857-1934): Fragments for a Biography", IBIS 126 (1984): 595-596; David Lack, "Some British Pioneers in Ornithological Research, 1859-1939", IBIS 101 (1959): 71-81.

20 Edmund Selous, 《Thought-transference (or What?) in Birds》 (London: Constable & Co, 1931).

21 Craig Reynolds, "Flocks, Herds, and Schools: A Distributed Behavioral Model", 〈Computer Graphics〉 21 (1987): 25-34.

22 발레리니(Michele Ballerini) 등은 동물의 집단행동을 관찰한 후 이들 모두 '가까이 있는 동료와 같은 방향으로 움직이고, 가까이 있는 동료와 가까운 거리를 유지하며, 충돌을 피한다'는 세 가지 행동 규칙에 따르고 있다고 요약했다. Michele Ballerini et al., "Interaction Ruling Animal Collective Behaviour Depends on Topological Rather than Metric Distance: Evidence From a Field Study", 〈Proceedings of the National Academy of Science USA〉 105 (2008): 1232-1237.

23 C. C. Ioannou, V. Guttal, and I. D. Couzin, "Predatory Fish Select for Coordinated Collective Motion in Virtual Prey", 〈Science〉 337 (2012): 1212-1215.

24 Vishwesha Guttal et al., "Cannibalism Can Drive the Evolution of Behavioral Phase Polyphenism in Locusts", 〈Ecology Letters〉 15 (2012): 1158-1166.

25 Janet Coleman 《The Compass: The Improvisational Theatre That Revolutionized American Comedy》 (Chicago: University of Chicago Press, 1991). 아래 역시 참조하라. "History of the Second City", 2014년 3월 2일 접속, 2014, http://www.secondcity.com/history/overview/.

26 더 중요한 '즉흥극 규칙'을 간단히 조사해보면 광범위한 공통점이 발견된다. "관객을 과소평가하지도 말고, 관객에게 영합하지도 마라"같이 특이하고 난해한 규칙이 포함된 경우가 많지만 공통 규칙도 몇 가지 있다. 다음을 참고하라. Charna Halpern, Del Close, and Kim Johnson, 《Truth in Comedy: The Manual of Improvisation》 (Colorado Springs, CO: Meriwether, 1994), Tina Fey, 《Bossypants》 (New York: Little, Brown, 2011).

27 Australasian Broadcasting Corporation, "40 Facts About Sleep You Probably Didn't Know", 2014년 2월 6일 접속, http://www.abc.net.au/science/facts/htm.

28 Daniel J. Buysse et al., "The Efficacy of Brief Behavioral Treatment for Chronic Insomnia in Older Adults", 〈Archives of Internal Medicine〉 171, no. 10 (2011): 887-895.

29 Kathleen M. Eisenhardt and Shona Brown, "Time Pacing: Competing in Markets That Won't Stand Still", 〈Harvard Business Review〉, 1998. 3.; Connie J. G. Gersick, "Pacing Strategic Change: The Case of a New Venture", 〈Academy of Management Journal〉 37, no. 1 (1994): 9-45; M. Anjali Sastry, "Problems and Paradoxes in a Model of Punctuated Organizational Change", 〈Administrative Science Quarterly〉 42, no. 2 (1997): 237-275.

30 Martin Wikelski et al., "Simple Rules Guide Dragonfly Migration", 〈Biology Letters〉 2, no. 3 (2006): 325-329.

31 에드 캣멀(Ed Catmull), 에이미 월러스(Amy Wallace), 《창의성을 지휘하라: 지속 가능한 창조와 혁신을 이끄는 힘》(와이즈베리, 2014) (《Creativity Inc: Overcoming the Unseen Forces That Stand in the Way of True Inspiration》(New York: Random House, 2014)); Karen Paik, 《To Infinity and Beyond: The Story of Pixar Animation Studios》 (London: Virgin Books, 2007); Linda Hill et al., 《Collective Genius: The Art and Practice of Leading Innovation》 (Boston: Harvard Business Review Press, 2014).

32 Chris Bell, "Pixar's Ed Catmull: Interview", 〈Telegraph〉, 2014. 4. 5, http://www.telegraph.co.uk/culture/pixar/10719241. 픽사는 자사의 시기 선택 규칙을 계속 조정하고 있다. 예컨대 영화 출시일을 여름철 성수기에 맞추거나, 주기를 멈추면서까지 영화의 질을 우선하는 경우도 있다.

33 Riitta Katila and Eric L. Chen, "The Effects of Search Timing on Innovation: The Value of Not Being in Sync with Rivals", 〈Administrative Science Quarterly〉 53, no. 4 (2008): 593-625.

34 니얼 퍼거슨(Niall Ferguson), 《금융의 지배》(민음사, 2010) (《The Ascent of Money: A Financial History of the World》(New York: Penguin Books, 2008)); World Bank, "Data: GDP (current US$)", 2014년 개정판, http://data.worldbank.org/indicator/NY.GDP.MKTP.CD.

35 “The Lure of Chilecon Valley”, 〈Economist〉, 2012. 10. 13, http://www.economist.com/node/21564589; Ricardo Geromel, “Start-Up Chile: Importing Entrepreneurs to Become the Silicon Valley of Latin America”, 〈Forbes〉, 2012. 10. 5, http://www.forbes.com/sites/ricardogeromel/2012/10/05; Lynda Applegate et al., “Start-Up Chile: April 2012” (Harvard Business School Case, Cambridge, MA, 2012).

36 Michael Leatherbee and Charles E. Eesley, “Boulevard of Broken Behaviors: Socio-psychological Mechanisms of Entrepreneurial Policies” (working paper, Stanford Technology Ventures Program, Stanford University, Stanford, CA, 2014).

37 Vivek Wadhwa, “Want More Startups? Learn from Chile”, 〈Bloomberg Businessweek〉, 2012. 4. 11, http://www.businessweek.com/printer/articles/72608.

38 ‘스타트업 칠레’ 자문위원회 사무총장이자 칠레 산티아고 가톨릭 대학교(Pontificia Universidad Católica de Chile) 창업 및 혁신 조교수인 마이클 레더비(Michael Leatherbee)를 상대로 2014년 여름에 했던 면담 및 교환한 이메일 내용.

39 Start-Up Chile, CORFO, Government of Chile, 2014년 9월 22일 접속, http://www.startupchile.org.

40 Leatherbee and Eesley, “Boulevard of Broken Behaviors.”

4장 단순한 규칙은 어디에서 왔을까?

1 흰배추나비의 평균 뇌 용적은 0.44㎣다. Emilie C. Snell-Rood, Daniel R. Papaj, and Wulfila Gronenberg, “Brain Size: A Global or Induced Cost of Learning”, 〈Brain, Behavior and Evolution〉 73, no. 2 (2009): 111-128, appendix 1.

2 Guy Pe'er et al., “Response to Topography in a Hilltopping Butterfly and Implications for Modeling Nonrandom Dispersal”, 〈Animal Behavior〉 68, no. 4 (2004. 10.): 825-839.

3 Friedrich Hayek, “Notes on the Evolution of Systems and Rules of Conduct”, 《Philosophy, Politics, and Economics》 (Chicago: University of Chicago Press, 1967), 66-81.

4 Dotan Oliar and Christopher Sprigman, “There's No Free Laugh (Anymore): The

Emergence of Intellectual Property Norms and the Transformation of Stand-Up Comedy", Virginia Law Review 94, no. 8 (2008): 1797.

5 상동, 1849-1850.

6 상동, 1825.

7 Tina Fey, "Lessons from Late Night", 〈New Yorker〉, 2011. 3. 7.

8 캐슬린은 인디고고와 킥스타터를 비교하는 연구에 탁월하게 기여한 애니 케이스(Annie Case)에게 감사를 표한다. Christina Farr, "Indiegogo Founder Danae Ringelmann: 'We Will Never Lose Sight of Our Vision to Democratize Finance'", 〈Venture Beat〉, 2014. 2. 21, http://venturebeat.com/2014/02/21/; Dan Schawbel, "Slava Rubin on How Indiegogo Has Created Jobs", 〈Forbes〉, 2012. 10. 4, http://www.forbes.com/sites/danschawbel/2012/10/04/; Jessica Hullinger, "Crowdfunding Clash: How Indiegogo Wants to Kick Kickstarter's @$$", 〈Fiscal Times〉, 2014. 5. 30, http://thefiscaltimes.com/Articles/2014/05/30.

9 Diane Sonntag, "10 Golden Rules of Positive Parenting", 2014년 7월 31일 접속, http://www.babyzone.com/kids/positive-parenting_222185; Alyssa S. Fu and Hazel Rose Markus, "My Mother and Me: Why Tiger Mothers Motivate Asian Americans but Not European Americans", 〈Personality and Social Psychology Bulletin〉 40 (2014): 739-749.

10 Leslie A. Perlow, "The Time Famine: Toward a Sociology of Work Time", 〈Administrative Science Quarterly〉 44, no. 1 (1999): 57-81.

11 Giovanni Gavetti, Daniel A. Levinthal, and Jan W. Rivkin, "Strategy Making in Novel and Complex Worlds: The Power of Analogy", 〈Strategic Management Journal〉 26, no. 8 (2005): 691-712; Giovanni Gavetti and Jan W. Rivkin, "How Strategists Really Think: Tapping the Power of Analogy", 〈Harvard Business Review〉, 2005. 4.; Michael Shayne Gary, Robert E. Wood, and Tracey Pillinger, "Enhancing Mental Models, Analogical Transfer, and Performance in Strategic Decision Making", 〈Strategic Management Journal〉 33, no. 11 (2012): 1229-1246.

12 Willy Shih, Stephen Kaufman, and David Spinola, "Netflix" (Harvard Business School Case, Cambridge, MA, 2007).

13 Atsushi Tero et al., "Rules for Biologically Inspired Adaptive Network Design",

〈Science〉 327, no. 5964 (2010), 439-442.

14 Toshiyuki Nakagak, Hiroyasu Yamada, and Agota Toth, "Intelligence: Maze-Solving by an Amoeboid Organism", 〈Nature〉 47 (2000); Tetsu Saigusa et al., "Amoebae Anticipate Periodic Events", Physical Review Letters 100 (2008); John Tyler Bonner, "Brainless Behavior: A Myxomycete Chooses a Balanced Diet", 〈Proceedings of the National Academy of Science〉 107 (2010): 5267-5268.

15 흰개미 역시 단순한 규칙의 원천으로 삼을 만한 사회성 곤충의 하나다. Jonathan Amos, "Termites Inspire Robot Builders", BBC News, 2014. 2. 13, http://www.bbc.com/news/science-environment-26025566.

16 Alan S. Brown, "From Simple Rules, Complex Behavior", 〈Mechanical Engineering〉 131 (2009): 22-27.

17 Thomas Gilovich, "Seeing the Past in the Present: The Effect of Associations to Familiar Events on Judgments and Decisions", 〈Journal of Personality and Social Psychology〉 40, no. 5 (1981): 797-808.

18 Ann Van den Bruel et al., "Diagnostic Value of Clinical Features at Presentation to Identify Serious Infection in Developed Countries: A Systematic Review", 〈Lancet〉 375 (2010): 834-845.

19 California Department of Fish and Wildlife, "Introduction to the Marine Life Protection Act", 2012년 12월 6일 접속, http://www.dfg.ca.gov/mlpa/intro.asp#q1; Christopher M. Weible, Paul A. Sabatier, and Mark N. Lubell, "A Comparison of a Collaborative and Top-Down Approach to the Use of Science in Policy: Establishing Marine Protected Areas in California", 〈Policy Studies Journal〉 32, no. 2 (2004): 187-207; Christopher M. Weible and Paul A. Sabatier, "Comparing Policy Networks: Marine Protected Areas in California". 〈Policy Studies Journal〉 33, no. 2 (2005): 181-202.

20 Eric Eisenhardt, "Effect of the San Juan Islands Marine Preserves on Demographic Patterns of Nearshore Rocky Reef Fish" (master's thesis, University of Washington, 2001).

21 뷰캐넌의 주장을 간략하게 정리한 글은 다음을 참조하라. Geoffrey Brennan and James M. Buchanan, 《The Reason of Rules: Constitutional Political Economy》 (New

York: Cambridge University Press, 1985).

22 Deborah A. Giles and Kari L. Koski, "Managing Vessel-Based Killer Whale Watching: A Critical Assessment of the Evolution from Voluntary Guidelines to Regulations in the Salish Sea", 〈Journal of International Wildlife Law & Policy〉 15 (2012): 125-151.

23 NOAA는 규정을 만들어야 할지 평가하기 위해, 우선 규칙 제정 예비 공고를 해 규정이 필요한지, 그리고 어떤 규정 형식이 적절할지 공공 의견을 수렴했다. 이는 정보를 모으고, 여론을 수렴하며, 절차를 투명하게 만드는 데 도움이 됐다.

24 이 사례는 미국 수산청(National Marine Fisheries Service)의 린 바(Lynne Barre)를 2014년 7월 31일 인터뷰하고 이후 이메일로 추가 의견 교환해서 알게 됐다. 필자들은 친절하게 도와준 린에게 감사한다. 또한 다음도 참조하라. 《Final Environmental Assessment: New Regulations to Protect Killer Whales from Vessel Effects in the Inland Waters of Washington》 (National Marine Fisheries Service, Northwest Region, November 2010).

25 상동. NOAA는 규칙이 필요하다는 공감을 이끌어내려고 '멈춤 신호'에 비유해 큰 효과를 거두었다. 멈춤 신호가 자전거, 차, 버스, 트럭 등 도로를 달리는 모든 교통수단에 적용되는 것처럼 이 규정도 모든 배에 적용하자는 것이다. 하지만 최종 규정에서는 항로가 정해진 화물선, 어업을 주로 영위하는 전문 어부 및 소수민족, 허가를 받은 정부 선박 또는 과학 탐사선을 예외로 했다. 그 외 모든 선박에는 동일한 규칙이 적용된다.

5장 단순한 전략 규칙

1 Donald Sull and Yonatan Puterman, "eToro: Simple Rules (A)", London Business School case study and author's interview with eToro executives, 2012.

2 Young Presidents' Organization, http://www.ypo.org/, 2014년 8월 2일 접속. YPO 회원사 매출액과 직원 수의 중앙값은 4,100만 달러, 250명이다. YPO에는 매출액이 수십억 달러에 달하고 직원이 수천 명에 이르는 대기업도 있으며, 이 때문에 중앙값에 회원 수를 곱한 결과보다 총합이 크다.

3 행동연구에 대한 개관은 다음을 참조하라. David Bargal, "Personal and Intellectual

Influences Leading to Lewin's Paradigm of Action Research", 〈Action Research〉 4, no. 4 (2009): 367-388.

4 Linda Barrington, 〈CEO Challenge 2010: Top Ten Challenges〉, report no. R-1461-10-RR (New York: Conference Board, 2010. 2.). CEO가 겪는 84개 쟁점은 각각 0(해당 없음)에서 5(가장 심각한 문제)까지 6단계로 평가됐다. 표본집단은 CEO 444명이다.

5 Gary L. Neilson, Karla L. Martin, and Elizabeth Powers, "The Secrets to Successful Strategy Execution", 〈Harvard Business Review〉, 2008. 6, 61-70.

6 Eisenhardt and Sull, "Strategy as Simple Rules", Donald Sull and Kathleen M. Eisenhardt, "Simple Rules for a Complex World", 〈Harvard Business Review〉, 2012. 9.

7 도널드 설과 레베카 홈크스(Rebecca Homkes)의 미출간 공동 연구 내용. 2014년 6월 현재 249개 회사 관리자 7,577명에게 향후 수 년 동안 회사의 최고 중요 목표 3~5개를 꼽아보라고 요청했다. 이들 관리자 중 평균 52퍼센트만이 회사의 최고 중요 목표와 동일한 사항을 제시했다. Donald Sull, Rebecca Homkes, and Charles Sull, "Why Strategy Execution Unravels-And What to Do About It", 〈Harvard Business Review〉, 2015. 3.

8 Adam M. Brandenburger and Harborne W. Stuart, "Value-Based Business Strategy", 〈Journal of Economics & Management Strategy〉 5, no. 1 (1996): 5-24. 회사가 경제적 가치를 창출하는 방법, 그리고 회사가 경쟁에 직면해 경제적 가치를 획득하는 방법 모두가 전략이다. 전략 분야의 연구는 대부분 진입장벽 극복 및 진입, 협상력, 자원과 능력 등을 통해 가치를 획득하는 데 초점을 맞춘다. 하지만 필자들은 현실에서 관리자들이 애초에 경제적 가치를 만들어내는 방법을 알아내는 데 어려움을 겪기 때문에 이를 획득하고 유지하는 방법은 논외가 된다는 사실을 발견했다. 따라서 필자들은 가치 창출에 중점을 두어 분석했고, 가치 획득을 나중에 논의했다.

9 Donald Sull and Uri Meirovich, "Primekss: Simple Rules for Selecting Partners", London Business School case study and author's interview with Primekss executives, 2012.

10 콘크리트에 대한 사실은 다음을 참조했다. James Mitchell Crow, "The Concrete Conundrum", 〈Chemistry World〉, 2008. 3, 62-66; Nobuo Tanaka and Bjorn Stigson,

《Cement Technology Roadmap 2009》(Paris: International Energy Agency, 2009).

11 이 세 가지 질문(또는 유사한 변종)은 수십 년 동안 회사의 전략을 만들어내는 데 쓰였다. 다음을 참조하라. Constantinos Markides,《All the Right Moves: A Guide to Crafting Breakthrough Strategy》(Boston: Harvard Business School Press, 2000).

12 필자가 자티시 경영진을 인터뷰한 결과.

13 자티시그룹의 식당은 '프라하 최고의 식당' 목록에서 1위(벨뷔 레스토랑Bellevue Restaurant), 6위(믈리넥 레스토랑lynec Restaurant), 7위(브 자티시 와인 레스토랑V Zatisi Wine Restaurant)에 올랐다. http://www.pragueexperience.com/restaurants/highlights/restaurants_best.asp, 2014년 4월 29일 접속.

14 2012년 1월 이토로 1위 투자자(리투아니아 출신이며 사용자명 NMarijus)의 추종자는 2,868명이었다. 2014년 7월 1위(스페인 출신, 사용자명 Malsolo) 추종자는 14만 명이었다. https://openbook.etoro.com, 2014년 7월 31일 접속.

15 필자가 그루포 멀티미디어 경영진을 인터뷰한 결과.

16 Donald Sull and Mohsin Drabu, "Developing Simple Rules at Weima Maschinenbau", London Business School case study and author's interviews with Weima executives, 2012.

17 Donald Sull, Assaf Shlush, and Ido Hochman, "VLS: Prioritizing Projects in a Turnaround", London Business School case study and author's interviews with VLS executives, 2011.

18 해당 YPO 기업이 익명 사용을 요구해서 '허키머 코퍼레이션'과 '빅터 벨몬도'라는 가상의 이름을 사용했다.

19 필자가 프론티어 경영진을 인터뷰한 결과.

6장 개인 상황에 적용하기

1 필자들이 사용한 '위쪽 계기판'이라는 용어는 심리학자들이 '긍정적 효과(positive effect)'라고 부르는, 무력하거나 슬프지 않고 행복하거나 힘이 넘치거나 적극적인 상태를 가리킨다. '아래쪽 계기판'은 평화롭거나 평온하지 않고 불안이나 스트레스나 공포를 보이는 부정적 효과를 가리킨다. 다음을 참조하라. David Watson, Lee

Anna Clark, and Auke Tellegen, "Development and Validation of Brief Measures of Positive and Negative Affect: The PANAS Scales", 〈Journal of Personality and Social Psychology〉 54, no. 6 (1988): 1063-1070.

2 Brian Wansink, 《Slim by Design: Mindless Eating Solutions for Everyday Life》 (New York: William Morrow, 2014).

3 Christian Rudder, "Exactly What To Say In A First Message", OkCupid, 2014년 7월 9일 접속, http://blog.okcupid.com/index.php/online-dating-advice-exactly-what-to-say-in-a-first-message.

4 최근에 발표된 인지행동치료 종합 검토 결과는 다음을 참조하라. Stefan G. Hofmann et al., "The Efficacy of Cognitive Behavioral Therapy: A Review of Meta-analyses", 〈Cognitive Therapy and Research〉 36, no. 5 (2012): 427-40; David F. Tolin, "Is Cognitive-Behavioral Therapy More Effective Than Other Therapies?: A Meta-Analytic Review", 〈Clinical Psychology Review〉 30, no. 6 (2010): 710-720.

5 올리비아 폭스 카반(Olivia Fox Cabane), 《카리스마, 상대를 따뜻하게 사로잡는 힘》 (갈매나무, 2013) (《The Charisma Myth: How Anyone Can Master the Art and Science of Personal Magnetism》(New York: Portfolio Trade, 2013)).

7장 규칙 개선하기

1 Gerardo A. Okhuysen and Kathleen M. Eisenhardt, "Integrating Knowledge in Groups: How Formal Interventions Enable Flexibility", Organization Science 13, no. 4 (2002): 370-386.

2 섀넌 털리에 대한 내용은 대부분 2014년 3월 12일과 2014년 7월 1일 인터뷰 내용에 근거한다. 캐슬린은 스탠퍼드대학 체력단련 프로그램을 이해하고 서술하는 데 큰 도움을 준 앤드루 스투츠(Andrew Stutz)에게도 감사한다. 다음도 참조하라 Greg Bishop, "Stanford's Distinct Training Regimen Redefines Strength", 〈New York Times〉, 2013. 12. 31, http://www.nytimes.com/2013/12/31/sports/ncaafootball; Max Rausch, "How to Build a Bully: Inside the Stanford Football Strength Program", 〈BleacherReport.com〉, 2013. 8. 16, http://bleacherreport.com/articles/1739903; Joseph

Beyda, "Turley Named NSCA Coach of the Year", 〈Stanford Daily〉, 2013. 11. 20, http://www.stanforddaily.com/2013/11/20; and Tom FitzGerald, "Stanford Strength Coach Helps Players Avoid Injuries", 〈SFGate〉, 2013. 12. 28, http://www.sfgate.com/collegesports/article/Stanford-strengthcoach-helps-players-avoid-5098841.php. 윈스턴 시(Winston Shi)는 〈Stanford Daily〉에 3부에 걸쳐 기고했다. "Shannon Turley, Part I: Sometimes It Rains", 〈Stanford Daily〉, 2013. 4. 22, http://www.stanforddaily.com/2013/04/22; "Shannon Turley, Part II: It Pays to Be Different", 2013. 4. 24, http://www.stanforddaily.com/2013/04/24; "Shannon Turley, Part III: The Student Teaches the Master", 2013. 4. 26, http://www.stanforddaily.com/2013/04/26.

3 Beyda, "Turley Named NSCA Coach of the Year"; Bishop, "Stanford's Distinct Training Regimen Redefines Strength."

4 Christopher B. Bingham and Kathleen M. Eisenhardt, "Rational Heuristics: The 'Simple Rules' that Strategists Learn from Process Experience", 〈Strategic Management Journal〉 32, no. 13 (2011): 1437-1464.

5 대니얼 카너먼(Daniel Kahneman), 《생각에 관한 생각》(김영사, 2012) (《Thinking Fast and Thinking Slow》(New York: Farrar, Straus and Giroux, 2011)). 다음도 참조하라. Amos Tversky and Daniel Kahneman, "Judgment Under Uncertainty: Heuristics and Biases", 〈Science〉 185, no. 4157 (1974): 1124-1131.

6 Paul J. Feltovich, Michael J. Prietula, and K. Anders Ericsson, "Studies of Expertise from Psychological Perspectives", in Cambridge Handbook of Expertise and Expert Performance, edited by K. A. Ericsson et al. (New York: Cambridge University Press, 2006); K. Anders Ericsson and Neil Charness, "Expert Performance: Its Structure and Acquisition", American Psychologist 49, no. 8 (1994): 725-747; Chess: William G. Chase and Herbert A. Simon, "Perception in Chess", 〈Cognitive Psychology〉 1 (1973): 33-81; Herbert A. Simon and William G. Chase, "Skill in Chess", American Scientist 61 (1973): 394-403; Neil Charness et al., "The Perceptual Aspect of Skilled Performance in Chess: Evidence from Eye Movements", 〈Memory and Cognition〉 29 (2001): 1146-1152. 브리지 관련: Neil Charness, "Components of Skill in Bridge", 〈Canadian Journal of Psychology〉 33 (1979): 1-50. 물리학 관련: Michelene T. H. Chi, Paul J. Feltovich, and Robert Glaser, "Categorization of Physics Problems by

Experts and Novices", 〈Cognitive Science〉 5 (1981): 121-152. 소방 관련: 게리 클라인(Gary Klein), 《인튜이션》(한국경제신문사, 2012) (《Sources of Power: How People Make Decisions》(Cambridge, MA: MIT Press, 1998)). 경영 관련: Robert A. Baron and Michael D. Ensley, "Opportunity Recognition as the Detection of Meaningful Patterns: Evidence from Comparisons of Novice and Expert Entrepreneurs", 〈Management Science〉 52 (2006): 1331-1344. 시간 관련: Jamie S. North et al. "Perceiving Patterns in Dynamic Action Sequences: Investigating the Processes Underpinning Stimulus Recognition and Anticipation Skill", 〈Applied Cognitive Psychology〉 23 (2009): 878-894. 단위(Chunking) 관련: Nelson Cowan, "The Magical Number 4 in Short-Term Memory: A Reconsideration of Mental Storage Capacity", 〈Behavioral and Brain Sciences〉 24 (2001): 87-185; K. Anders Ericsson, Vimla L. Patel, and Walter Kintsch, "How Experts' Adaptation to Representative Task Demands Account for the Expertise Effect in Memory Recall: Comment on Vicente and Wang (1998)", Psychological Review 107 (2000): 578-592.

7 네이선 퍼(Nathan Furr) 교수는 팀에 합류한 후 해외로 진출하는 기업가가 단순한 규칙을 적용한 후 얻은 재무 성과를 이해하는 데 굉장한 도움을 주었다. Christopher B. Bingham, Kathleen M. Eisenhardt, and Nathan R. Furr, "What Makes a Process a Capability? Heuristics, Strategy, and Effective Capture of Opportunities", Strategic Entrepreneurship Journal 1, no. 1. 2 (2007): 27-47.

8 Christopher B. Bingham and Jerayr (John) Haleblian, "How Firms Learn Heuristics: Uncovering Missing Components of Organizational Learning", Strategic Entrepreneurship Journal 6, no. 2 (2012): 152-177.

9 Megan Gibson, "How Europe's First Female Poker Champ Made History and Learned How to Compete with the Guys", 〈Time〉, 2014. 4. 23, http://time.com/tag/profiles/.

10 상동.

11 상동.

12 Kyle Siler, "Social and Psychological Challenges of Poker", 〈Journal of Gambling Studies〉 26, no. 3 (2010): 401-420.

13 Steven D. Levitt and Thomas J. Miles, "The Role of Skill Versus Luck in Poker: Evidence from the World Series of Poker" (working paper, National Bureau of

Economic Research, 2011. 5).

14 라구 이야기는 2014년 3월 17일과 2014년 6월 6일 인터뷰와 이메일 및 기타 대화 내용에 근거한다. 그의 요청에 따라 가명을 썼으며 개인을 특정할 수 있는 일부 상세 내용은 바꿨다. 라구는 자신이 대학 시절 여름방학에 두바이 소재 컨설팅회사, 첨단기술 스타트업, 캘리포니아 주 클로비스(Clovis) 와인 양조장에서 인턴으로 일했으며, 웹애플리케이션 숙제는 CS 142 과목에 제출했다는 사실을 독자들에게 알리길 원한다.

15 캐슬린은 포커 전략에 대한 지식을 크게 향상시키는 데 도움을 준 밥 에버하트(Bob Eberhart)에게 감사한다.

16 포커 지도자인 코윈 콜(Corwin Cole) 역시 전략을 바꿔가며 사용함으로써 상대방의 균형을 무너뜨리는 방법을 추천했다. Corwin Cole, "Unpredictability Keeps Opponents Off Balance", 〈San Jose Mercury News〉, 2014. 4. 18.

17 Melissa A. Schilling et al., "Learning by Doing Something Else: Variation, Relatedness, and the Learning Curve", 〈Management Science〉 49, no. 1 (2003): 139-156.

18 Alex Konrad and Ryan Mac, "Airbnb Cofounders to Become First Sharing Economy Billionaires as Company Nears $10 Billion Valuation", 〈Forbes〉, 2014. 3. 20, http://www.forbes.com/sites/alexkonrad/2014/03/20/.

19 캐슬린은 자기 생각과 참고문헌을 공유한 플로렌스 코스카스(Florence Koskas)에게 특별한 감사를 전한다. 에어비앤비 창립자들은 흥미로운 1인칭 동영상 두 편을 찍었다. "1000 Days of Airbnb, Airbnb Founder-Brian Chesky-Startup School 2010", 2010, www.youtube.com, 2014년 9월 19일 확인, "Joe Gebbia-The Airbnb Story", 2013, www.youtube.com, 2014년 9월 19일 확인. 다음도 참조하라. Matt Vella and Ryan Bradley, "Airbnb CEO-'Grow Fast but not Too Fast'", 〈Fortune〉, 2012. 7. 18, http://fortune.com/2012/07/18/.

20 Jared Tame, "From Toilet Seats to $1 Billion: Lessons from Airbnb's Brian Chesky", in 'Startups Open Sourced: Stories to Inspire & Educate', 2011. 5. 30.

21 Jessica Salter, "Airbnb: The Story Behind the $1.3bn Room-Letting Website", 〈Telegraph〉, 2012. 9. 7, http://www.telegraph.co.uk/technology/news/9525267/Airbnb-The-story-behind-the-1.3bn-room-letting-website.html.

22 상동.

23 Benjamin L. Hallen, Christopher B. Bingham, and Susan L. Cohen, "Do Accelerators Accelerate? A Study of Venture Accelerators as a Path to Success" (working paper, University of Washington, Seattle, 2013).

24 Paul Graham, 2013. 10, "What Happens at Y Combinator", http://ycombinator.com/atyc.html, 2014년 4월 28일 접속; Freedman, 2013, "YC Without Being in YC", http://blog.42floors.com, 2014년 4월 28일 접속. 전 와이컴비네이터 기업가들이 마치 다시 프로그램에 가입하고 와이컴비네이터에서 새로운 경험을 얻는 듯 가장해 1인칭 시점에서 찍은 영상이다.

25 Derek Thompson, "Airbnb CEO Brian Chesky on Building a Company and Starting a Sharing Revolution", 〈Atlantic〉, 2013. 8. 13, http://www.theatlantic.com/business/archive/2013/08/airbnb-ceo-brian-chesky-on-building-a-company-and-starting-asharing-revolution/278635/.

26 상동.

27 Tame, "From Toilet Seats to $1 Billion".

28 Jessie Hempel, "More Than a Place to Crash", 〈Fortune〉, 2012. 5. 3, http://fortune.com/2012/05/03/airbnb-more-thana-place-to-crash/.

29 Vella and Bradley, "Airbnb CEO-'Grow Fast but not Too Fast'".

30 Tomio Geron, "Airbnb Hires Joie de Vivre's Chip Conley as Head of Hospitality", 〈Forbes〉, 2013. 9. 17, http://www.Forbes.com/sites/tomiogeron/2013/09/17.

31 Salter, "Airbnb: The Story Behind the $1.3bn Room-Letting Website".

32 Thompson, "Airbnb CEO Brian Chesky on Building a Company and Starting a Sharing Revolution".

8장 규칙 파괴하기

1 "Politics Drowns Water Bonds", 〈San Jose Mercury News〉, 2014. 3. 23.

2 Josh Richman and Paul Rogers, "Brown Declares California Drought Emergency", 〈San Jose Mercury News〉, 2014. 1. 17, http://www.mercurynews.com/science/ci_24933924/.

3 Heidi Gildemeister, "What Is a Mediterranean Climate?", 〈Mediterranean Garden Society〉, http://www.mediterraneangardensociety.org/climate.html; Olivier Filippi, "Drought: Introduction", 〈Mediterranean Garden Society〉, http://www.mediterraneangardensociety.org/drought.html.

4 Debbie Arlington, "Garden Reimagined", 〈San Jose Mercury News〉, 2014. 3. 22.

5 Leslie Griffy, "Seeing Is Believing: Low-Water Natives Are Easy on the Eye", 〈San Jose Mercury News〉, 2014. 4. 19.

6 David Beauliu, "Drought-Tolerant Perennials", 〈About.com Landscaping〉, 2014년 3월 22일 접속, http://landscaping.about.com/cs/landscapeplans/a/drought_plan.html.

7 Gildemeister, "What Is a Mediterranean climate?".

8 "The All-Container Garden", 〈Sunset Magazine〉, 2014. 4. 42.

9 "Drought: Introduction".

10 상동.

11 관련 연구 검토는 다음을 참조하라. Nicolaj Siggelkow, "Change in the Presence of Fit: The Rise, the Fall and the Renaissance of Liz Claiborne", 〈Academy of Management Journal〉 44, no. 4 (2001): 838-857.

12 마이클 루이스(Michael Lewis), 《머니볼》(비즈니스맵, 2011) (《Moneyball: The Art of Winning an Unfair Game》(New York: W. W. Norton, 2004)).

13 상동.

14 Susan Slusser, "A Beautiful Mind", 〈San Jose Mercury News〉, 2014. 2. 5. 애슬레틱스 팬에게는 실망스러운 일이지만, 이 책이 인쇄 작업에 들어갔을 때 로스앤젤레스 다저스가 자이디를 단장으로 영입했다.

15 상동.

16 David Laurila, "Sloan Analytics: Farhan Zaidi on A's Analytics", 2014년 9월 27일 접속, http://www.fangraphs.com/blogs/sloan-analytics-farhan-zaidi-on-as-analytics/print/.

17 Slusser, "A Beautiful Mind". 다섯 가지 능력에 대해서는 마이클 루이스의 책 《머니볼》에 더 자세히 나온다.

18 Alexander Smith, "Billy Beane's Finest Work Yet:How the Oakland A's Won the AL West", 〈BleacherReport.com〉, 2012. 10. 19, http://bleacherreport.com/articles/1377486.

19 Andrew Brown, "A's Platoon System New Moneyball", SwinginA's.com, 2013. 9. 20,

http://swinginas.com/2013/09/23.

20 Rob Neyer, "Those A's Found Another Edge?", 2013. 12. 31., 〈Baseball Nation〉, 2014년 3월 22일 접속, http://www.sbnation.com/2013/12/31/5261940/oakland-athleticsmoneyball-platoon-switch-hitters-flyball.

21 Andrew Koo, "A Decade after Moneyball, Have the A's Found a New Market Efficiency?", 2014. 7. 23, http://regressing.deadspin.com/a-decade-after-moneyball-have-the-asfound-a-new-mark-1489963694.

22 Tim Kawakami, "Beane, Staff Become Experts at Playing the Roster Game", 2014. 5. 23, 〈San Jose Mercury News〉.

23 David Roberts, "Into the Unknown", 〈National Geographic〉, 2013. 1, 120-134.

24 Roland Huntsford, 《The Last Place on Earth》 (New York: Modern Library, 1999).

25 상동.

26 상동.

27 상동. 379.

28 Christopher B. Bingham and Jerayr (John) Haleblian, "How Firms Learn Heuristics: Uncovering Missing Components of Organizational Learning", 〈Strategic Entrepreneurship Journal〉 6, no. 2 (2012): 152-177.

29 Robert Falcon Scott, 《Voyage of Discovery》 (London: Chatham Publishing, 1905), as cited in Huntsford, 《The Last Place on Earth》.

30 근거와 연구 검토는 다음을 참조하라. Bingham and Haleblian, "How Firms Learn Heuristics", Amy C. Edmondson, Richard H. Bohmer, Gary P. Pisano, "Disrupted Routines: Team Learning and New Technology Implementation in Hospitals", 〈Administrative Science Quarterly〉 46, no. 4 (2001): 685-716.

31 상동.

32 Huntsford, 《The Last Place on Earth》, 161.

33 Dave Nemetz, "'Cheers' 30th Anniversary: What You Never Knew About the Show", Yahoo TV, 2012. 9. 29, https://tv.yahoo.com/news-cheers'-30th-anniversary:what-you-never-knewabout-the-show.html; "The Best TV Show That's Ever Been", 〈Gentlemen's Quarterly〉, 2012. 10, http://www.gq.com/entertainment/movies-and-tv/201210/cheers-oral-history-extended/.

34 이 소재는 대부분 체리 스타인켈너(전 〈치어스〉 각본가), 닉 마누소스(Nick Manousos)와 캐슬린의 2014년 6월 17일 인터뷰에서 나왔다. 필자들은 사려 깊고 현명한 통찰을 준 체리와, 텔레비전과 영화 각본을 캐슬린이 이해하도록 크게 도와준 마누소스에게 감사한다. 다음도 참조하라. Angelique Dakkak, "'Cheers' Writer on Comedy" 〈Stanford Daily〉, 2014. 2. 4.

35 Bruce Fretts and Matt Roush, "TV Guide Magazine's 60 Best Series of All Time", 〈TV Guide〉, 2013. 12. 23, http://www.tvguide.com/news/tv-guide-magazine-60-best-series-1074962.aspx.

36 Kate Stanhope, "Netflix and Kevin Spacey on Deck with House of Cards", 〈TV Guide〉, 2011. 3. 15, http://www.tvguide.com/News/Netflix-Kevin-Spacey-1030752.aspx?rss=breakingnews.

37 Hope Reese, "Why Is the Golden Age of TV So Dark?", 2013. 7, 〈Atlantic〉, http://www.theatlantic.com/entertainment/archive/2013/07/why-is-the-golden-age-of-tv-so-dark/277696/.

38 Nellie Andreeva, "Full 2011. 2012 TV Season Series Rankings", Deadline.com, http://www.deadline.com/2012/05/full-2011-2012-tv-season-series-rankings/.

39 Adam Sternbergh, "The Post-Hope Politics of 'House of Cards'", 〈New York Times〉, 2014. 2. 2, http://www.nytimes.com/2014/02/02/magazine/.

40 Nev Pierce, "David Fincher Exclusive: The Making of House of Cards", 〈Empire Magazine〉, 2013. 3, http://www.empireonline.com/interviews/interview.asp?IID=1636/.

41 Robert Abele, "Playing with a New Deck", Director's Guild of America, http://www.dga.org/Craft/DGAQ/All-Articles/1301-Winter-2013/House-of-Cards.aspx.

42 David Carr, "Giving Viewers What They Want", 〈New York Times〉, 2013. 2. 25, http://www.nytimes.com/2013/02/25/business/media/for-house-of-cards-using-big-data-to-guarantee-itspopularity.html.

43 상동.

44 상동.

45 로버트 서튼(Robert I. Sutton), 허기 라오(Hayagreeva Rao), 《성공을 퍼트려라: 탁월한 인재를 만드는 확산의 경영》(한국경제신문사, 2015) (《Scaling Up Excellence》(New York: Crown, 2014)).

결론

1 재닛 옐런이 미국 연방준비제도이사회 의장으로 취임할 당시 실업자 수는 1,000만 명으로 나타났다. Federal Reserve Bank of St. Louis, Economic Database, "Graph: Unemployed", 2014년 7월 17일 접속, http://research.stlouisfed.org/fred2/graph/?id=UNEMPLOY.

2 Janet L. Yellen, "A Painfully Slow Recovery for America's Workers: Causes, Implications, and the Federal Reserve's Response" (transcript of speech delivered at Trans-Atlantic Agenda for Shared Prosperity conference, sponsored by AFL-CIO, Friedrich Ebert Stiftung, and the IMK Macroeconomic Policy Institute, Washington, DC, 2013. 2. 11), 10.

3 Janet L. Yellen, "Monetary Policy and Economic Recovery" (speech at the Economic Club of New York, New York, 2014. 4. 16.); Craig Torres, "Yellen's Mind-the-Gap Goals Rule Says Rates Stay Low", 〈Bloomberg.com〉, 2014. 4. 16, http://www.bloomberg.com/news/2014-04-16/yellen-says-rates-to-stay-low-as-longas-jobs-price-gaps-remain.html.

4 Pier Francesco Asso, George A. Kahn, and Robert Leeson, "The Taylor Rule and the Practice of Central Banking" (research working paper, RWP 10-05, Federal Reserve Bank of Kansas City, 2010. 2).

5 Oliver Volckart and David Chilosi, "Money, States and Empire: Financial Integration and Institutional Change in Central Europe, 1400-1520", 〈Journal of Economic History〉 71, no. 3 (2011): 762-791.

6 Oliver Volckart, "Rules, Discretion, or Reputation? Monetary Policies and the Efficiency of Financial Markets in Germany, 14th to 16th Centuries" (SFB Discussion Paper 649, Sonderforschungsbereich, Humboldt University, Berlin, 2007. 2).

7 Walter Eltis, "Lord Overstone and the Establishment of British Nineteenth-Century Monetary Orthodoxy" (working paper no. 2001-W42, Economics Group, Nuffield College, University of Oxford, 2001. 12).

8 Robert L. Hetzel, "Henry Thornton: Seminal Monetary Theorist and Father of the Modern Central Bank", 〈FRB Richmond Economic Review〉 73, no. 4 (1987): 3-16.

9 Andy Reinhardt, "Steve Jobs on Apple's Resurgence: 'Not a One-Man Show'", 〈Business Week Online〉, 1998. 5. 12, http://www.businessweek.com/bwdaily/dnflash/may1998/nf80512d.htm.

10 Scott A. Hodge, "Out with the Extenders, In with the New Obamacare Taxes", Tax Foundation, 〈Tax Policy Blog〉, 2013. 12. 31, http://taxfoundation.org/blog/out-extenders-new-obamacare-taxes.

11 Sophie Shive and Margaret Forster, "The Revolving Door for Financial Regulators" (working paper, University of Notre Dame, 2014. 5. 17), Social Science Research Network에서 열람 가능, http://ssrn.com/abstract=2348968 or http://dx.doi.org/10.2139/ssrn.2348968.

12 John Cassidy, "The Hundred Most Influential People: Andy Haldane", 〈Time〉, 2014. 4. 23, http://time.com/70833/andy-haldane-2014-time-100/.

13 Andrew G. Haldane and Vasileios Madouros, "The Dog and the Frisbee" (speech at the Federal Reserve Bank of Kansas City's 366th Economic Policy Symposium, "The Changing Policy Landscape", Jackson Hole, Wyoming, 2012. 8. 31.), Bank for International Settlements 웹사이트에서 열람 가능, http://www.bis.org/review/r120905a.pdf.

14 Simeon Djankov et al., "Courts", 〈Quarterly Journal of Economics〉 118, no. 2 (2003): 453-517.

15 넷플릭스 공동 창업자이자 CEO인 리드 헤이스팅스(Reed Hastings)가 (몇몇 동료와 함께) 회사의 인력 관리법을 설명하려고 만든 파워포인트 프레젠테이션 파일은 2014년 9월까지 온라인에서 900만 번 가까이 열람됐다. 다음을 참조하라. Patty McCord, "How Netflix Reinvented HR", 〈Harvard Business Review〉, 2014. 1-2. 원문서는 다음에서 온라인으로 열람 가능하다. http://www.slideshare.net/reed2001/culture-1798664.

찾아보기

ㄱ

ㄴ

ㅅ

ㅇ

ㅈ

ㅊ

ㅎ

A~Z

옮긴이_ 위대선

서울대학교 경제학부를 졸업한 후 공인회계사로서 EY한영에서 기업인수합병 업무를, 한국정책금융공사에서 기업금융 업무를 수행했다. 현재 한국산업은행 M&A실에 재직 중이며, 글밥 아카데미 수료 후 바른번역 소속 번역가로 활동하고 있다. 번역한 도서로는《공유경제는 어떻게 비즈니스가 되는가(The Business of Sharing)》,《더 초이스(Quest for Security)》(공역)가 있다.

세상 모든 복잡한 문제에 대응하는 단순한 규칙

심플, 결정의 조건

초판 1쇄 발행 2016년 4월 7일 | 초판 2쇄 발행 2016년 7월 25일

지은이 도널드 설 · 캐슬린 M. 아이젠하트
옮긴이 위대선
펴낸이 김영진

부문장 권혁춘 | 본부장 조은희
개발실장 박현미 | 책임편집 고혜림
디자인 팀장 신유리 | 디자인 당승근
사업실장 김경수 | 영업 이용복, 방성훈, 정유
마케팅 민현기, 김재호, 정슬기, 엄재욱, 김은경, 류다현

펴낸곳 (주)미래엔 | 등록 1950년 11월 1일(제16-67호)
주소 137-905 서울시 서초구 신반포로 321
미래엔 고객센터 1800-8890
팩스 (02)541-8248 | 이메일 bookfolio@mirae-n.com
홈페이지 www.mirae-n.com

ISBN 978-89-378-3755-5 03320

* 와이즈베리는 ㈜미래엔의 성인단행본 브랜드입니다.
* 책값은 뒤표지에 있습니다.
* 파본은 구입처에서 교환해 드리며. 관련 법령에 따라 환불해 드립니다.
  단, 제품 훼손시 환불이 불가능합니다.

와이즈베리는 참신한 시각, 독창적인 아이디어를 환영합니다.
기획 취지와 개요, 연락처를 bookfolio@mirae-n.com으로 보내주십시오.
와이즈베리와 함께 새로운 문화를 창조할 여러분의 많은 투고를 기다립니다.

「이 도서의 국립중앙도서관 출판예정도서목록(CIP)은 서지정보유통지원시스템 홈페이지(http://seoji.nl.go.kr)와 국가자료공동목록시스템(http://www.nl.go.kr/kolisnet)에서 이용하실 수 있습니다.
(CIP제어번호: CIP2016007236)」